浙江省高职院校"十四五"重点立项建设教材
浙江省高等学校在线开放课程配套教材
"教、学、做"融合机电类专业基础课教材

电子技术基础

第 2 版

主　编　韩承江　杨美侠　谢水英
副主编　高奇峰　谢子青
参　编　茅小海　麻伟徐　袁文琪　徐君燕

机械工业出版社

本书为浙江省高职院校"十四五"重点立项建设教材。全书共分6章，主要内容有：二极管、晶闸管及整流电路，晶体管、场效应晶体管及其放大电路，运算放大器，组合逻辑电路，时序逻辑电路，555定时器电路及其应用。

本书内容编排科学合理，符合高职学生的认知规律，每章均由典型问题引入，以提高学生学习兴趣；章末附有2~4个实践任务（电路仿真练习任务），全书共设16个任务，体现"教、学、做"融合特色；书中相关知识点后附有实物图片和实用电路小案例，提高应用性；全书插入了56个二维码，内含相关知识点的微课视频和测试题，是一本可看、可听、可互动的"互联网+"创新教材；每章配有大量实用例题，书末附有部分习题参考答案，便于自学。

本书内容叙述清楚简洁，语言通俗易懂，可作为高职院校、中高本一体化的中职院校、技师学院等学校的机电类专业基础课教材，也可作为工程技术人员、电气电子爱好者的自学教材或参考书。

对选用本书作为授课教材的教师，免费提供电子课件、电子教案、模拟试卷、习题详解等，联系方式，E-mail：414376413@qq.com；还可以免费使用在线课程"电工与电子"的所有网上资源，网址为浙江省高等学校在线开放课程共享平台（www.zjooc.cn）。

图书在版编目（CIP）数据

电子技术基础／韩承江，杨美侠，谢水英主编. 2版. -- 北京：机械工业出版社，2025.7. -- ISBN 978-7-111-78763-1

Ⅰ．TN

中国国家版本馆CIP数据核字第2025UA1257号

机械工业出版社（北京市百万庄大街22号　邮政编码100037）
策划编辑：高亚云　　　　　　责任编辑：高亚云　王　荣
责任校对：王荣庆　陈　越　　封面设计：王　旭
责任印制：任维东
河北京平诚乾印刷有限公司印刷
2025年9月第2版第1次印刷
184mm×260mm · 13印张 · 321千字
标准书号：ISBN 978-7-111-78763-1
定价：39.80元

电话服务　　　　　　　　网络服务
客服电话：010-88361066　机　工　官　网：www.cmpbook.com
　　　　　010-88379833　机　工　官　博：weibo.com/cmp1952
　　　　　010-68326294　金　书　网：www.golden-book.com
封底无防伪标均为盗版　机工教育服务网：www.cmpedu.com

第2版前言

本书是在第1版的基础上，贯彻落实党的教育方针，根据教育部关于"十四五"职业教育国家规划教材建设的通知精神，浙江省关于"十四五"重点立项建设教材的通知要求，结合多年来对电子技术基础课程的教育教学实践与改革经验，响应国家教育教学数字化的时代号召，进行较大修订与升级而成，为浙江省高职院校"十四五"重点立项建设教材。

第2版保留了第1版的知识体系，在保证知识体系合理完整的前提下，进行了如下修订：

1. 落实立德树人根本任务。在新增加的多个微课中，融入育人元素；在相关内容介绍中适当融入育人元素，通过科学家与科学故事增进爱国情怀与行业认同。

2. 紧跟电子技术的快速发展。增加了晶闸管、场效应晶体管、卡诺图、集成逻辑门电路、555定时器等内容，电路仿真软件升级为Multisim14，删除了第1版第1章-电工基础知识复习内容。

3. 更利于学生自学。添加了几个难度较高的仿真操作实验的微课、新增内容的微课、原有内容中难点知识的微课（二维码）；添加了重要知识点的测试题（二维码）。

4. 增加实用性、趣味性。增加了电子元器件的实物图；增加了生活中的实用电路小案例。

5. 提高编写和编辑质量。订正与修改了第1版中的错误与不太合理的内容。

6. 提高阅读舒适性。排版优化，双色印刷，字体字号灵活且适当。

书中的仿真图统一用Multisim绘制，图中个别器件的符号与现行国家标准不符，请读者辩证分析。

本书第1章由麻伟徐、袁文琪编写，第2章由谢水英、杨美侠编写，第3章由茅小海、谢水英编写，第4、5章由谢子青、谢水英编写，第6章由杨美侠编写。本书附录、插入的实用电路小案例和科学家与科学故事由韩承江编写，图片设计与先期处理由高奇峰完成，习题及参考答案由徐君燕编写，全书由谢水英统稿。本书由浙江固驰电子有限公司智能功率模块事业部总工程师罗泽伟主审，他提出了许多宝贵意见与建议，在此深表感谢！

由于编者水平有限，书中错漏和不妥之处在所难免，恳请读者批评指正。

编 者

第1版前言

本书是高等职业教育机电类专业"互联网+"创新教材。本书有如下特点：

（1）本书内容的编排科学合理，顺序符合学生对知识的认知规律，每章先由典型案例或学生熟悉的问题引入，以引起学习兴趣，然后展开知识内容的学习，最后以操作任务结束，以巩固前面所学知识，掌握技能。既巩固了前面所学的知识点，提高了操作技能，也提高了学生的学习兴趣，获得了成就感，增强了自信心。

（2）章末附有2~3个实践任务（电路仿真练习任务），是学生运用所学知识技能可以解决包含章首提出的案例或问题在内的实践项目任务，全书共配以16个仿真练习任务，体现"教、学、做"融合特色，可培养学生的动手操作能力和理论结合实际能力。对教学条件不足的学校，也可以不用，不会影响教学内容的讲授。

（3）全书插入15个二维码，内含相关知识点的微课视频，是一本"互联网+"创新教材。

（4）本书第1章为电工基础知识点的复习，利于电工电子技术知识的衔接，较好地巩固前面所学电工基础知识，为学习电子技术基础知识做好铺垫。

（5）书末附录B中半导体型号参数与仿真软件Multisim配套，利于学生进行仿真实验。

全书共6章内容，建议68教学学时，由浙江工业职业技术学院和中职学校教师共同编写。第1章及附录由韩承江完成，第2章由谢水英、麻伟徐完成，第3章由谢水英完成，第4章由茅小海完成，第5、6章由谢子青、谢水英完成，全书图片设计与先期处理由高奇峰完成。

主审刘成尧对本书进行了认真、仔细的审阅，提出了许多宝贵的意见，在此表示诚挚的感谢。

说明：

本书用的专业电路仿真软件为Electronics Workbench（简称EWB）或Multisim，前者使用较简单，后者为前者的升级版，在附录E中进行了说明。书中加"＊"号内容为选学内容，读者可根据自身情况进行选择性学习。

由于编者水平有限，书中疏漏和错误在所难免，恳请读者批评指正。

编 者

二维码索引

序号	名称	图形	页码	序号	名称	图形	页码
M1-1	测试/半导体知识		2	M1-10	微课/稳压电路工作原理		18
M1-2	测试/PN结与二极管		4	M1-11	微课/稳压电路元器件选择		20
M1-3	测试/特殊二极管		7	M1-12	测试/滤波电路和稳压电路		21
M1-4	微课/半波整流电路		10	M1-13	微课/晶闸管结构与工作原理		26
M1-5	微课/桥式整流电路		11	M1-14	微课/晶闸管单相桥式可控整流电路		30
M1-6	测试/半波整流和桥式整流		12	M1-15	微课/桥式整流、电容滤波和稳压电路仿真测量		33
M1-7	微课/电容滤波电路		13	M2-1	微课/晶体管的电流放大作用		42
M1-8	微课/电容滤波电路例题		14	M2-2	测试/晶体管		43
M1-9	测试/整流与滤波电路知识		17	M2-3	微课/共射基本放大电路静态分析		48

（续）

序号	名称	图形	页码	序号	名称	图形	页码
M2-4	微课/晶体管微变等效电路		49	M3-1	测试/运算放大器概念与组成		84
M2-5	微课/共射基本放大电路动态参数计算		50	M3-2	测试/运算放大器参数		84
M2-6	测试/共射基本放大电路		51	M3-3	微课/运算放大器理想化的条件与特性		86
M2-7	测试/分压式偏置放大电路		55	M3-4	测试/理想运算放大器		87
M2-8	微课/射极输出器静态分析		56	M3-5	微课/负反馈的基本类型		90
M2-9	微课/射极输出器动态分析		57	M3-6	微课/反馈类型判别		90
M2-10	测试/射极输出器		58	M3-7	测试/负反馈		93
M2-11	测试/多级放大电路		61	M3-8	微课/反相比例运算放大电路		94
M2-12	微课/绝缘栅场效应晶体管的工作原理和特性曲线		65	M3-9	微课/反相积分器		96
M2-13	微课/共射极电流放大作用仿真		72	M3-10	微课/反相微分器		97
M2-14	微课/两级放大电路电压放大倍数的测量与功能分析		74	M3-11	微课/运算放大电路电压放大倍数和通频带测量		106

（续）

序号	名称	图形	页码	序号	名称	图形	页码
M4-1	测试/数制与码制		115	M5-2	微课/边沿触发器		149
M4-2	微课/基本逻辑函数和复合逻辑函数		116	M5-3	测试/触发器		150
M4-3	微课/基本逻辑门电路		123	M5-4	测试/时序逻辑电路		158
M4-4	测试/逻辑函数与逻辑门电路		125	M6-1	微课/555定时器电路的工作原理		168
M4-5	微课/普通TTL门电路		126	M6-2	测试/555定时器的工作原理		168
M4-6	微课/特殊结构TTL门电路		127	M6-3	微课/555定时器的应用		174
M4-7	测试/集成逻辑门电路		133	M6-4	测试/555定时器电路的应用实例		174
M5-1	微课/基本RS触发器		146	ME-1	微课/Multisim用户界面及基本操作		189

目 录

第 2 版前言
第 1 版前言
二维码索引

第 1 章 二极管、晶闸管及整流电路 ⋯⋯ 1
1.1 半导体二极管 ⋯⋯⋯⋯⋯⋯⋯⋯⋯⋯ 1
1.1.1 半导体基础知识 ⋯⋯⋯⋯⋯ 1
1.1.2 PN 结 ⋯⋯⋯⋯⋯⋯⋯⋯⋯ 2
1.1.3 二极管 ⋯⋯⋯⋯⋯⋯⋯⋯⋯ 3
1.1.4 特殊二极管 ⋯⋯⋯⋯⋯⋯⋯ 6
1.1.5 二极管的检测 ⋯⋯⋯⋯⋯⋯ 8
1.2 单相整流电路 ⋯⋯⋯⋯⋯⋯⋯⋯⋯⋯ 9
1.2.1 半波整流电路 ⋯⋯⋯⋯⋯⋯ 9
1.2.2 桥式整流电路 ⋯⋯⋯⋯⋯⋯ 10
1.3 滤波电路 ⋯⋯⋯⋯⋯⋯⋯⋯⋯⋯⋯⋯ 12
1.3.1 电容滤波电路 ⋯⋯⋯⋯⋯⋯ 12
1.3.2 电感滤波电路 ⋯⋯⋯⋯⋯⋯ 15
1.3.3 复式滤波器 ⋯⋯⋯⋯⋯⋯⋯ 16
1.4 稳压电路 ⋯⋯⋯⋯⋯⋯⋯⋯⋯⋯⋯⋯ 17
1.4.1 稳压电路组成与工作原理 ⋯⋯ 17
1.4.2 稳压电路元器件的选择 ⋯⋯⋯ 19
1.5 三端集成稳压器 ⋯⋯⋯⋯⋯⋯⋯⋯⋯ 21
1.5.1 三端集成稳压器的分类 ⋯⋯⋯ 21
1.5.2 三端集成稳压器的应用电路 ⋯ 22
1.6 晶闸管 ⋯⋯⋯⋯⋯⋯⋯⋯⋯⋯⋯⋯⋯ 25
1.6.1 晶闸管结构与工作原理 ⋯⋯⋯ 25
1.6.2 晶闸管主要参数 ⋯⋯⋯⋯⋯ 26
1.6.3 晶闸管型号 ⋯⋯⋯⋯⋯⋯⋯ 27
1.6.4 晶闸管单相桥式可控整流电路 ⋯⋯ 28
1.7 任务实施 ⋯⋯⋯⋯⋯⋯⋯⋯⋯⋯⋯⋯ 32
1.7.1 研究二极管单向导电性 ⋯⋯⋯ 32
1.7.2 研究桥式整流、电容滤波和稳压电路 ⋯⋯⋯⋯⋯⋯⋯⋯⋯⋯⋯ 33
本章小结 ⋯⋯⋯⋯⋯⋯⋯⋯⋯⋯⋯⋯⋯⋯ 35
思考与习题 ⋯⋯⋯⋯⋯⋯⋯⋯⋯⋯⋯⋯⋯ 35

第 2 章 晶体管、场效应晶体管及其放大电路 ⋯⋯⋯⋯⋯⋯⋯⋯⋯⋯⋯⋯ 39
2.1 晶体管 ⋯⋯⋯⋯⋯⋯⋯⋯⋯⋯⋯⋯⋯ 39
2.1.1 晶体管的基本结构与分类 ⋯⋯ 40
2.1.2 晶体管的电流放大作用 ⋯⋯⋯ 41
2.1.3 晶体管的特性曲线 ⋯⋯⋯⋯⋯ 42
2.1.4 晶体管的主要参数 ⋯⋯⋯⋯⋯ 44
2.1.5 晶体管的简易测试 ⋯⋯⋯⋯⋯ 44
2.2 共射基本放大电路 ⋯⋯⋯⋯⋯⋯⋯⋯ 46
2.2.1 共射基本放大电路的组成 ⋯⋯⋯ 46
2.2.2 共射基本放大电路静态分析 ⋯⋯ 48
2.2.3 共射基本放大电路动态分析 ⋯⋯ 49
2.3 分压式偏置放大电路 ⋯⋯⋯⋯⋯⋯⋯ 52
2.3.1 静态工作点对输出波形的影响 ⋯⋯ 52
2.3.2 分压式偏置放大电路分析 ⋯⋯⋯ 54
2.4 射极输出器 ⋯⋯⋯⋯⋯⋯⋯⋯⋯⋯⋯ 56
2.5 多级放大电路 ⋯⋯⋯⋯⋯⋯⋯⋯⋯⋯ 58
2.5.1 多级放大电路的结构与耦合方式 ⋯⋯⋯⋯⋯⋯⋯⋯⋯⋯⋯ 58
2.5.2 多级放大电路的动态分析 ⋯⋯⋯ 59
*2.5.3 多级放大电路设计 ⋯⋯⋯⋯⋯ 62

2.6 场效应晶体管及其放大电路 …………… 64
 2.6.1 场效应晶体管的特点与分类 ……… 64
 2.6.2 绝缘栅场效应晶体管 ……………… 65
 2.6.3 场效应晶体管放大电路 …………… 69
2.7 任务实施 ………………………………… 72
 2.7.1 晶体管直流电流放大倍数与输出
   特性研究 …………………………… 72
 2.7.2 共射基本放大电路静态工作点、
   动态参数的测量及失真观察 ……… 73
 2.7.3 两级放大电路电压放大倍数的
   测量与功能分析 …………………… 74
 2.7.4 场效应晶体管放大电路静态
   工作点、动态参数的测量 ………… 75
本章小结 ……………………………………… 76
思考与习题 …………………………………… 77

第3章 运算放大器 …………………………… 81

3.1 运算放大器简介 ………………………… 81
 3.1.1 运算放大器的定义、特点和
   应用 ………………………………… 82
 3.1.2 运算放大器的组成 ………………… 82
 3.1.3 运算放大器的图形符号及外形 …… 83
 3.1.4 运算放大器的主要参数 …………… 84
 *3.1.5 运算放大器的分类 ………………… 85
 3.1.6 理想运算放大器的条件与特性 …… 86
3.2 反馈 ……………………………………… 88
 3.2.1 反馈的基本概念 …………………… 88
 3.2.2 反馈的类型及其判别方法 ………… 89
 3.2.3 负反馈对放大器性能的改善 ……… 91
3.3 运算放大器的线性应用 ………………… 93
 3.3.1 反相输入运算放大电路 …………… 93
 3.3.2 同相输入运算放大电路 …………… 97
 *3.3.3 差分电路 …………………………… 99
*3.4 电压比较器及滞回比较器 ……………… 100
 3.4.1 电压比较器 ………………………… 100
 3.4.2 滞回比较器 ………………………… 102

*3.5 信号发生器电路设计 …………………… 103
3.6 任务实施 ………………………………… 105
 3.6.1 理想运算放大器"虚短"和
   "虚断"特性的测量 ……………… 105
 3.6.2 运算放大电路带负反馈时电压
   放大倍数和通频带的测量 ……… 106
 3.6.3 运算放大器微分、积分电路输入
   和输出电压的测量 ……………… 107
本章小结 ……………………………………… 108
思考与习题 …………………………………… 108

第4章 组合逻辑电路 ………………………… 111

4.1 数字信号和数字电路 …………………… 112
 4.1.1 数字信号 …………………………… 112
 4.1.2 数字电路 …………………………… 112
4.2 数制与码制 ……………………………… 113
 4.2.1 数制 ………………………………… 113
 4.2.2 码制 ………………………………… 115
4.3 逻辑函数 ………………………………… 116
 4.3.1 基本逻辑函数和复合逻辑函数 … 116
 4.3.2 逻辑函数的运算法则及代数
   化简 ………………………………… 118
 4.3.3 卡诺图 ……………………………… 119
 4.3.4 逻辑电路图 ………………………… 122
4.4 基本逻辑门电路 ………………………… 123
 4.4.1 二极管门电路 ……………………… 123
 4.4.2 晶体管门电路 ……………………… 124
4.5 集成逻辑门电路 ………………………… 125
 4.5.1 TTL 门电路 ………………………… 126
 4.5.2 CMOS 门电路 ……………………… 131
4.6 组合逻辑电路的分析与设计 …………… 133
 4.6.1 组合逻辑电路的分析 ……………… 133
 4.6.2 组合逻辑电路的设计 ……………… 134
4.7 常用组合逻辑器件 ……………………… 135
 4.7.1 编码器 ……………………………… 135
 4.7.2 译码器 ……………………………… 136

4.8 任务实施 ………………………… 138
  4.8.1 探索逻辑函数的真值表、逻辑函数表达式和逻辑电路图互换 … 138
  4.8.2 实践组合逻辑电路的设计 ……… 140
本章小结 …………………………………… 140
思考与习题 ………………………………… 141

第5章 时序逻辑电路 ………………… 144

5.1 时序逻辑电路的概念 ……………… 145
5.2 常用集成触发器 …………………… 145
  5.2.1 基本 RS 触发器 ……………… 145
  5.2.2 同步 RS 触发器 ……………… 147
  5.2.3 边沿触发器 …………………… 148
5.3 时序逻辑电路的分析与设计 ……… 151
  5.3.1 时序逻辑电路的分析 ………… 151
  5.3.2 时序逻辑电路的设计 ………… 153
5.4 常用时序逻辑功能器件 …………… 155
  5.4.1 计数器及应用 ………………… 155
  5.4.2 寄存器及移位寄存器 ………… 158
5.5 数字系统一般故障的检测和排除 … 159
  5.5.1 故障检测的方法 ……………… 159
  5.5.2 实例分析 ……………………… 160
5.6 任务实施 …………………………… 162
  5.6.1 探索基本 RS 触发器的真值表 …… 162
  5.6.2 探索边沿 JK 触发器的逻辑功能 ………………………… 163
  5.6.3 探索 N 进制（任意进制）计数器的设计 …………………… 164
本章小结 …………………………………… 164
思考与习题 ………………………………… 165

第6章 555定时器电路及其应用 …… 167

6.1 555定时器电路的结构与工作原理 … 167
  6.1.1 555定时器电路结构 ………… 168
  6.1.2 555定时器的工作原理 ……… 168
  6.1.3 555定时器的功能表 ………… 169
6.2 555定时器电路应用实例 ………… 169
  6.2.1 由555定时器组成的单稳态触发器 ………………………… 170
  6.2.2 由555定时器组成的多谐振荡器 ………………………… 172
  6.2.3 由555定时器组成的施密特触发器 ………………………… 173
6.3 任务实施 …………………………… 175
  6.3.1 555定时器电路的搭建与仿真 … 175
  6.3.2 报警器电路的搭建与仿真 …… 177
本章小结 …………………………………… 178
思考与习题 ………………………………… 178

附录 …………………………………………… 180

附录A 半导体器件型号命名方法 ………… 180
附录B 常用半导体器件的参数及部分型号介绍 ……………………… 181
附录C 常用电阻阻值系列 ……………… 188
附录D 模拟式万用表的使用方法 ……… 188
附录E Multisim用户界面及基本操作 …… 189

部分习题参考答案 ………………………… 196

参考文献 …………………………………… 198

第1章

二极管、晶闸管及整流电路

▲ **典型问题**

电气电子设备中所需的直流电源，少数直接使用干电池或蓄电池等直流电源，如手电筒、电瓶车；大多数使用交流电源经过变换得到直流电源，如我们常用的手机充电器、计算机中的电源等。你知道交流电如何转换成直流电吗？要经过哪几个环节？工作原理是怎样的？半导体二极管在其中起着怎样的作用？

▲ **学习目标**

1）了解二极管的组成结构、符号、伏安特性等，掌握二极管的单向导电性。
2）了解特殊二极管（如稳压管、发光二极管、光电二极管等）的电气符号、功能和应用。
3）掌握二极管整流电路、滤波电路、稳压电路的工作原理，能根据已知的电路原理图和元器件参数分析计算输出电压等物理量。
4）能根据输入电压、输出电压等电路性能要求，设计二极管整流滤波稳压电路原理图，计算元器件参数，选择元器件。
5）了解晶闸管的电气符号、功能和应用。
6）掌握晶闸管单相桥式可控整流电路的工作原理及计算。

▲ **任务实施**

1）研究二极管单向导电性。
2）研究桥式整流、电容滤波和稳压电路。

1.1 半导体二极管

1.1.1 半导体基础知识

1. 半导体导电特性

半导体是一种导电能力介于导体与绝缘体之间的材料，如硅（Si）和锗（Ge）。半导体虽导电能力没有金属导体强，但其导电能力能随着光照条件、温度、掺入杂质和输入电压

（电流）的不同而发生很大变化，因此具有热敏性、光敏性、压敏性和杂敏性等特性。半导体中存在两种能导电的带电粒子，通常称为载流子。一种是带负电荷的自由电子，简称电子；另一种是带正电荷的空穴。在外电场作用下，这两种载流子都可以定向移动形成电流。由于半导体特殊的导电性能，常作为电子器件（如二极管、三极管和集成电路等）的主要材料。

2. 杂质半导体

没有杂质和晶格缺陷的纯净半导体，叫作本征半导体。在本征半导体中掺入微量的杂质，就会使半导体的导电性能发生显著变化。根据掺入杂质不同，杂质半导体可分为 N（电子）型半导体和 P（空穴）型半导体两大类。

（1）N 型半导体 在本征半导体中掺入五价杂质元素，例如磷，可形成 N 型半导体，也称为电子型半导体。因五价杂质原子磷中只有四个价电子能与周围四个半导体原子中的价电子形成共价键，而多余的一个价电子因无共价键束缚而很容易形成自由电子。在这种半导体中，自由电子是多数载流子（多子），其数目取决于半导体掺杂浓度。另外，半导体由于热激发等原因会产生少量的电子空穴对，所以空穴是少数载流子（少子）。

（2）P 型半导体 在本征半导体中掺入三价杂质元素，如硼、镓、铟等，可形成 P 型半导体，也称为空穴型半导体。因三价杂质原子在与半导体原子形成共价键时，缺少一个价电子而在共价键中留下一个空穴。当相邻共价键上的电子因受激发获得能量时，就可能填补这个空穴，产生新的空穴。空穴是其主要载流子，其数目取决于半导体掺杂浓度。同理，电子是少数载流子，由热激发等形成。

1.1.2　PN 结

M1-1 测试/
半导体知识

1. PN 结的形成

如果将 P 型半导体和 N 型半导体制作在同一块本征半导体基片上，在它们的交界面，因多数载流子电子和空穴各自向对方区域扩散而相互中和，只留下正、负离子，形成一个空间电荷区（耗尽层），即 PN 结，如图 1-1 所示。由于 P 区一侧带负电，N 区一侧带正电，所以出现了方向由 N 区指向 P 区的内电场。

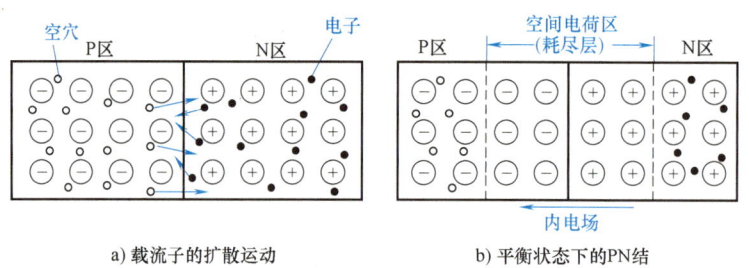

a）载流子的扩散运动　　b）平衡状态下的PN结

图 1-1　PN 结的形成

PN 结中存在着两种载流子的运动。一种是多子克服电场阻力的扩散运动，另一种是少子在内电场作用下产生的漂移运动。由于这些带电粒子运动产生的电流方向相反，因而在无外电场或其他因素激励时，PN 结中无宏观电流。

若在 PN 结两端外加电压，即给 PN 结加偏置，就将破坏原来的平衡状态，PN 结中将有电流流过。而当外加电压极性不同时，PN结表现出截然不同的导电性能，即呈现出单向导电性。

2. PN结的单向导电性

若PN结的P端接电源正极、N端接电源负极，这种接法称为正向偏置，简称正偏，如图1-2a所示。正偏时，PN结变窄，流过较大的正向电流（主要为多子定向移动形成的电流），其方向由P区指向N区。此时PN结对外电路呈现较小的电阻，这种状态称为正向导通。

若PN结的P端接电源负极、N端接电源正极，这种接法称为反向偏置，简称反偏，如图1-2b所示。反偏时，PN结变宽，流过较小的反向电流（主要为少子定向移动形成的电流），其方向由N区指向P区。此时PN结对外电路呈现较高的电阻，这种状态称为反向截止。

综上所述，PN结正向导通、反向截止，这就是PN结的单向导电性。PN结是构成各种半导体器件的基础。

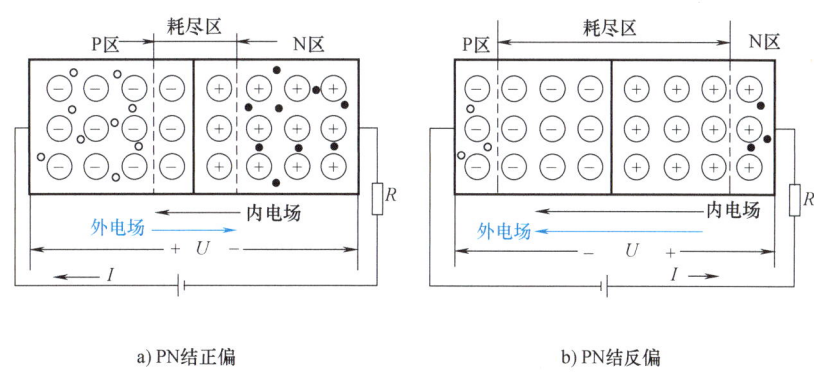

a) PN结正偏　　　　　　　　　　b) PN结反偏

图1-2　外加电压时的PN结

1.1.3　二极管

1. 结构

在PN结的外面装上管壳，再引出两个电极，就可以做成晶体二极管。图1-3所示为二极管的基本结构。图1-4是二极管的图形符号，其中从P区引出的电极作为正极，也称阳极，从N区引出的电极作为负极，也称阴极。图1-5所示为一些常见的二极管的实物图。

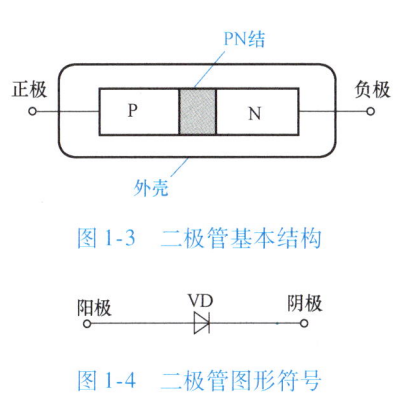

图1-3　二极管基本结构

图1-4　二极管图形符号

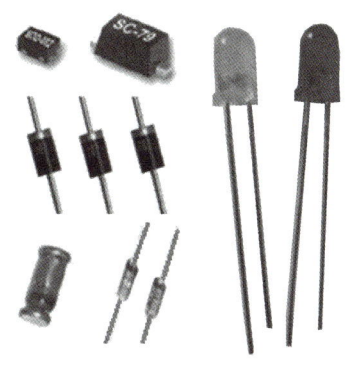

图1-5　常见二极管实物图

2. 二极管的分类

二极管是电子电路中最常用的器件之一，主要起开关、限幅、钳位、检波、整流及稳压的作用。其分类有：

(1) 按材料分　有硅二极管、锗二极管和砷化镓二极管等。

(2) 按结构分　有点接触型二极管和面接触型二极管。

(3) 按用途分　可分为普通二极管和特殊二极管。普通二极管包括检波二极管、整流二极管和开关二极管等；特殊二极管包括稳压二极管、变容二极管、光电二极管和发光二极管等。

3. 二极管的伏安特性曲线

M1-2 测试/
PN结与二极管

PN结是构成二极管的核心，它也决定了二极管的单向导电性。二极管的单向导电性可用其伏安特性曲线来形象显示。在二极管的两端加电压 U，然后测出流过二极管的电流 I，电流 I 与电压 U 之间的关系曲线即称为二极管的伏安特性曲线，如图1-6所示。

特性曲线分为两部分，加正向电压时的曲线称为正向特性曲线（图1-6中的右半部分）；加反向电压时的曲线称为反向特性曲线（图1-6中的左半部分）。

(1) 正向特性　当加在二极管上的正向电压较小时，正向电流很小，几乎等于零。只有当加在二极管上的正向电压超过某个数值时，正向电流才明显地增大。正向特性曲线上的这一电压数值通常称为死区电压，死区电压的大小与二极管的材料以及温度等因素有关。一般，硅二极管的死区电压为 0.5~0.6V，锗二极管为 0.1~0.2V。当正向电压继续增大，二极管完全导通，此时正向电压降基本维持不变，称为导通电压 U_F，硅管的 U_F 约为 0.7V，锗管的 U_F 约为 0.3V。

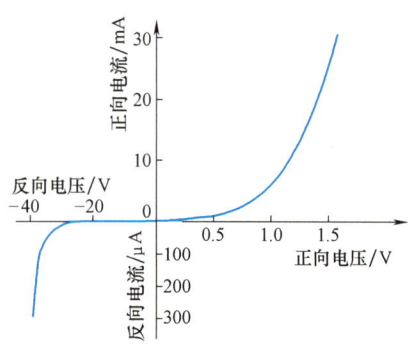

图1-6　二极管的伏安特性曲线（硅）

(2) 反向特性　当二极管承受的反向电压未达到反向击穿电压 U_{BR} 时，二极管呈现很大电阻，二极管不导通，此时称二极管工作在反向截止区。当二极管承受的反向电压已达到反向击穿电压 U_{BR} 时，反向电流急剧增加，该现象称为二极管反向击穿。

用不同材料和不同工艺制造的二极管，其伏安特性曲线虽有差异，但形状却是相似的。

例1-1　电路和输入交流电压波形如图1-7a、b所示，试分析输出电压波形。

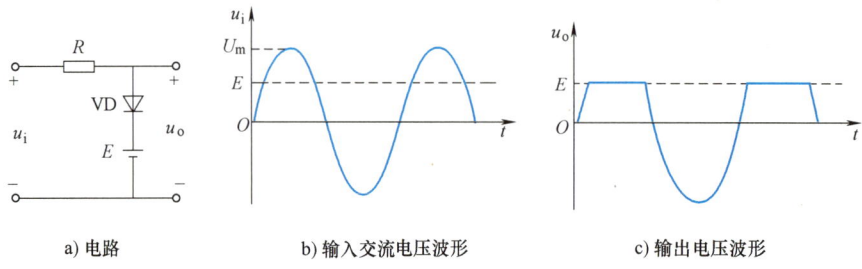

a) 电路　　　　b) 输入交流电压波形　　　　c) 输出电压波形

图1-7　上限幅电路

解：如图 1-7b 所示，$0 < E < U_m$，当 $u_i < E$ 时，二极管截止，$u_o = u_i$；当 $u_i > E$ 时，二极管导通，$u_o = E$。其输出电压波形如图 1-7c 所示。

该电路将输出电压的上限电平限定在某一固定值 E 上，所以称为上限幅电路。如将图中二极管的极性对调，则可得到将输出信号下限电平限定在某一数值上的下限幅电路。能同时实现上、下电平限制的电路称为双向限幅电路。

4. 二极管的主要参数

电子器件的参数是其特性的定量描述，也是实际工作中根据要求选用器件的主要依据。二极管的主要参数有以下几个：

(1) **最大整流电流 I_F**　是指二极管长期运行时，允许通过的最大正向平均电流。使用时，二极管的平均电流不得超出此值，否则可能会使二极管过热而损坏。一般点接触型二极管的最大整流电流在几十毫安以下；面接触型二极管的最大整流电流可达数百安以上，有的可达几千安以上。

(2) **最高反向电压 U_{RM}**　是指保证二极管不至于反向击穿而规定的最高反向工作电压。通常是反向击穿电压的一半或三分之二，以保证二极管在使用中不致因反向过电压而损坏。点接触型二极管的最大反向电压一般为数十伏以下，面接触型二极管一般可达数百伏。

(3) **最大反向电流 I_{RM}**　是指给二极管加最高反向电压时的反向电流值。最大反向电流大，说明二极管的单向导电性能差，并且受温度影响大。硅二极管的最大反向电流一般在几微安以下；锗二极管的最大反向电流较大，为硅二极管的几十到几百倍。

(4) **最高工作频率 f_M**　是指保证二极管正常工作的最高频率，主要取决于 PN 结结电容的大小。

在选用二极管时，要根据二极管的参数去选择，既要使二极管能得到充分利用，又要保证二极管能安全工作。另外，通过较大电流的二极管一般都需要加散热器，散热器的面积必须符合要求，否则会损坏二极管。

实用电路小案例：信号解调器

小信号二极管的常见应用是对调制信号解调（或者检波），比如应用在无线电广播中。信号通常采用全调幅（Full AM），产生图 1-8 所示波形。全调幅信号含有高频载波分量，其幅度用低频信号调制。低频信号包含了有用的信息，必须通过解调恢复。

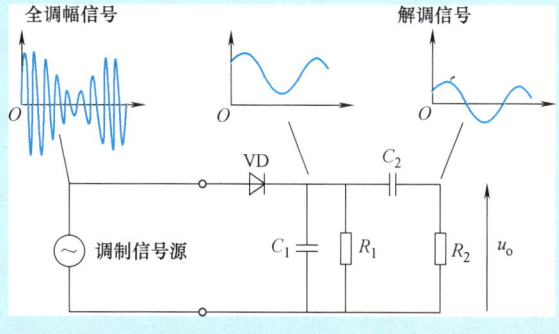

图 1-8　信号解调器

1.1.4 特殊二极管

1. 稳压二极管

（1）工作原理和伏安特性　稳压二极管简称稳压管，是一种用特殊工艺制造的面接触型半导体二极管。它的电气符号如图1-9a所示，实物图如图1-9b所示。它既具有普通二极管的单向导电性，又可以在一定的反向电压范围内处于击穿区状态而不损坏。

使用时它的负极接外加电压的高端，正极接低端，稳压管处于反向偏置，工作在反向击穿状态，利用它的反向击穿特性来稳定直流电压，其伏安特性曲线如图1-9c所示。

在反向电压较低时，稳压二极管截止，当反向电压达到一定数值时，反向电流突然增加，稳压管进入击穿区，此时反向电流在很大范围变化，而稳压管两端的电压却变化极小，利用这种特性，在电路中与适当的电阻配合就能起到稳压作用。

二极管的反向击穿并不意味着二极管一定会损坏，只要限制流过二极管的反向电流不超过极限数值，就能使二极管不因过热而烧坏。

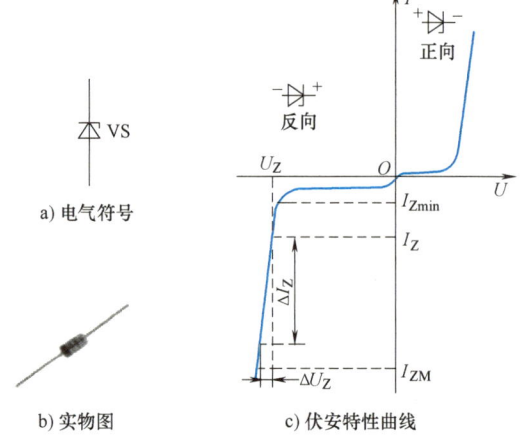

图1-9　稳压管的电气符号、实物图和伏安特性曲线

（2）主要参数

1）稳定电压 U_Z。U_Z 是稳压管工作在反向击穿区时的稳定工作电压。稳定电压 U_Z 是选择稳压管的主要依据之一。由于稳定电压随着工作电流的不同而略有变化，所以测试时应使稳压管的电流为规定值。不同型号的稳压管，其稳定电压的值不同。对于同一型号的稳压管，由于制造工艺的分散性，不同稳压管的稳定电压值也有差别。

2）稳定电流 I_Z。I_Z 是稳压管正常工作时的参考电流。若工作电流低于 I_Z，则稳压管的稳压性能变差；如工作电流高于 I_Z，只要不超过额定功耗，稳压管可以正常工作。一般来说，工作电流较大时稳压性能较好。

3）动态内阻 r_Z。r_Z 指稳压管两端电压变化量和电流的变化量之比，该值越小越好。

4）电压的温度系数 α_u。α_u 表示当稳压管的电流保持不变时，环境温度每变化1℃所引起的稳定电压变化的百分比。一般来说，稳定电压大于7V的稳压管，其 α_u 为正值；稳定电压小于4V的稳压管，其 α_u 为负值；而稳定电压为4～7V的稳压管，α_u 的值比较小，说明其稳定电压受温度的影响较小，性能比较稳定。

5）额定功耗 P_Z。由于稳压管两端加有电压 U_Z，而稳压管中又流过一定的电流，因此要消耗一定的功率 P_Z，这部分功耗转化为热能，使稳压管发热。额定功耗 P_Z 决定稳压管允许的温升。

2. 发光二极管

发光二极管简称LED，是一种将电能直接转换成光能的PN结器件，主要由半导体化合物如砷化镓、磷化镓制成。其实物图与电气符号如图1-10所示。

发光二极管工作时加正向电压，并接入限流电阻，当PN结有正向电流流过时即发光，没有热交换过程。其工作电流一般为几毫安至几十毫安，电流越大，发出的光越强，但是会出现亮度衰退的老化现象，使用寿命将缩短。发光二极管发出的光波可以是红外光和可见光，如砷化镓是发出红外光，如果在砷化镓中掺入一些磷即可发出红色可见光，而加入磷化镓则发绿光。

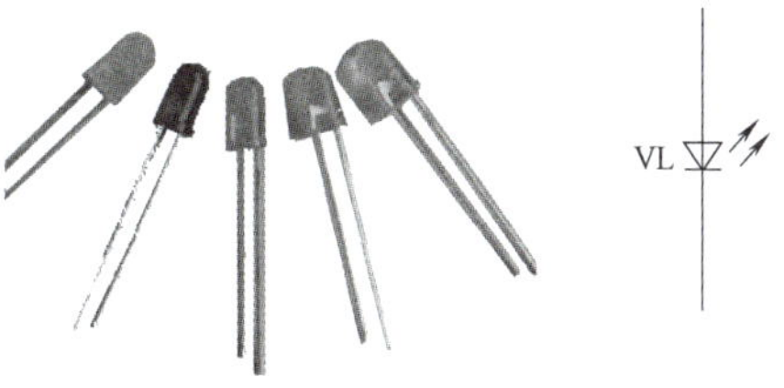

a) 实物图　　b) 电气符号

图 1-10　发光二极管的实物图与电气符号

发光二极管有如下特点：

1）工作电压（正向）为 2.5～3V，工作电流为几毫安至十几毫安。

2）耗电少（10mA 以下电流即可在室内得到适当的亮度）。

3）可通过调节电流（或电压）来对发光亮度进行调节。

4）容易与电路配合使用。

5）体积小，重量轻，抗冲击，寿命长。

M1-3 测试/特殊二极管

3. 光敏二极管、光电二极管与光电池

（1）光敏二极管与光电二极管的异同　它们工作原理相同，都是将光能转换为电能的半导体器件，也都具有单向导电性。为了获取光线，在它们的管壳上设有光线射入的窗口，也可将管壳直接做成透明，以便光线射入。光敏二极管、光电二极管和稳压管一样，工作在反偏状态，在不受光照射时，处于截止状态，反向电流较弱，称为暗电流；受光照射时，处于导通状态，反向电流迅速增大到几十微安，称为光电流。

光敏二极管、光电二极管都可用于光的测量、光控制等。图 1-11 所示为它们的实物图与电气符号。

a) 光敏二极管　　b) 光电二极管　　c) 光电池　　d) 电气符号

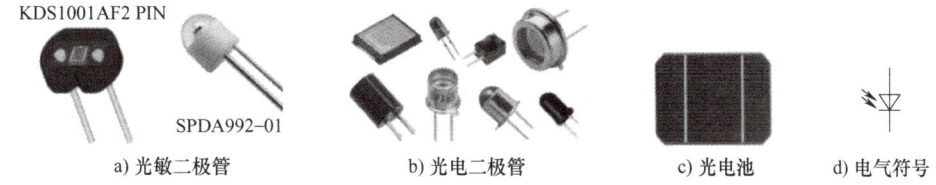

图 1-11　光敏二极管、光电二极管和光电池实物图与电气符号

光敏二极管与光电二极管的区别主要表现在光谱响应特性、响应速度、光照特性和应用场景侧重。

（2）光电二极管与光电池的异同

1）相同点：光电二极管和光电池都是利用入射光照射到 PN 结上产生光伏效应的器件。

2）不同点：光电二极管的结面积较小而光电池结面积较大，光电二极管需要施加负偏置电压来提高灵敏度，而光电池不需要加偏置电压。

实用电路小案例：红外遥控电路

生活中有很多家用电器都有遥控设备，如音响、彩色电视、空调、VCD 视盘机、DVD 视盘机以及录像机等，如图 1-12a 所示。它们的工作原理是什么呢？原来是使用了红外发光二极管和红外接收二极管，如图 1-12b、c 所示。红外发光二极管是一种把电能直接

转换成红外光能的发光器件，红外接收二极管又称红外光电二极管，它能很好地接收红外发光二极管发射的波长为940nm的红外光信号。

发射：如图1-12d所示，按下发射电路中的某个按钮时，编码器产生相应的调制脉冲信号，并由发光二极管将电信号转换为光信号发射出去。

接收：如图1-12e所示，光电二极管将脉冲信号再转换为电信号，经放大、解码后，由驱动电路驱动对应的负载动作。

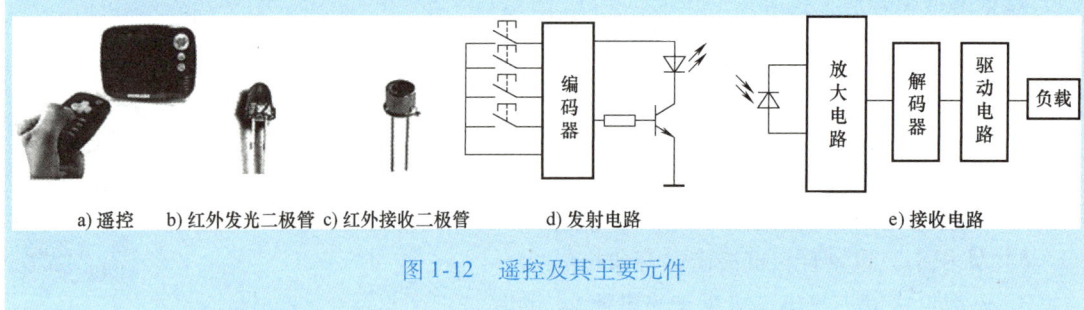

a) 遥控　　b) 红外发光二极管　c) 红外接收二极管　　d) 发射电路　　　　　e) 接收电路

图1-12　遥控及其主要元件

1.1.5　二极管的检测

1. 用数字万用表检测

将数字万用表置于二极管测量档，如图1-13所示，红、黑表笔分接二极管的两个电极，若显示数字为0.3左右或0.7左右（前者为锗管，后者为硅管），说明二极管正向导通，红表笔接的是正极，黑表笔接的是负极。此时显示的数字为二极管的正向压降，单位为V。

图1-13　用数字万用表测试二极管

若显示数字为"1"或"OL"，则说明二极管处于反向截止状态，红表笔接的是负极，黑表笔接的是正极。

注意：二极管上有色环标记的一侧通常为负极。

2. 用指针式万用表检测

将指针式万用表拨到欧姆档的 $R \times 100\Omega$ 或 $R \times 1k\Omega$，将万用表的红、黑表笔分别接在二极管两端，若测得电阻比较小（几千欧以下），再将红、黑表笔对调后连接在二极管两端，若测得的电阻比较大（几百千欧），则说明二极管具有单向导电性，质量良好。测得电阻小的那一次黑表笔接的是二极管的正极。

如果测得二极管的正、反向电阻都很小，甚至为零，则表示二极管内部已短路。

如果测得二极管的正、反向电阻都很大，则表示二极管内部已断路。

如果正、反向电阻一样大，则二极管也是坏的。

由于二极管是非线性器件，所以当用不同倍率的欧姆档或不同灵敏度的万用表进行测试时，所得的数据是不相同的，但是正、反向电阻相差几百倍这一原则是不变的。

1.2 单相整流电路

本章开头提到的典型问题：交流电如何转换成直流电？要经过哪几个环节？工作原理是怎样的？本节及后面几节中可找到问题的答案。

图 1-14 是将工频交流电转换成直流电的直流稳压电源的原理框图，它一般由 4 部分组成，即变压器、整流电路、滤波电路和稳压电路。

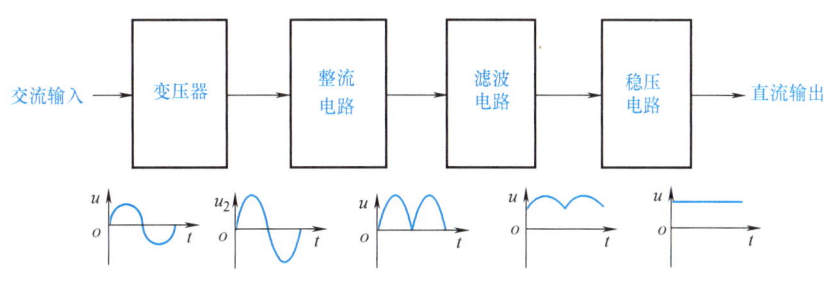

图 1-14 直流稳压电源的原理框图

各部分功能如下：

(1) 变压器　将正弦交流电源电压变换为符合用电设备需要的工频正弦交流电压。

(2) 整流电路　利用具有单向导电性能的整流器件（二极管、晶闸管），将正负交替变化的正弦交流电压变换成单方向的脉动直流电压。

(3) 滤波电路　尽可能地将单向脉动直流电压中的脉动部分（交流分量）减小，使输出电压成为比较平滑的直流电压。

(4) 稳压电路　采用某些措施（如稳压二极管），使输出的直流电压在输入电源发生波动或负载变化时基本保持稳定。

利用二极管的单向导电性可组成整流电路，把交流电压转换为单向脉动直流电压。在小功率直流电源中，经常采用半波整流电路和桥式整流电路这两种整流电路。

1.2.1 半波整流电路

单相半波整流电路如图 1-15 所示，变压器的二次绕组与负载相接，中间串联一个整流二极管。半波整流电路利用二极管的单向导电性，在交流电的正半周，二极管正向偏置导通，有电流流过负载；在交流电的负半周，二极管反偏截止，没有电流流过负载。如此反复，负载得到的始终是同一个方向的电流，从而达到整流的目的。

1. 原理分析

当 u_2 为正半周时，二极管 VD 承受正向电压而导通，在负载 R_L 上获得脉动直流电压 u_o；

当 u_2 为负半周时，二极管 VD 承受反向电压而截止，负载 R_L 上的电压 $u_o=0$，如图 1-16 所示。负载 R_L 上的电压 u_o 是脉动直流，其大小可用平均值 U_o 来表示，则

$$U_o = \frac{1}{T}\int_0^{\frac{T}{2}} u_2 dt = \frac{1}{2\pi}\int_0^\pi \sqrt{2}U_2\sin(\omega t)d(\omega t) = 0.45U_2 \tag{1-1}$$

根据欧姆定律，负载上的直流电流平均值 I_o 为

$$I_o = \frac{U_o}{R_L} = \frac{0.45U_2}{R_L} \tag{1-2}$$

在交流电的负半周，二极管反偏截止，负载上没有电流和电压。因此，变压器二次电压几乎都作用在二极管上，此时，二极管承受反向电压，其承受的最高反向电压 U_{RM} 为

$$U_{RM} = \sqrt{2}U_2 \tag{1-3}$$

M1-4 微课/半波整流电路

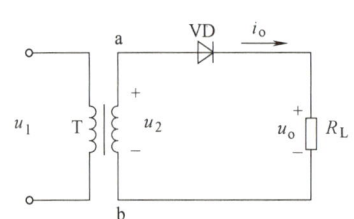

图 1-15　单相半波整流电路

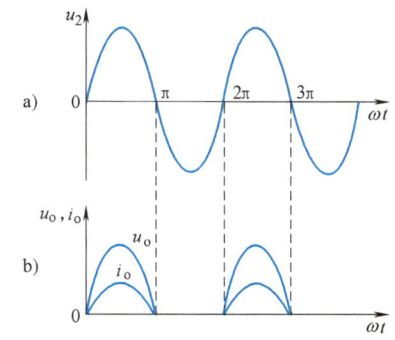

图 1-16　半波整流电路波形

半波整流电路降低了电源的效率，整流电流的脉动成分太大，只适用于整流电流较小（几十毫安以下）或对脉动要求不严格的直流设备中。

2. 实例应用

例 1-2　有一直流负载，电阻为 1.5kΩ，要求工作电流为 10mA，如果采用半波整流电路，试求电源变压器的二次电压，并选择适当的整流二极管。

解：因为 $U_o = R_L I_o = 1.5 \times 10^3 \Omega \times 10 \times 10^{-3} A = 15V$

由式（1-1），变压器二次电压的有效值为 $U_2 = \frac{U_o}{0.45} = \frac{15V}{0.45} \approx 33V$

二极管承受的最高反向电压为 $U_{RM} = \sqrt{2}U_2 = \sqrt{2} \times 33V \approx 47V$

通过二极管的平均电流

$$I_D = I_o = 10mA$$

根据求得的参数，取 $I_F \geq (2\sim3)I_D = (20\sim30)mA$，查阅附录 B，可选择 1N 系列整流二极管 1N4002（100V，1A）。

1.2.2　桥式整流电路

桥式整流电路结构如图 1-17a 所示，由变压器、整流桥堆和负载组成。整流桥堆有四个二极管，两两对接组成四边形。四边形的一组对角接变压器二次电压，另一组对角接负载。图 1-17b 为桥式整流电路的简化画法。

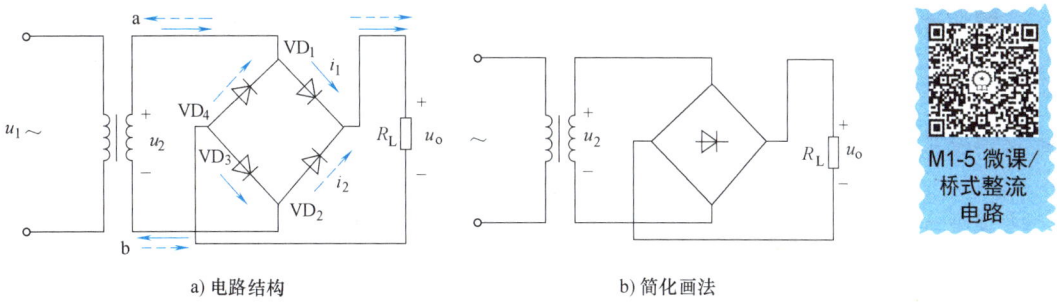

a) 电路结构　　　　　　　　　　b) 简化画法

图 1-17　桥式整流电路

1. 原理分析

在变压器二次电压的每半个周期，均有一组二极管（VD_1、VD_3 或 VD_2、VD_4）导通，将正弦交流电加到负载上，且方向相同，从而达到整流目的。

当 u_2 为正半周时，VD_1 和 VD_3 正偏导通，VD_2、VD_4 受到反向电压而截止。单向脉动电流的流向为：a 端→VD_1→R_L→VD_3→b 端（见图 1-17a 实线箭头），R_L 上的脉动电压极性为上正下负。

当 u_2 为负半周时，VD_2、VD_4 正偏导通，VD_1、VD_3 受到反向电压而截止。单向脉动电流的电流流向为：b 端→VD_2→R_L→VD_4→a 端（见图 1-17a 虚线箭头），R_L 上的脉动电压极性仍为上正下负，方向与正半周时相同。电路中的电压、电流波形如图 1-18 所示。

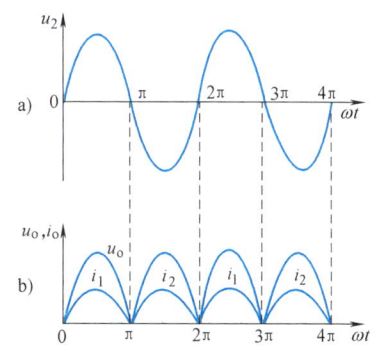

图 1-18　单相桥式整流电路波形

负载 R_L 上的电压 u_o 是脉动直流，其大小可用平均值 U_o 来表示，则

$$U_o = \frac{1}{\pi}\int_0^\pi \sqrt{2}U_2\sin(\omega t)\mathrm{d}(\omega t) = \frac{2\sqrt{2}}{\pi}U_2 = 0.9U_2 \tag{1-4}$$

输出电流平均值 I_o 为

$$I_o = \frac{U_o}{R_L} = 0.9\frac{U_2}{R_L} \tag{1-5}$$

流过二极管的平均电流 I_D 为

$$I_D = \frac{1}{2}I_o \tag{1-6}$$

二极管承受的最高反向电压 U_{RM} 为

$$U_{RM} = \sqrt{2}U_2$$

I_D 和 U_{RM} 是选择整流二极管的主要依据。桥式整流电路对输入交流电的利用效率比半波整流电路高一倍，电源利用率高，而且输出电压脉动较小，所以得到了广泛应用。

2. 实例应用

例 1-3　已知有一直流用电器的额定电压为 36V，平均电流为 0.8A，如果采用单相桥式整流电路得到该电压，试求电源变压器的二次电压有效值，并选择整流二极管的型号。

解： 由式（1-4），变压器二次电压的有效值为

$$U_2 = \frac{U_o}{0.9} = \frac{36\text{V}}{0.9} = 40\text{V}$$

考虑到变压器及二极管的损耗，变压器的二次电压应比计算值高出10%，即

$$U_2' = 40\text{V} \times 1.1 = 44\text{V}$$

通过二极管的平均电流

$$I_D = \frac{1}{2}I_o = \frac{1}{2} \times 0.8\text{A} = 0.4\text{A}$$

二极管承受的最高反向电压

$$U_{RM} = \sqrt{2}\, U_2' = \sqrt{2} \times 44\text{V} = 62.2\text{V}$$

根据以上求得的参数，取 $I_F \geq (2 \sim 3)I_D = (0.8 \sim 1.2)\text{A}$，查阅附录B，可选择1N系列整流二极管1N5102（200V，1.5A）。

3. 桥式整流器

M1-6 测试/半波整流和桥式整流

桥式整流器也叫作整流桥堆，实物如图1-19所示。桥式整流器是由四只整流二极管作桥式连接，外用绝缘塑料封装而成。大功率桥式整流器在绝缘层外添加锌金属壳包封，增强散热。桥式整流器品种多，有扁形、圆形、方形、板凳形（分直插与贴片等），一般有四个引脚。最大整流电流为0.5~50A，最高反向电压为50~1000V。

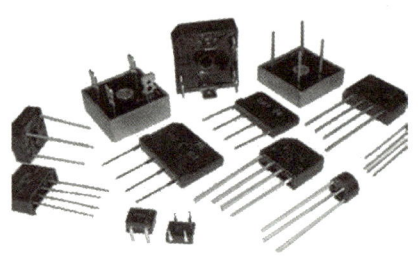
图1-19 桥式整流器实物图

1.3 滤波电路

无论哪种整流电路，它们的输出电压都含有较大的脉动成分。除了在一些特殊的场合可以直接用作直流电源外，通常都要采取一定的措施提高质量，一方面尽量降低输出电压中的脉动成分，另一方面又要尽量保留其中的直流成分，使输出电压接近于理想的直流电压。这样的措施就是滤波。

1.3.1 电容滤波电路

滤波电路一般是在桥式整流后加电容滤波或电感滤波，实用中电容滤波电路较多。图1-20为桥式整流电容滤波电路。

在桥式整流电容滤波电路中，u_2正半周时，VD_1和VD_3导通，给负载供电，同时电容 C 充电，u_2达到最大值时，C 两端电压充到最大值。当u_2从最大值开始下降时，VD_1和VD_3截止，C 向 R_L 放电使电容电压下降，当电容电压下降到一定值，与u_2负半周经整流后的上升电压相等时，电容 C 被再次充电，电容两端电压跟着整流后的电压达到峰值。当u_2又下降时，电容 C 又开始放电，如此循环，使负载上得到脉动直流电压。

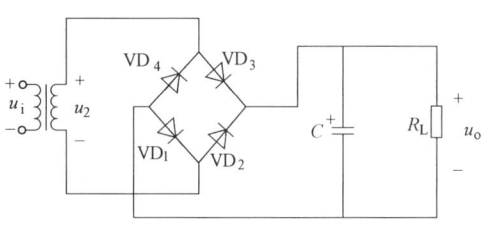

图 1-20 桥式整流电容滤波电路

放电的快慢决定于时间常数 τ，$\tau = R_L C$，时间常数越大，C 放电越慢，电容两端电压下降越慢，输出电压变化越平稳。但 τ 不能取很大，一方面负载电阻 R_L 为有限值，另一方面电容太大成本过高且体积过大。一般取

$$\tau = R_L C = (3 \sim 5) \frac{T}{2}$$

式中，T 为电网交流电压的周期。

当 $\tau = 3 \times \frac{T}{2}$ 时，可取

$$U_o = 1.2 U_2 \quad （半波整流电容滤波：U_o = U_2）$$

当负载开路时，C 没有放电回路，此时输出电压

$$U_o = \sqrt{2} U_2$$

由于电容值比较大，几十至几千微法，一般选用电解电容器，如图 1-21 所示。电容器的耐压值应该大于 $\sqrt{2} U_2$。

注意：在采用大容量的滤波电容时，接通电源的瞬间充电电流特别大，因此电容滤波器不适用于负载电流较大的场合。

桥式整流电容滤波电路输出电压 u_o 与输出电流 i_o 的波形如图 1-22 所示。从图中可以看出，整流滤波后输出电压的峰值比 u_2 的峰值要稍小，这主要是因为二极管上有压降，如图 1-22a 所示。

图 1-21 电解电容器实物图

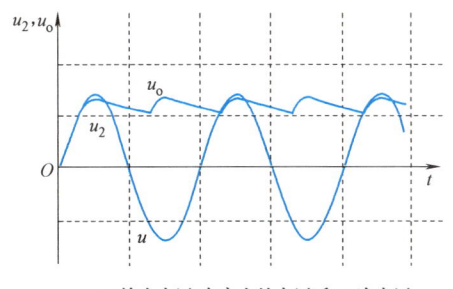
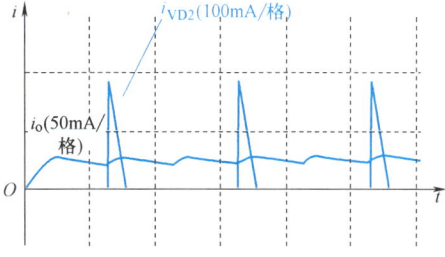

a) 输出电压(电容上的电压)和二次电压   b) 输出电流和流过一组二极管的电流

图 1-22 桥式整流电容滤波电路输出电压与输出电流的波形

二极管导通时间较短,因此,二极管的峰值电流较大,比负载电流峰值大 6~8 倍,如图 1-22b 所示。

例 1-4 图 1-23 为桥式整流电容滤波仿真电路,已知交流电源输入电压 $U_2=20\text{V}$,频率 $f=50\text{Hz}$,负载电阻 $R_L=1\text{k}\Omega$,求负载电压和电流平均值以及流过二极管的平均电流,且进行仿真。

M1-8 微课/
电容滤波电
路例题

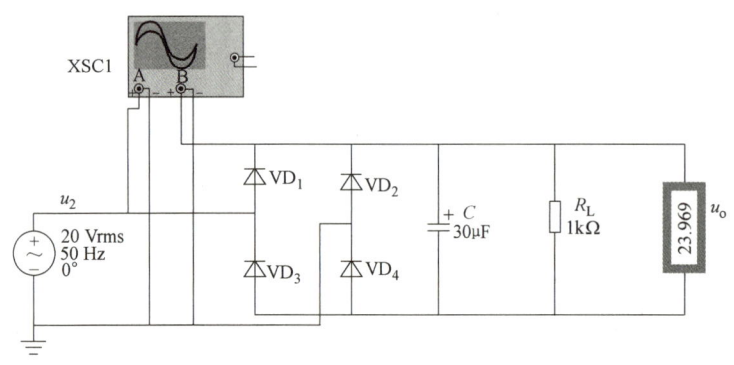

图 1-23　桥式整流电容滤波仿真电路

解：输出电压平均值为

$$U_o = 1.2U_2 = 1.2 \times 20\text{V} = 24\text{V}$$

负载电流平均值为

$$I_o = \frac{U_o}{R_L} = \frac{24\text{V}}{1\text{k}\Omega} = 0.024\text{A}$$

流过二极管的电流平均值为

$$I_D = \frac{1}{2}I_o = \frac{0.024\text{A}}{2} = 0.012\text{A}$$

图 1-24 为输出电压仿真波形。示波器中指针 1 测量出输入电压（通道 A）最大值和输出电压（通道 B）最大值,指针 2 测量出了输出电压的另一个波峰值。

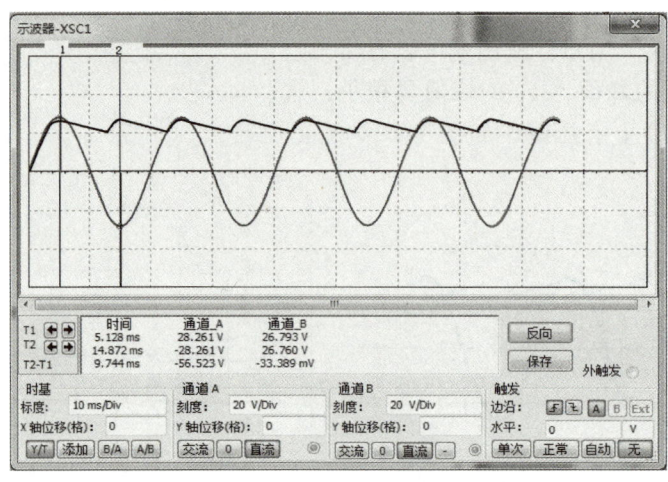

图 1-24　桥式整流电容滤波电路输出电压仿真波形

实用电路小案例：电子灭蝇（灭鼠）器

电路如图 1-25 所示。它能输出约 1500V 高压电击蝇（老鼠）。图中，电容器旁的"+"不表示电解电容，而是表示充电电位高。

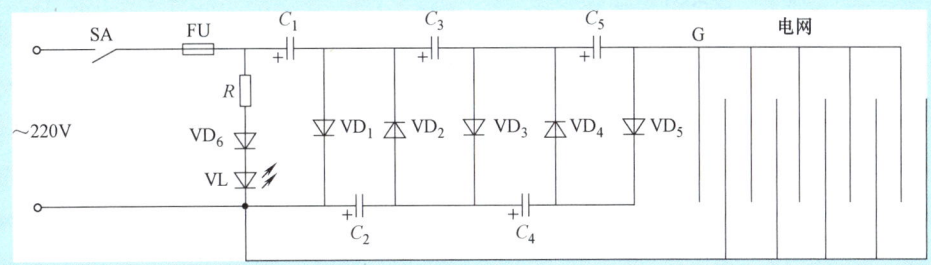

图 1-25　电子灭蝇（灭鼠）器电路

（1）控制目的和方法

控制目的：输出高电压，灭蝇、灭鼠。控制方法：采用多级倍压整流升压。

（2）电路组成

① 多级倍压整流器。由电容 $C_1 \sim C_5$ 和二极管 $VD_1 \sim VD_5$ 组成五级倍压整流器。

② 电网。由两组相互挨近又相互绝缘的金属丝网组成。

（3）工作原理

先分析二级倍压整流情况（即 C_1、C_2、VD_1、VD_2 回路），了解其工作原理后，就可以依次类推到多级倍压整流。

当交流电源为正半周时，二极管 VD_1 导通，电容 C_1 充电至 $\sqrt{2}U$（U 为交流电压有效值，即 220V）；当电源为负半周时，VD_2 截止，C_1 上的电压与 u（u 为交流电压瞬时值）叠加后经二极管 VD_2 对电容 C_2 充电，经过几个周期以后 C_2 充电到 $2\sqrt{2}U$ 而达到稳定。同理，其他各个电容都按相似的充电过程，达到稳定值。

由此可见，图 1-25 所示电路中输出两端的直流高电压等于 C_1、C_2 和 C_5 两端的电压之和，总共等于 5 倍的 $\sqrt{2}U$，即 $5\sqrt{2}U = 5\sqrt{2} \times 220\text{V} = 1556\text{V}$。

多级倍压整流电路的输出空载电压较高，但若加上负载后，实际输出电压没有这么高。灭蝇或灭鼠时，在电网下需放些诱饵。

1.3.2　电感滤波电路

1. 电路构成

电感滤波电路中电感 L 与负载 R_L 串联，如图 1-26 所示。它是利用通过电感的电流不能突变的特性来实现滤波。

2. 滤波原理

从能量的观点来看，电感是一个储能元件，当电流增加时，电感线圈产生自感电动势阻止电流的增加，同时将一部分电能转化为磁场能量储存在电感中；当电流减小时，电感线圈便释放能量,阻止电流减小。因此未加电感时,通过负载 R_L 的电压波形如图 1-27 的曲线①所示;加接电感后,通过负载 R_L 的电压脉动成分受到抑制而变得平滑,此时负载 R_L 的电压波形如图 1-27 的曲线②所示。

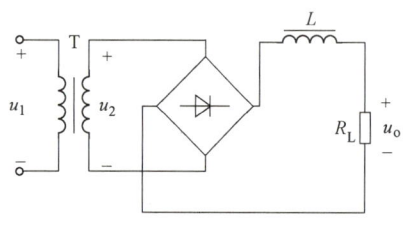

图 1-26　电感滤波电路

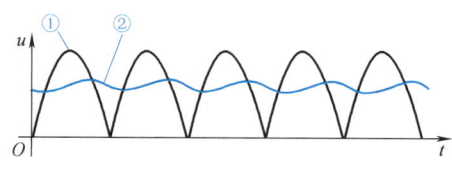

图 1-27　输出电压波形

3. 电路特点

一般情况下,电感值 L 越大,滤波效果越好,但电感的体积变大、成本上升,且输出电压会下降较多,所以滤波电感常取几亨到几十亨,这时可取 $U_o = (0.8 \sim 0.9) U_2$。

1.3.3　复式滤波器

负载的两端并联一个电容,把电感或电阻接在串联支路,以达到更佳的滤波效果。

1. L 形滤波器

在滤波电容 C 之前串接一个铁心电感 L,这样就组成了 L 形滤波器,如图1-28所示。脉动直流电压经过电感时,交流成分大部分都降落在电感线圈 L 上,再经电容 C 滤波,把交流成分进一步滤除,就可在负载上得到更加平滑的直流电压。因电感内阻很小,所以外特性比较硬。但缺点是采用了电感,体积和重量都大为增加。图 1-29 所示为电感线圈实物图。

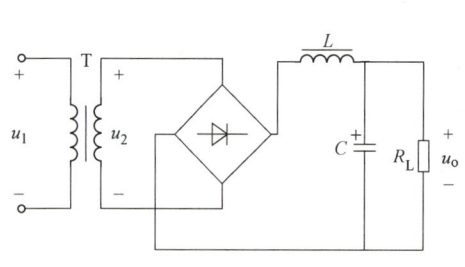

图 1-28　L 形滤波器

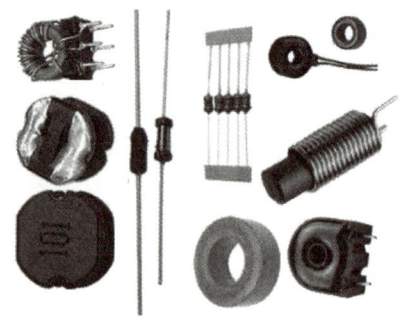

图 1-29　电感线圈实物图

2. π 形滤波器

LC-π 形滤波器:在 L 形滤波器的输入端再并联一个电容,这就形成了 LC-π 形滤波器,如图 1-30 所示。

RC-π 形滤波器：在电流较小、滤波要求不高的情况下，常用电阻 R 代替 π 形滤波器的电感 L，构成 RC-π 形滤波器，如图 1-31 所示。经过第一次的电容滤波后，电容 C_1 两端的电压包含着一个直流分量和一个交流分量。通过 R 和 C_2 的再一次滤波后，可以进一步降低输出电压的脉动系数。但是 R 上会产生压降，外特性比较软。

M1-9 测试/整流与滤波电路知识

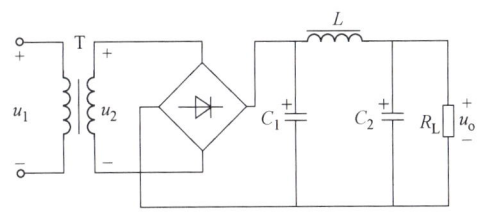

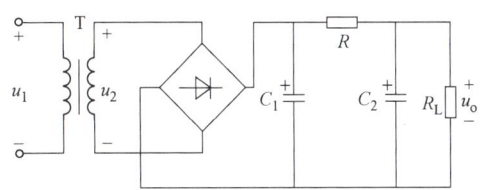

图 1-30 LC-π 形滤波器　　　　　　　　　图 1-31 RC-π 形滤波器

3. 常用滤波电路的性能比较

最后，将上述各种滤波电路的特点列于表 1-1 中，以便进行分析比较。

表 1-1 各种滤波电路的性能比较

	电容滤波	电感滤波	L 形滤波	π 形滤波
U_o/U_2	1.2	0.8	0.9	1.2
整流管冲击电流	大	小	小	大
外特性	软	硬	硬	软
适用场合	小电流负载	大电流负载	适应性较强	小电流负载

例 1-5　在桥式整流电容滤波电路中，$U_2=20\text{V}$，$R_L=40\Omega$，$C=1000\mu\text{F}$。试问：

（1）正常时 U_o 为多少？

（2）如果测得 U_o 为下列数值，可能出了什么故障？

$$U_o=18\text{V}, U_o=28\text{V}, U_o=9\text{V}$$

解：（1）正常时 $U_o=1.2U_2=1.2\times 20\text{V}=24\text{V}$

（2）当 $U_o=18\text{V}$ 时，此时 $U_o=0.9U_2$，电路成为桥式整流电路，故可判定滤波电容 C 开路。

当 $U_o=28\text{V}$ 时，此时 $U_o=1.4U_2$，属于整流滤波电路，且 $R_L=\infty$ 的情况，故可判定负载电阻开路。

当 $U_o=9\text{V}$ 时，此时 $U_o=0.45U_2$，电路成为半波整流电路，故可判定是四只二极管中其中一组（VD_1、VD_3 或 VD_2、VD_4）有二极管开路，同时电容器也开路。

1.4 稳压电路

1.4.1 稳压电路组成与工作原理

在前面几节中，主要讨论了如何通过整流电路把交流电变成单方向的脉动直流电，以及如何利用储能元件组成各种滤波电路以减少脉动成分。但是，整流滤波电路的输出电压和理想的直流电源相比还有相当大的距离。为了能够提供更加稳定的直流电，需要在整流滤波电路后再加稳压电路。下面介绍比较简单的稳压二极管稳压电路。

1. 电路组成

图 1-32 所示为桥式整流电容滤波稳压二极管稳压电路。

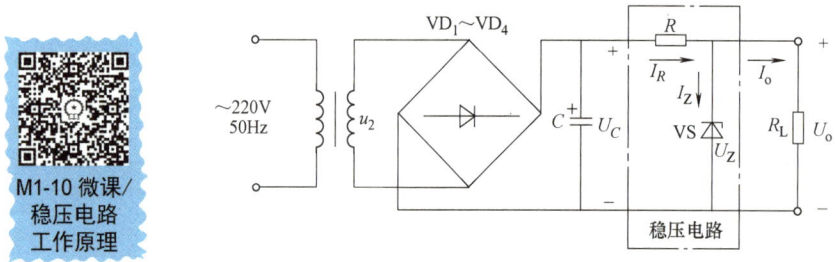

图 1-32 桥式整流电容滤波稳压二极管稳压电路

电路中的稳压部分由硅稳压管 VS 串联一个限流电阻 R 组成。稳压管要工作在反向击穿区的齐纳击穿状态，限流电阻 R 是稳压电路必不可少的组成元件，当电网电压波动或负载电流变化时，可调节 R 上的电压降来保持输出电压基本不变。

2. 电路工作原理

引起直流电源电压波动的原因主要有两个：一是输入电压波动；二是负载大小变化。稳压电路可以针对这两种情况分别进行稳压。

(1) **负载电阻 R_L 不变、交流电源电压波动时的稳压情况**   当负载电阻不变，交流电源电压增加时，整流滤波电路的输出电压 U_C 随之增加，负载电压 U_o 也将增加，U_o 就是稳压二极管两端的反向电压 U_Z。由稳压二极管的伏安特性可知，当 U_Z 稍有增加时，稳压二极管的电流 I_Z 就会显著增加，结果使限流电阻的电流 I_R 增大，I_R 的增大使得 R 上的压降增加，从而使增大了的负载电压 U_o 的数值有所减小，如果电阻 R 的阻值选择适当，最终可使 U_o 基本保持不变。上述稳压过程可表示如下：

$$U_2\uparrow \to U_C\uparrow \to U_o\uparrow \to I_Z\uparrow \to I_R\uparrow \to U_R\uparrow \to U_o\downarrow$$

同理，如果交流电源电压降低使 U_C 减小时，负载电压 U_o 也减小，因此稳压二极管的电流 I_Z 显著减小，结果使通过限流电阻 R 的电流 I_R 减小，I_R 的减小使 R 上的压降也减小，结果使负载电压 U_o 的数值有所增加而近似不变。

(2) **电源电压不变、负载电阻变化时的稳压情况**   假设交流电源电压保持不变，负载电阻变小，负载电阻 R_L 上的端电压 U_o 因此下降。只要 U_o 下降一点，稳压二极管的电流 I_Z 就会显著减小，通过限流电阻 R 的电流 I_R 和电阻上的压降 U_R 就减小，使已经降低的负载电压 U_o 回升，而使 U_o 基本保持不变。这一稳压过程可表示如下：

$$R_L\downarrow \to U_o\downarrow \to I_Z\downarrow \to I_R\downarrow \to U_R\downarrow \to U_o\uparrow$$

当负载电阻增大时，稳压过程相反，读者可自行分析。

由以上分析可知，稳压二极管稳压电路是由稳压二极管 VS 的电流调节作用和限流电阻 R 的电压调节作用互相配合实现稳压的，值得注意的是，限流电阻 R 除了起电压调整作用外，还起限流作用。如果稳压二极管不经限流电阻 R 而直接并联在滤波电路的输出端，不仅没有稳压作用，还可能使稳压二极管中电流过大而损坏稳压二极管，所以稳压二极管稳压电路中必须串接限流电阻。

1.4.2 稳压电路元器件的选择

根据负载的要求，组成稳压电路时，主要是选择稳压二极管 VS 和限流电阻 R。在选择元件时，应首先知道负载所要求的电压 U_o，负载电流 I_o 的最小值 I_{omin} 和最大值 I_{omax}，整流滤波后的电压 U_C 的变化范围（电源电压波动范围）。

由于稳压二极管与负载电阻 R_L 并联，因此稳压二极管的稳定电压 U_Z 应该等于负载电压 U_o。如果一只稳压二极管的稳定电压值不够，可用多只稳压二极管串联实现，即多只稳压二极管稳定电压相加等于负载电压 U_o，稳压二极管的最大反向电流 I_{Zmax} 至少应大于等于 2 倍的负载电流最大值 I_{omax}，即按下式选择稳压二极管：

$$U_Z = U_o, I_{Zmax} \geqslant 2I_{omax} \tag{1-7}$$

由于限流电阻 R 上有压降，因此整流滤波后的电压 U_C 应该大于负载电压 U_o。如果 R 上电压降过小，电压调节作用范围受限，稳压效果差；如果 R 上电压降过大，能量损失又偏大，一般按下面经验公式计算取值：

$$U_C = (2 \sim 3)U_o \tag{1-8}$$

限流电阻 R 应满足两种极端情况：当整流滤波后的电压为最高值 U_{Cmax}（即交流电源电压最高），负载电流为最小值 I_{omin} 时，这时流过稳压二极管的电流最大，但不应超过稳压二极管的最大反向电流，即

$$\frac{U_{Cmax} - U_Z}{R} - I_{omin} < I_{Zmax}$$

所以

$$R > \frac{U_{Cmax} - U_Z}{I_{Zmax} + I_{omin}}$$

整流滤波后的输出电压为最小值 U_{Cmin}，负载电流为最大值 I_{omax} 时，这时流过稳压二极管的电流最小，但必须大于稳压二极管的稳定电流 I_Z，使其工作于稳压区，即

$$\frac{U_{Cmin} - U_Z}{R} - I_{omax} > I_Z$$

所以

$$R < \frac{U_{Cmin} - U_Z}{I_Z + I_{omax}}$$

因此，限流电阻 R 应根据下式计算选择：

$$\frac{U_{Cmax} - U_Z}{I_{Zmax} + I_{omin}} < R < \frac{U_{Cmin} - U_Z}{I_Z + I_{omax}} \tag{1-9}$$

限流电阻 R 的额定功率 P 一般按下式选择计算：

$$P = (2 \sim 3)\frac{(U_{Cmax} - U_Z)^2}{R} \tag{1-10}$$

例 1-6 某稳压电路如图 1-33 所示，负载电阻 R_L 由开路变到 $1\mathrm{k}\Omega$，整流滤波后的电压 $U_C = 24\mathrm{V}$，设 U_C 的变化范围为 $\pm 10\%$，负载电压 $U_o = 12\mathrm{V}$，试选择稳压二极管 VS 和限流电阻 R，且进行仿真测量。

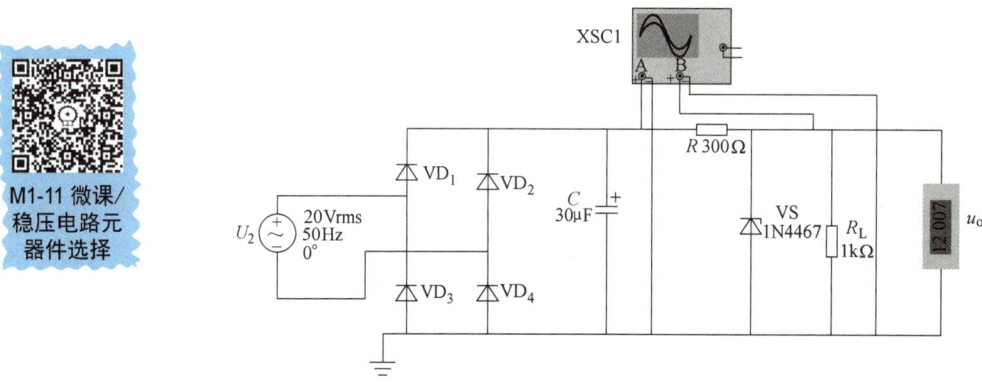

图 1-33 例 1-6 电路仿真图

解： 负载电流最大值为

$$I_{o\max} = \frac{U_o}{R_L} = \frac{12\mathrm{V}}{1\mathrm{k}\Omega} = 12\mathrm{mA}$$

负载电流最小值为

$$I_{o\min} = 0$$

稳压二极管最大反向电流

$$I_{Z\max} = 2I_{o\max} = 2 \times 12\mathrm{mA} = 24\mathrm{mA}$$

查附录 B，选型号为 1N4467 的稳压二极管（$U_Z = 12\mathrm{V}$，$I_Z = 21\mathrm{mA}$，$I_{Z\max} = 119\mathrm{mA}$），符合要求。

因 U_C 的变化范围为 $\pm 10\%$，则

$$U_{C\max} = 24\mathrm{V} \times 1.1 = 26.4\mathrm{V}, \quad U_{C\min} = 24\mathrm{V} \times 0.9 = 21.6\mathrm{V}$$

根据式 (1-9)，限流电阻 R 满足

$$\frac{26.4 - 12}{119 + 0}\mathrm{k}\Omega < R < \frac{21.6 - 12}{21 + 12}\mathrm{k}\Omega$$

即

$$0.121\mathrm{k}\Omega < R < 0.291\mathrm{k}\Omega$$

选择 E24 系列电阻值：$R = 240\Omega$。

电阻 R 的功率为

$$P = 2.5 \times \frac{(26.4\mathrm{V} - 12\mathrm{V})^2}{240\Omega} = 2.16\mathrm{W}$$

故选择 240Ω，3W 的电阻。

整流滤波后的 u_C 波形（上）与稳压后的输出电压波形（下）如图 1-34 所示。

在输出电压不需调节、负载电流比较小的情况下，硅稳压二极管稳压电路的效果最好。但是这种稳压电路还存在两个缺点：首先，输出电压不可调，电压的稳定度也不够高。其次，受稳压二极管最大稳定电流的限制，负载取用电流不能太大。为了克服稳压二极管稳压电路的缺点，可采用串联型晶体管稳压电路。目前主要使用的是三端集成稳压器，如图 1-35 所示。

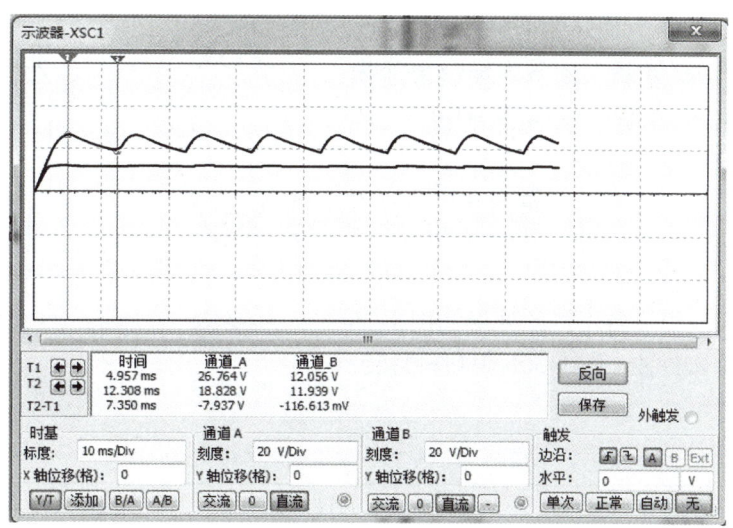

图 1-34　例 1-6 仿真电路波形

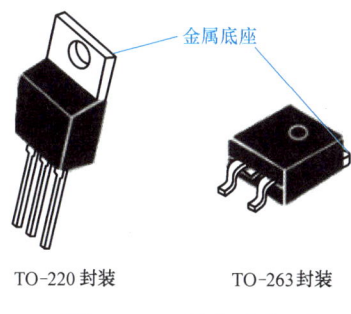

图 1-35　三端集成稳压器

1.5　三端集成稳压器

前面介绍的是分立元件稳压二极管稳压电路,实际应用中常使用集成稳压器,即将功率调整管、取样电路以及基准电源、误差放大器、启动和保护电路等全部集成在一块芯片上,形成的一种串联型集成稳压电路,因使用简单、价格便宜和稳压效果好等许多优点而得到广泛应用。

目前常见的集成稳压器引出脚有多端(引出脚多于 3)和三端两种外部结构形式。下面主要介绍常用的三端集成稳压器。

1.5.1　三端集成稳压器的分类

目前常见的三端集成稳压器按性能和用途可分为以下四类。

1. 三端固定输出正稳压器和负稳压器

所谓三端是指电压输入端、电压输出端和公共接地端。国内广泛使用的主要有 W78×× 系列和 W79×× 系列,其中前者输出为正电压,后者输出为负电压。例如 W7805 输出电压为 5V,W7909 输出电压为 -9V。

有时在数字 78 或 79 后面还带有一个 M 或 L，如 78M12 或 79L24，带 M 系列的最大输出电流为 500mA，带 L 系列的最大输出电流为 100mA，无 M 和 L 系列的最大输出电流为 1～1.5A。

W78××和 W79××系列，除输出电压前者为正，后者为负，引脚排列不同外，其命名方法、外形等均相同。

W78××系列三端集成稳压器的外形如图 1-36 所示，图 1-36a 为金属封装，图 1-36b 为塑料封装，其引脚功能见表 1-2。

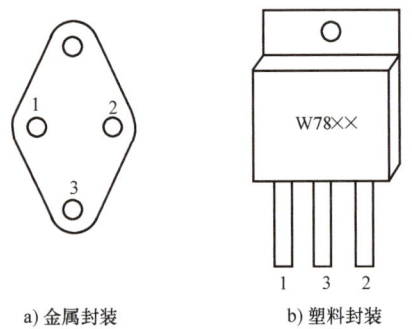

图 1-36　W78××系列三端集成稳压器外形

表 1-2　W78××、W79××系列引脚排列

型号	封装形式					
	金属封装			塑料封装		
	输入	公共	输出	输入	公共	输出
W78××、W78M××	1	3	2	1	2	3
W78L××	1	3	2	3	2	1
W79××系列	3	1	2	2	1	3

W78××系列三端集成稳压器是一种串联调整型稳压器。其内部电路由恒流源、基准电压源、取样电阻、比较放大电路、调整管、保护电路及温度补偿电路等组成。输出电压值取决于内部取样电阻的数值。输出固定正电压有 5V、9V、12V、15V、18V、24V、40V 等多种，最大输出电压为 40V。使用时，三端集成稳压器接在整流滤波电路之后，为了具有良好的稳压效果，最小输入、输出电压差为 2～3V。

2. 三端可调输出正稳压器和负稳压器

在电压调整端外接电位器后可对输出电压进行调节。其主要特点是使用灵活。

下面主要介绍三端固定输出集成稳压器的原理及应用。

1.5.2　三端集成稳压器的应用电路

1. 输出固定电压的稳压电路

图 1-37a 是 W78××系列三端集成稳压器输出固定正电压的稳压电路。输入电压接在 1、3 端，2、3 端输出固定且稳定的直流电压。输入端的 C_i 用以抵消输入端较长接线的电感效应，防止产生自激振荡，接线不长时可以不用。C_i 一般为 0.2～1μF。输出端的电容 C_o 用来改善瞬态响应，使瞬时增减负载电流时，不致引起输出电压有较大的波动，削弱电路的高频噪声。C_o 一般为 1μF。根据负载的需要选择不同型号的集成稳压器，如需要 12V 直流电压时，可选用 W7812。

此外，还有 W79××系列三端集成稳压器输出固定负电压的稳压电路，其工作原理及电路的组成与 W78××系列基本相同，如图 1-37b 所示。

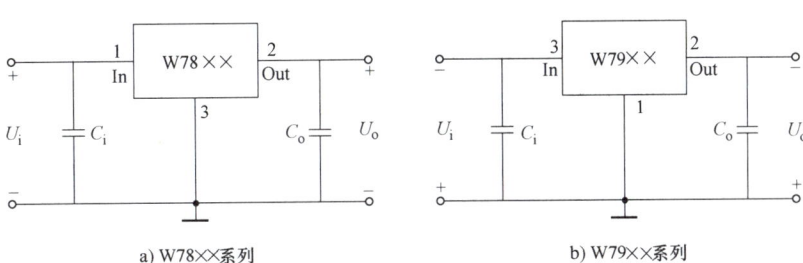

a) W78×× 系列　　　　b) W79×× 系列

图 1-37　输出固定电压的稳压电路

2. 提高输出电压的电路

实际需要的直流稳压电源，如果超过集成稳压器的输出电压数值时，可外接一些元件以提高输出电压。图 1-38a 所示电路能使输出电压高于固定电压，图中的 $U_{××}$ 为 W78×× 三端集成稳压器的固定输出电压数值，显然

$$U_o = U_{××} + U_Z$$

也可以采用图 1-38b 所示的电路提高输出电压。图中 R_1、R_2 为外接电阻，R_1 两端的电压为三端集成稳压器的额定输出电压 $U_{××}$，R_1 上流过的电流为 $I_{R1} = U_{××}/R_1$，三端集成稳压器的静态电流为 I_Q，则

$$I_{R2} = I_{R1} + I_Q \tag{1-11}$$

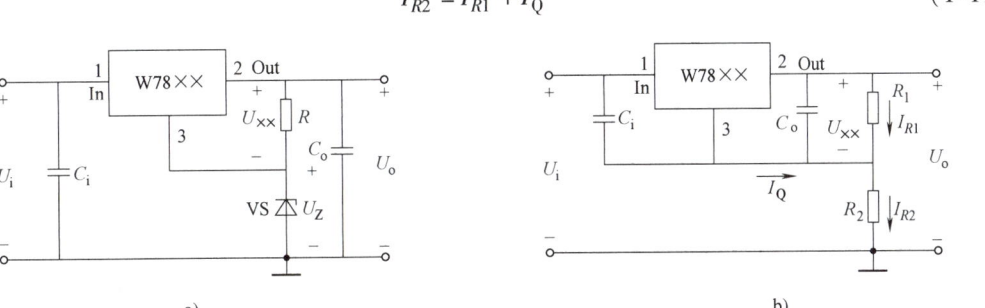

a)　　　　　　　　　　　　　b)

图 1-38　提高输出电压的稳压电路

稳压电路的输出电压为

$$U_o = U_{××} + R_2 I_{R2} = R_1 I_{R1} + R_2 I_{R1} + R_2 I_Q = \left(1 + \frac{R_2}{R_1}\right) U_{××} + R_2 I_Q$$

由于 I_Q 一般都很小，故当 $I_{R1} \gg I_Q$ 时，可以忽略 $R_2 I_Q$，因此，输出电压为

$$U_o = \left(1 + \frac{R_2}{R_1}\right) U_{××} \tag{1-12}$$

由式（1-12）可以看出，提高外接电阻 R_2 可以提高输出电压。

3. 输出电压可调的稳压电路

图 1-39 是由三端可调集成稳压器 LM317 构成的输出电压可调的稳压电路。LM317 的输出端和调整端之间的电压是 1.2V，R_1 的阻值通常取 240Ω，R_p 通常取 6.8kΩ，当忽略稳压器的静态电流 I_Q，电位器滑动端处于最下端时

$$U_{omax} = \left(1 + \frac{R_p}{R_1}\right) \times 1.2\text{V} = \left(1 + \frac{6.8\text{k}\Omega}{0.24\text{k}\Omega}\right) \times 1.2\text{V} = 35.2\text{V}$$

电位器滑动端处于最上端时

$$U_{\text{omin}} = 1.2\text{V}$$

因此,该稳压电路输出电压的可调范围是

$$1.2\text{V} < U_\text{o} < 35.2\text{V}$$

但使用时要注意,当输入电压、输出电流一定时,输出电压越小则三端集成稳压器的功耗就越大。所以在整个输出电压范围内,三端集成稳压器的功耗都不允许大于最大耗散功率,而且必须保证足够的散热面积。金属封装器件的耗散功率大于塑料封装器件的耗散功率。

4. 扩大输出电流范围的稳压电路

W78××或W79××系列三端集成稳压器,最大输出电流为1A(塑料封装)、1.5A(金属封装)。当需要输出电流大于器件的最大输出电流时,可采用外接功率管来扩大电流输出范围,其电路接法如图1-40所示。图中,外接功率管VT为NPN型(设硅管),I_1是稳压器输入电流,I_2是稳压器输出电流,I_E、I_B分别是功率管的发射极电流和基极电流,一般I_Q很小可忽略,则可得出

$$\begin{cases} I_\text{E} = \beta I_\text{B} = \beta I_2 \\ U_\text{o} = U_\text{Z} - 0.7\text{V} \end{cases} \tag{1-13}$$

式中,β是功率管的电流放大系数。

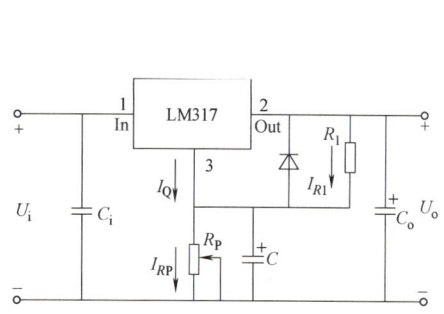

图1-39 LM317构成的输出电压可调的稳压电路   图1-40 扩大输出电流范围的稳压电路

5. 输出正、负电压的稳压电路

在电子电路中,常需要同时输出正、负电压的双路直流电源。由集成稳压器组成的正、负双路输出的稳压电路形式很多,图1-41是由W7812和W7912系列三端集成稳压器组成的同时输出±12V的双电源稳压电路。

在实际应用中,应在三端集成稳压器上安装足够大的散热器(当然小功率的条件下不用)。当稳压管温度过高时,稳压性能将变差,甚至损坏。当制作中需要一个能输出1.5A以上电流的稳压电源时,通常用几块三端集成稳压器并联起来,使其最大输出电流为N倍的1.5A。但应用时需注意:并联使用的三端集成稳压器应采用同一厂家、同一批号的产品,以保证参数一致。另外在输出电流上留有一定的裕量,以避免个别集成稳压器失效时导致其他器件联锁烧毁。

三端固定输出电压集成稳压器,因内部有过热、过电流保护电路,从而性能优良,可靠性高。又因这种稳压器具有体积小、使用方便、价格低廉等优点,所以得到广泛应用。

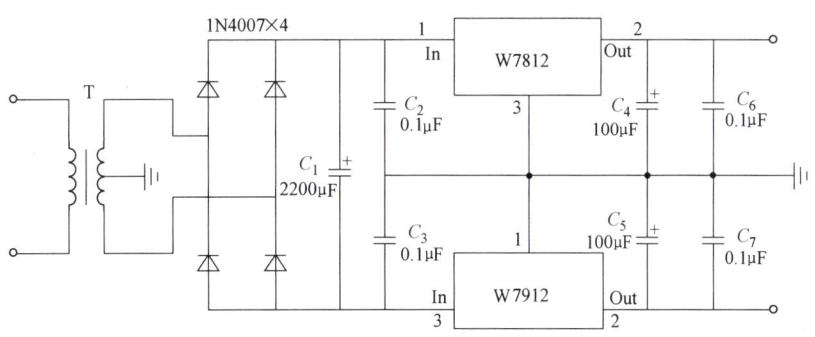

图 1-41　输出 ±12V 的双电源稳压电路

1.6　晶闸管

晶闸管也称为可控硅。晶闸管作为大功率的半导体器件，只需要几十至几百毫安的电流，就可以控制几百至几千安的大电流，实现了弱电对强电的控制。它具有体积小、质量轻、效率高、动作迅速、维护简单、操作方便、寿命长、控制特性好等优点。其主要缺点是过载能力和抗干扰能力差，控制电路也比较复杂。此外还有多种晶闸管的派生器件，如双向晶闸管、门极关断晶闸管、快速晶闸管、逆导晶闸管等。

1.6.1　晶闸管结构与工作原理

1. 结构

晶闸管具有三个电极，分别为阳极 A、阴极 K 和门极 G（控制极），内部由 PNPN 四层半导体构成，所以有三个 PN 结 J_1、J_2、J_3。阳极 A 从 P_1 层引出，阴极 K 由 N_2 层引出，门极 G 由 P_2 层引出。普通晶闸管的结构和电气符号如图 1-42 所示。

晶闸管的外形大致有三种：螺旋式、平板式和塑封式，如图 1-43 所示。螺旋式晶闸管阳极 A 与散热器紧固；容量大的晶闸管一般采用平板式（如 200A 以上），两面贴着散热器；小功率晶闸管常采用塑封式，其上部的金属片用螺栓与散热片紧密接触，以利散热。

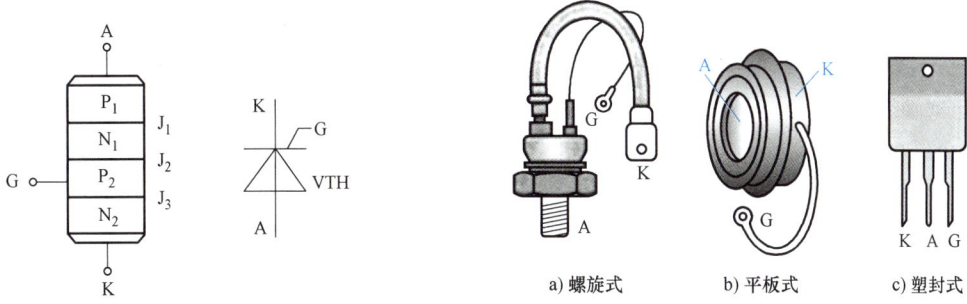

图 1-42　晶闸管的结构和电气符号　　　　图 1-43　晶闸管外形

2. 导通与关断条件

晶闸管是单向可控的开关器件，它的导通和关断条件可通过实验得到。

（1）晶闸管的导通条件　在晶闸管的阳极和阴极间加正向电压，同时在门极和阴极间也加正向电压，两者缺一不可。

（2）晶闸管的导通　晶闸管一旦导通，门极即失去控制作用，因此晶闸管是半控型功率器件。门极触发电流一般只有几十毫安到几百毫安，而晶闸管导通后，可以通过几百到几千安的电流。

（3）晶闸管的关断条件　流过晶闸管的阳极电流小于维持电流。维持电流是保持晶闸管导通的最小电流。

3. 工作原理

晶闸管的阳极 A 与阴极 K 间的电压 U_{AK} 和阳极电流 I_A 之间的关系称为晶闸管伏安特性，如图 1-44 所示。伏安特性曲线中第一象限为正向特性，当控制电流 $I_{G0} = 0$ 时，如果晶闸管阳极与阴极间所加正向电压 U_{AK} 未增加到正向转折电压 U_{BO} 时，器件处于正向阻断状态，只有很小的正向漏电流。当 U_{AK} 增到 U_{BO} 时，器件导通。通常不允许采用这种方法使晶闸管导通，一般采用对晶闸管的门极加足够大的触发电流使其导通。

M1-13 微课/晶闸管结构与工作原理

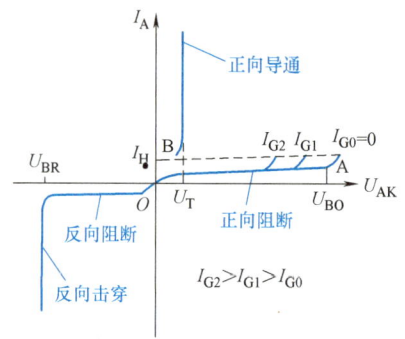

图 1-44　晶闸管伏安特性曲线

晶闸管的反向伏安特性曲线如图 1-44 中第三象限所示，与二极管的反向伏安特性相似。晶闸管处于反向阻断状态时，只有很小的反向漏电流，当反向电压超过反向击穿电压 U_{BR} 后，反向漏电流急剧增大，造成晶闸管反向击穿而损坏。

1.6.2　晶闸管主要参数

1. 额定电压 U_{Tn}

正向重复峰值电压 U_{DRM} 是指在门极开路和晶闸管阻断条件下，允许重复加在晶闸管上的正向峰值电压，也称为断态重复峰值电压。普通晶闸管的 U_{DRM} 值为 100~3000V。

反向重复峰值电压 U_{RRM} 是指门极开路时，允许重复加在晶闸管上的反向峰值电压。普通晶闸管的 U_{RRM} 值为 100~3000V。

通常取反向重复峰值电压和正向重复峰值电压中较小的一个作为晶闸管的额定电压，并按标准等级取整数值。

此外，在选择晶闸管时应注意留有充分的裕量，应按工作电路中可能承受的最大瞬时值电压 U_{TM} 的 2~3 倍选择晶闸管的额定电压，即

$$U_{Tn} = (2 \sim 3) U_{TM} \tag{1-14}$$

式中，U_{TM} 为晶闸管可能承受的最大瞬时值电压。

2. 额定通态平均电流 $I_{T(AV)}$

额定通态平均电流也称为晶闸管的额定电流，是在环境温度为40℃和规定冷却条件下，晶闸管在电阻性负载的单相工频正弦半波、触发延迟角不小于170°的电路中，结温稳定且不超过额定结温时所允许的最大通态平均电流，一般为1~1000A。晶闸管的过载能力差，选用时取1.5~2倍的安全裕量，即

$$I_{T(AV)} = (1.5 \sim 2) I_T / 1.57 \quad (1\text{-}15)$$

式中，I_T为晶闸管承受电流的有效值。

3. 额定通态平均电压 $U_{T(AV)}$

在规定环境温度、标准散热条件和额定结温下，阳极与阴极之间电压降的平均值称为额定通态平均电压。额定电流大小相同而额定通态平均电压小的晶闸管耗散功率小，晶闸管质量好。

4. 维持电流 I_H

在室温和门极开路时，器件从较大的通态电流降至维持通态所必需的最小电流称为维持电流。一般为十几到几百毫安。维持电流与器件容量、结温有关，器件的额定电流越大，维持电流也越大；结温低时维持电流大。

5. 擎住电流 I_L

晶闸管刚从断态转入通态就去掉触发信号，能使器件保持导通所需要的最小阳极电流。一般擎住电流 I_L 为维持电流 I_H 的几倍。使晶闸管触发导通，必须使触发脉冲保持到阳极电流上升到擎住电流以上，否则晶闸管会重新恢复阻断状态，因此触发脉冲必须具有一定的宽度。

6. 门极触发电流 I_{GT} 和门极触发电压 U_{GT}

I_{GT} 是指在室温下，晶闸管阳极和阴极间施加一定正向电压时，使其完全导通所必需的最小门极直流电流。与门极触发电流相对应的门极直流电压为门极触发电压。

除上述参数外，还有其他一些参数，如断态电压临界上升率、通态电流临界上升率等。此处不再详述。

1.6.3 晶闸管型号

国产晶闸管的型号及其含义如图1-45所示。

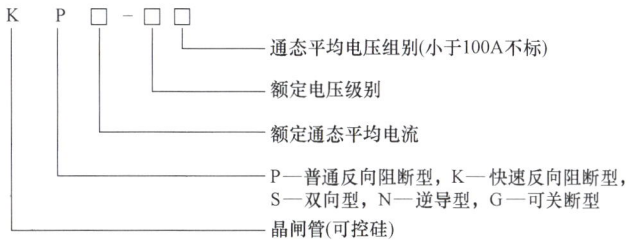

图1-45 国产晶闸管的型号及其含义

例如，KP100-12 表示额定通态平均电流为100A、额定电压为1200V的普通晶闸管；KP5-7 表示额定通态平均电流为5A、额定电压为700V的普通晶闸管。

近年来，晶闸管技术迅速发展，形成一门电力电子技术新学科，在电流、电压等指标上

有重大突破，已制出额定电流在 1kA 以上、额定电压达上万伏的晶闸管，使用的频率也已高达几十千赫。

例 1-7 一晶闸管接在 220V 交流电路中，通过晶闸管电流的有效值为 50A，如何选择晶闸管的额定电压和额定电流？

解：晶闸管额定电压为

$$U_{\mathrm{Tn}} \geqslant (2 \sim 3) U_{\mathrm{TM}} = (2 \sim 3) \times \sqrt{2} \times 220\mathrm{V} = 622 \sim 933\mathrm{V}$$

按晶闸管标准等级取 800V，即 8 级。

晶闸管的额定电流为

$$I_{\mathrm{T(AV)}} \geqslant (1.5 \sim 2) I_{\mathrm{T}}/1.57 = (1.5 \sim 2) \times 50/1.57\mathrm{A} = 48 \sim 64\mathrm{A}$$

按晶闸管标准等级取 50A。

读者可自行确定晶闸管的型号。

1.6.4 晶闸管单相桥式可控整流电路

晶闸管单相桥式可控整流电路能使交流电源 u_2 在完整周期内均能向负载输出同方向的直流电压，还有减少输出电压 u_d 波形的脉动、提高输出直流电压平均值、设备利用率高等优点。

1. 电阻性负载

我们生活中常见的电炉、白炽灯等均属于电阻性负载。电阻性负载的特点是：负载两端电压波形和流过的电流波形相似，其电流、电压均允许突变。

（1）**工作原理和波形** 图 1-46a 为单相桥式可控整流电路。电路由四只晶闸管 VTH$_1$、VTH$_4$ 和 VTH$_2$、VTH$_3$ 组成的两对桥臂、电源变压器 TR 及负载电阻 R_d 组成。变压器二次电压 u_2 接在桥臂的中点 a、b 端。

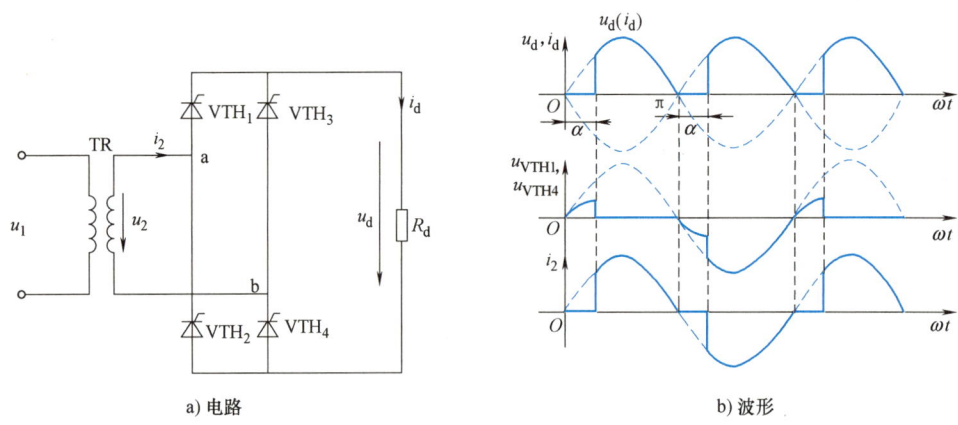

图 1-46　单相桥式可控整流电路（电阻性负载）及波形

当变压器二次电压 u_2 为正半周时，a 端电位高于 b 端电位，晶闸管 VTH$_1$、VTH$_4$ 同时承受正向电压，此时门极无触发信号，则两晶闸管均处于正向阻断状态；当 $\omega t = \alpha$ 时，给 VTH$_1$、VTH$_4$ 同时加触发脉冲，两只晶闸管立即被触发导通，电源电压 u_2 将通过 VTH$_1$、VTH$_4$ 加在负载电阻 R_d 上。在 u_2 正半周，VTH$_2$、VTH$_3$ 均承受反向电压而处于阻断状态。

在 u_2 的负半周，b 端电位高于 a 端电位，VTH_2、VTH_3 承受正向电压，当 $\omega t = \pi + \alpha$ 时，同时给 VTH_2、VTH_3 加触发脉冲使其导通，负载 R_d 两端获得与 u_2 正半周相同波形的整流电压和电流，这期间 VTH_1、VTH_4 均承受反向电压而处于阻断状态。如此循环工作，电路输出波形如图 1-46b 所示。

(2) **电路电压和电流**　触发延迟角 α：从晶闸管开始承受正向电压到触发脉冲出现之间的电角度称为触发延迟角，又称为移相角，用 α 表示。晶闸管在一个周期内导通的电角度称为导通角，用 θ 表示。

单相桥式全控整流电路的移相范围为 $0 \sim \pi$，触发脉冲间隔为 π，$\alpha + \theta = \pi$。

输出电压的平均值 U_d 与触发延迟角 α 的关系为

$$U_d = \frac{1}{\pi} \int_{\alpha}^{\pi} \sqrt{2} U_2 \sin\omega t\, d(\omega t) \tag{1-16}$$

$$= 0.9 U_2 \frac{1 + \cos\alpha}{2}$$

对于电阻性负载，输出电流的平均值 I_d 为

$$I_d = \frac{U_d}{R_d} = 0.9 \frac{U_2}{R_d} \frac{1 + \cos\alpha}{2} \tag{1-17}$$

由以上分析可知，改变触发延迟角 α 的大小，负载电压 u_d、负载电流 i_d 的波形及整流输出直流电压输出平均值均相应改变。设两只晶闸管漏电阻相等，当晶闸管都处在未被触发导通期间，每个器件承受的最高电压为 $\sqrt{2} U_2 / 2$。

例 1-8　有一电阻值为 6Ω 的负载，要求提供 0～60V 的可调电压，采用单相桥式全控整流电路，直接由 220V 交流电源供电，试计算负载端电压为 60V 时晶闸管的导通角。

解： 由式（1-16）可知

输出电压的平均值为

$$U_d = 0.9 U_2 \frac{1 + \cos\alpha}{2}$$

故

$$\cos\alpha = \frac{2U_d}{0.9 U_2} - 1 = \frac{2 \times 60}{0.9 \times 220} - 1 \approx -0.394$$

触发延迟角为

$$\alpha = \arccos(-0.394) = 113.2°$$

导通角为

$$\theta = 180° - 113.2° = 66.8°$$

2. 电感性负载

工业应用中直流电动机的电枢绕组、滑差电动机电磁离合器的励磁线圈以及输出串接平波电抗器的负载等，均属于电感性负载。

(1) **无续流二极管的工作原理和波形**　单相桥式可控整流电路（电感性负载）及波形如图 1-47 所示。

当 $0° < \alpha < 90°$ 时，虽然 u_d 波形也会出现负面积，但正面积总是大于负面积。当 $\alpha = 0°$ 时，u_d 波形不出现负面积，其平均值为 $0.9U_2$。当 $\alpha = 90°$ 时，负载两端 u_d 波形正负面积接近相等，平均值近似为零。当 $\alpha > 90°$ 时，无论如何调节触发延迟角，u_d 波形正负面积都相

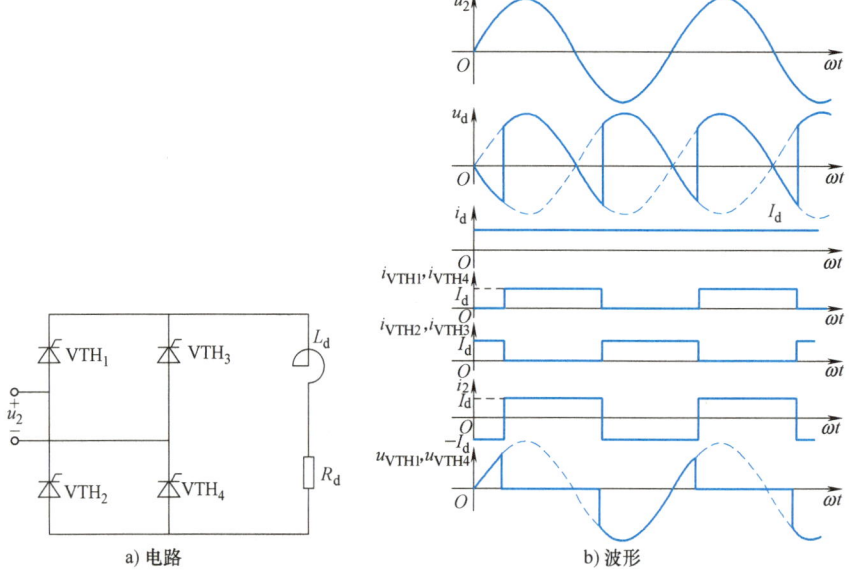

图 1-47 单相桥式可控整流电路（电感性负载）及波形

等，且波形断波，此时输出电压平均值为零。可见，不接续流二极管时，α 的移相范围是 $0 \sim \pi/2$。

(2) 有续流二极管的工作原理和波形　为了扩大移相范围，不让 u_d 波形出现负值以及使输出电流更加平稳，可在负载两端并接续流二极管，如图 1-48 所示。

M1-14 微课/晶闸管单相桥式可控整流电路

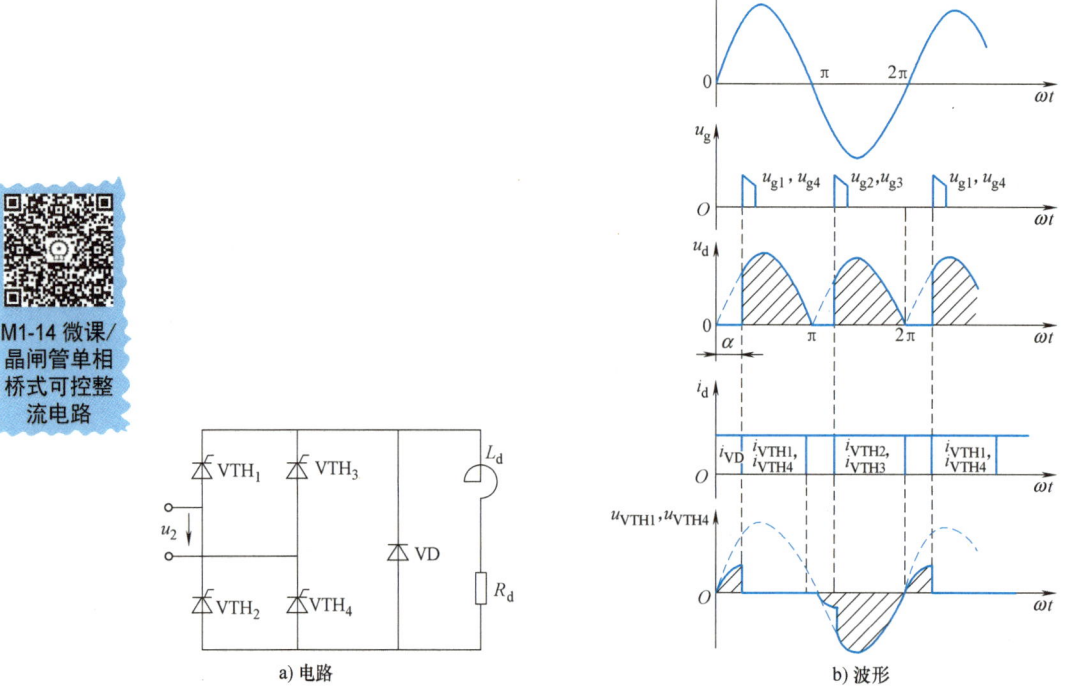

图 1-48 接入续流二极管

接续流二极管后，α 的移相范围可扩大到 $0 \sim \pi$。只要电感量足够大，输出电流 i_d 就可保持连续且平稳，在电源电压 u_2 过零变负时，续流二极管承受正向电压而导通，晶闸管承受反向电压被关断，这样 u_d 波形与电阻性负载相同。晶闸管和续流二极管可能承受的最大正反向电压为 $\sqrt{2}U_2$。

如图 1-49 所示为晶闸管可控整流装置的原理框图，主要由整流变压器、主电路、触发电路、负载等几部分组成。整流装置的输入端一般接在交流电网上，输出端的负载可以是电阻性负载（如电炉、电热器、电焊机和白炽灯等）、电感性大负载（如直流电动机的励磁绕组、滑差电动机的电枢线圈等）以及反电动势

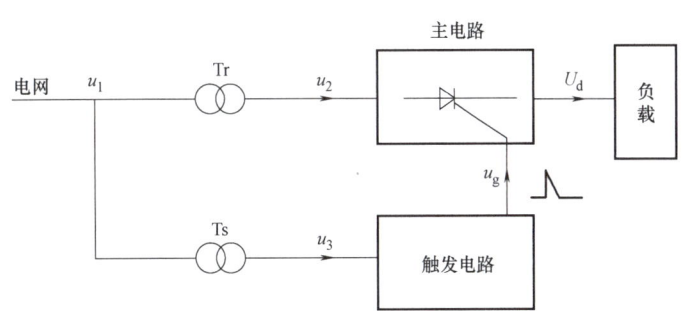

图 1-49 晶闸管可控整流装置的原理框图
Tr—整流变压器　Ts—同步变压器

负载（如直流电动机的电枢反电动势、充电状态下的蓄电池等）。以上负载往往要求整流电路能输出可在一定范围内变化的直流电压。为此，只要改变触发电路所提供的触发脉冲到来的时刻，就能改变晶闸管在交流电压 u_2 一个周期内导通的时间，从而调节负载上得到的直流电压平均值的大小。

科学家与科学故事：林兰英在半导体材料上的研究

林兰英（1918.2—2003.3），福建莆田人，半导体材料科学家，中国半导体材料奠基人之一，如图 1-50 所示。1940 年毕业于福建协和大学，1948 年赴美留学，1955 年在宾夕法尼亚大学获得固体物理学博士学位，成为建校以来第一位女博士，1957 年 1 月回到中国。她一直从事半导体材料科学研究工作，是我国半导体科学事业开拓者之一，先后负责研制成我国第一根硅、锑化铟、砷化镓、磷化镓等单晶，为我国微电子和光电子学的发展奠定了基础，负责研制的高纯度汽相和液相外延材料达到国际先进水平。后又开创了我国微重力半导体材料科学研究新领域，并在砷化镓晶体太空生长和性质研究方面取得了世人瞩目的成绩。1980 当选为中国科学院院士（学部委员）。

图 1-50 半导体材料科学家林兰英

1.7 任务实施

1.7.1 研究二极管单向导电性

场地：机房。

器材：万用表、各种二极管、计算机。

知识点复习：二极管基本知识。

实施过程：

1. 识别下列二极管的类别，判断二极管的正负极，并进行质量判断

二极管一般有两个管脚，标有色标（白色或黑色）的一端为二极管的负极，或者管脚较长的一端为正极。发光二极管管脚较长的一端为发光二极管的正极，金属片大的一端为负极。会判别它们的管脚，对电路的安装和检修很有用处。

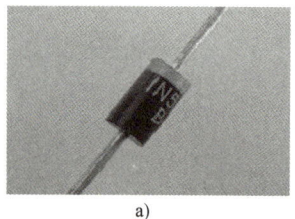 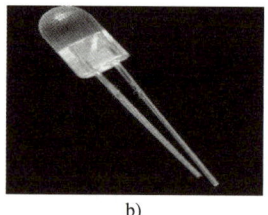

　　　　a)　　　　　　　　b)

图 1-51　二极管的实物图

1）请指出图 1-51 所示二极管的正、负极及二极管的类别，并进行质量判断。

2）用万用表按要求测量表 1-3 的二极管的电阻，并完成表 1-3。

表 1-3　二极管电阻的测量

外形图	类别	型号	档位	正向电阻	反向电阻	结论
	普通二极管	IN4007	模拟/数字档位			
	开关二极管	IN4148	模拟/数字档位			
	发光二极管		模拟/数字档位			
	稳压二极管	2CW54	模拟/数字档位			

提示：发光二极管发光状态的检测方法

利用指针式万用表的 $R \times 10k\Omega$ 档可以大致判断发光二极管的好坏，正常时二极管正向电阻阻值为几十至 200kΩ，反向电阻的值为 ∞，但这种检测方法不能实质地看到发光二极管的发光情况，因为 $R \times 10k\Omega$ 档不能向发光二极管提供较大正向电流。

2. 验证二极管的单向导电性

训练 1：在 Multisim 中按图 1-52 要求搭建电路，注意判别二极管的极性，设置好元器件性能与参数。按下仿真开关，闭合开关 S，观察灯泡的变化情况，理解二极管的单向导电性。

仿真验证：图 1-52a 中，开关闭合时，小灯泡_____，因为_____。

图 1-52b 中，开关闭合时，小灯泡_____，因为_____。

训练 2：在 Multisim 中按图 1-53 要求搭建电路。

仿真验证：VD_1 处于 _____ 状态，灯泡 HL_1 _____；VD_2 处于 _____ 状态，灯泡 HL_2 _____。

通过观察以上实验证实，二极管具有 _____。

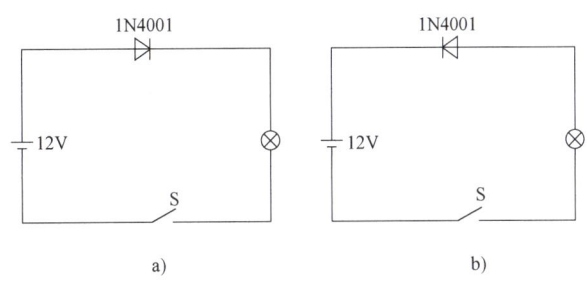
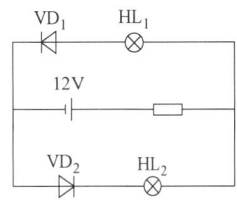

图 1-52　二极管单向导电性测试电路（一）　　　　图 1-53　二极管单向导电性测试电路（二）

3. 分析二极管组成的限幅电路

在 Multisim 中按图 1-54 要求搭建电路，注意判别二极管的极性，设置好元器件性能与参数。连接上示波器，按下仿真开关，观察示波器的波形变化情况，画出输入、输出电压的波形。分析两个电路的输出电压波形有何区别，理解限幅电路的特点。

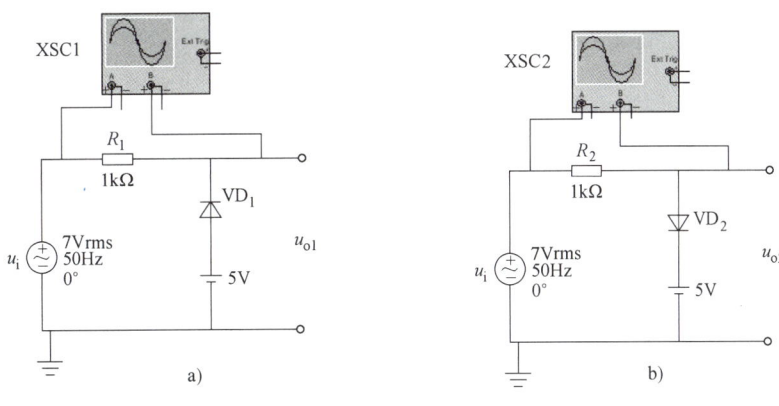

图 1-54　限幅电路

1.7.2　研究桥式整流、电容滤波和稳压电路

场地：机房。

器材：计算机和电路仿真软件。

知识点复习：单相整流电路、滤波电路、稳压电路。

实施过程：

1. 搭建电路

在 Multisim 中搭建图 1-55 所示电路，设置好元器件性质与参数。

M1-15 微课/桥式整流、电容滤波和稳压电路仿真测量

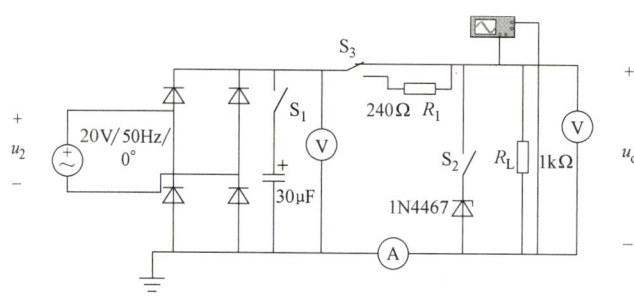

图 1-55 整流、电容滤波和稳压电路

2. 测量仿真结果

调节电路中开关 S_1、S_2、S_3 的状态,使电路分别成为单相桥式整流电路、单相桥式整流电容滤波电路、单相桥式整流电容滤波稳压二极管稳压电路。分别进行以下项目:

1) 测量输出电压 U_o'。用直流电压表测量输出电压平均值,记入表 1-4 "测量值"列。
2) 将用示波器测出的输出电压波形图,绘入表 1-4 "波形图"列。

3. 计算

1) 利用所学整流、滤波和稳压电路输出电压的计算式,计算输出电压 U_o,填入表 1-4 "理论值"列。
2) 计算输出电压的测量值 U_o' 与输入电压 U_2 之间的倍数关系,填入表 1-4 "倍数关系"列。
3) 计算测量值与理论值之间的百分比误差,填入表 1-4 "百分比误差"列。

表 1-4 数据测量

电路	数值					
	开关 $S_1 \sim S_3$ 状态	理论值	测量值	倍数关系(测量值 U_o' 与输入电压 U_2 之间的比值)	百分比误差(测量值与理论值之间的百分比误差)	波形图(输出电压 u_o)
		输出电压 U_o	输出电压 U_o'			
单相桥式整流电路						
单相桥式整流电容滤波电路						
单相桥式整流电容滤波稳压二极管稳压电路						

4. 结果分析

1) 对比输出电压的测量值与理论值,分析误差产生的原因。
2) 观察仿真时输出电压的波形,对比理论波形,分析不一样的原因。
3) 以上电路仿真过程时,还有哪些要注意的事项?哪些发现?

本章小结

1. 半导体的特性和杂质半导体类型

半导体具有热敏性、光敏性、压敏性和杂敏性。杂质半导体分为 N 型和 P 型两种。N 型半导体掺入五价元素磷，电子为多数载流子（称多子）；P 型半导体掺入三价元素硼，空穴为多数载流子。

2. PN 结和二极管

PN 结具有单向导电性，即 PN 结正向偏置时导通，反向偏置时截止。

二极管由 PN 结封装而成，其正向导通的死区电压和导通电压：硅管分别为 0.5V、0.7V，锗管分别为 0.1V、0.3V。

3. 稳压管

1）加正向电压时，相当于正向导通的二极管（压降为 0.7V）。

2）加反向电压时截止，相当于断开；加反向电压并齐纳击穿（即满足 $U > U_Z$）时稳压为 U_Z。

4. 整流电路

单相半波整流电路的主要特点是：①输出电压的直流分量较小，脉动大，$U_o = 0.45U_2$。②二极管所承受的最高反向电压为变压器二次电压的峰值，即 $U_{RM} = \sqrt{2}U_2$。

单相桥式整流电路的主要特点是：①输出电压的直流分量较大，脉动性较单相半波整流小，$U_o = 0.9U_2$。②二极管所承受的最高反向电压为变压器二次电压峰值，即 $U_{RM} = \sqrt{2}U_2$。

5. 滤波电路

电容滤波电路是利用电容器两端的电压不能突变的特点，把电容器与负载并联起来，以达到使输出电压平稳的目的。

电感滤波电路利用电感器两端的电流不能突变的特点，把电感器与负载串联起来，以达到使输出电流平滑的目的。

6. 稳压电路

稳压二极管稳压电路中，稳压二极管与负载并联，在输入电压 u_i 与负载 R_L 之间串联一个起调节作用的限流电阻 R，该电阻同时起限电流保护作用。

7. 晶闸管

晶闸管具有可控单向导电性，主要用于调压、整流及开关方面。

思考与习题

1-1　半导体在导电性能方面有哪些特点？

1-2　N 型半导体多数载流子是电子，是否标明其带负电？P 型半导体是否带正电？

1-3　PN 结的内电场是怎么形成的？PN 结的导电特性是什么？若 PN 结处于反向偏置，则耗尽区的宽度是增加还是减少？为什么？

1-4　请简述二极管的死区电压的概念。硅管与锗管的死区电压各多大？二极管的导电特性是什么？

1-5　比较硅、锗两种二极管的伏安特性。在工程实践中，为什么硅二极管应用得较普遍？

1-6　稳压二极管工作于什么状态？工作时加的电压是正向还是反向？电气符号是怎样的？

1-7　当输入直流电压波动或外接负载电阻变动时，稳压管稳压电路的输出电压能否保持稳定？若能保持稳定，这种稳定是否是绝对的？

1-8　发光二极管的特点是什么？工作时加的电压是正向还是反向？

1-9　光敏二极管与发光二极管有什么区别？

1-10　常用的三端稳压器有哪几种？与外电路如何连接？

1-11　二极管电路如图 1-56 所示，试判断图中的二极管是导通还是截止，并求出 AO 两端电压 U_{AO}（设二极管是理想的）。

1-12　电路如图 1-57a、b 所示，已知输入电压 $u_i = 5\sin\omega t$ V，二极管理想化处理。试分别画出输出电压 u_o 的波形。

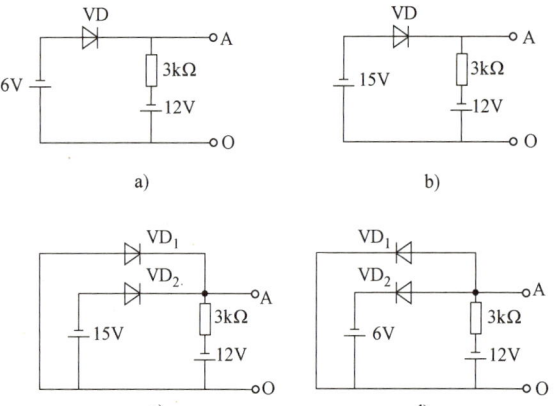

图 1-56　题 1-11 图

1-13　电路如图 1-58a 所示，其输入电压 u_{i1} 和 u_{i2} 的波形如图 1-58b 所示，二极管导通电压为 0.7V。试画出输出电压 u_o 的波形，并标出幅值。

1-14　有两个稳压二极管 VS_1 和 VS_2，其稳定电压分别为 5.5V 和 8.5V，正向压降都是 0.5V。要得到 0.5V、3V、6V、9V 和 14V 几种稳压值，这两个稳压管（还有限流电阻）应如何连接？分别画出电路图。

1-15　在图 1-17 所示的单相桥式整流电路中，如果：（1）VD_3 接反；（2）因过电压 VD_3 被击穿短路；（3）VD_3 断开；试分别画出输出电压波形图并说明其后果如何。

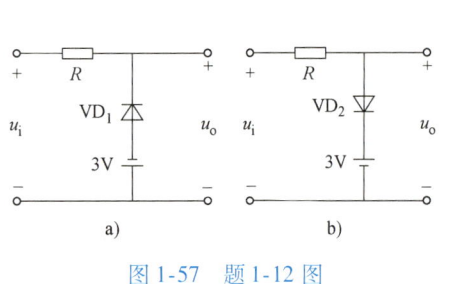

图 1-57　题 1-12 图

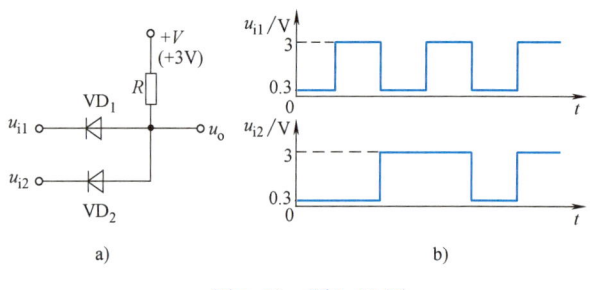

图 1-58　题 1-13 图

1-16　有一电压为 110V、电阻为 100Ω 的直流负载，分别采用以下几种整流电路（不带电容滤波）供电，分别求变压器二次电压，并选用二极管；且进行比较。

（1）半波整流　　（2）桥式整流　　（3）全波整流（变压器中心抽头）

1-17　今要求负载电压 $U_o = 30V$，电流 $I_o = 150mA$，采用单相桥式整流电路，带电容滤波。已知交流电源频率为50Hz，试设计电路图，计算负载电阻，选用整流管型号和滤波电容。

1-18　在图1-59所示的稳压二极管稳压电路中，$U_C = 17V$，电压有 ±2% 变化，$C = 40\mu F$，负载电阻 $R_L = 1k\Omega$，偶尔开路，需要稳定电压 $U_o = 7.5V$，试选择稳压二极管和所需的限流电阻 R。

1-19　在稳压电路中，已知整流滤波电路的输出电压 $U_C = 25V$，波动范围为 $-5\% \sim 10\%$，负载电压 $U_o = 10V$，负载电流 $I_o = (0 \sim 10)mA$。试画电路图，选择稳压二极管VS及限流电阻 R。

1-20　图1-60所示电路中稳压管（2CW14）的稳定电压 $U_Z = 6V$，最小稳定电流 $I_{Zmin} = 10mA$，最大稳定电流 $I_{Zmax} = 33mA$。

（1）分别计算 U_i 为 10V、15V、35V 三种情况下输出电压 U_o 的值。

（2）若 $U_i = 50V$ 时负载开路，则会出现什么现象？为什么？

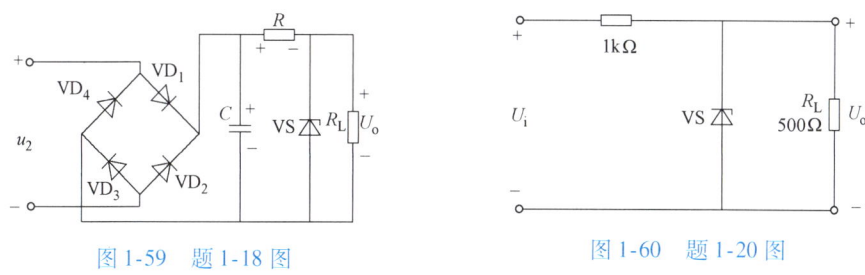

图1-59　题1-18图　　　　　图1-60　题1-20图

1-21　图1-61为某稳压电源电路，试问：（1）输出电压 U_o 的大小与极性如何？（2）电容 C_1 和 C_2 的极性如何？它们的耐压应选多高？（3）负载电阻 R_L 的最小值约为多少？（4）如将稳压二极管VS接反，后果如何？

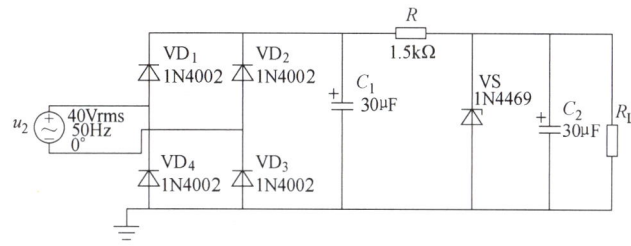

图1-61　题1-21图

1-22　型号为KP100-3、维持电流 $I_H = 4mA$ 的晶闸管，使用在图1-62所示电路中是否合理？为什么？（暂不考虑电压、电流裕量）

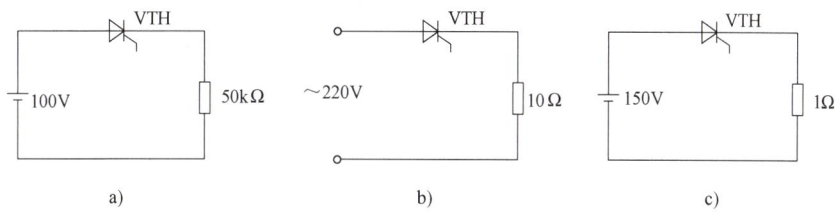

图1-62　题1-22图

1-23　画出图 1-63 对应的 i_2、u_{VTH1} 的波形。

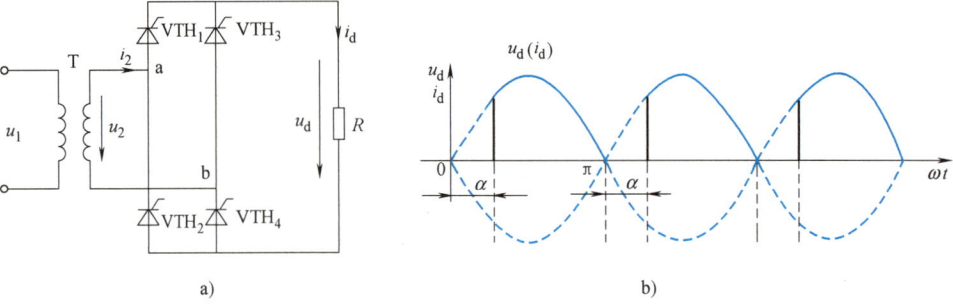

图 1-63　题 1-23 图

1-24　电路与波形如图 1-64 所示。①若在 t_1 时刻闭合 S，在 t_2 时刻断开 S，画出负载电阻 R 上的电压波形；②若在 t_1 时刻闭合 S，在 t_3 时刻断开 S，画出负载电阻 R 上的电压波形（u_g 宽度大于 360°）。

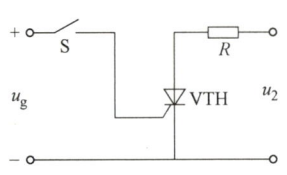 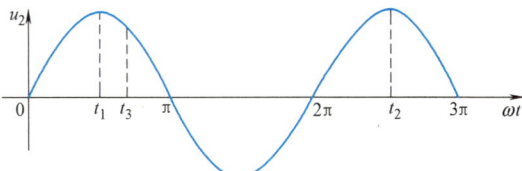

图 1-64　题 1-24 图

第2章

晶体管、场效应晶体管及其放大电路

▲ **典型问题**

你知道手机、电视机从接收到信号到我们能听到声音、看到图像,要经过哪几个环节吗?

在日常生活和工业控制中,为了使一个很弱的电信号变成一个较强的电信号,通常需要用到晶体管电压放大电路;有时某个放大电路虽然没有电压放大作用,但有较强的带负载能力。那么,这些电路的结构是怎么样的?工作原理又如何呢?

现有一个幅值为1mV的正弦交流信号,需要放大成幅值为2V的正弦交流信号,应如何实现?

▲ **学习目标**

1) 了解晶体管的结构、分类和符号;掌握晶体管的电流放大作用及其条件;了解输入与输出特性曲线。

2) 掌握共射基本放大电路、分压式偏置放大电路及射极输出器的静态工作点、电压放大倍数、输入电阻和输出电阻的分析计算,并能利用仿真软件进行仿真测试。

3) 了解多级放大电路的工作原理;掌握利用仿真软件对多级放大电路进行测试的方法。

4) 了解场效应晶体管的概念、结构、符号和应用。

5) 了解绝缘栅场效应晶体管放大电路的工作原理和分析计算。

▲ **任务实施**

1) 晶体管直流电流放大倍数与输出特性研究。
2) 共射基本放大电路静态工作点、动态参数的测量及失真观察。
3) 两级放大电路电压放大倍数的测量与功能分析。
4) 场效应晶体管放大电路静态工作点、动态参数的测量。

2.1 晶体管

晶体管也称为晶体三极管或双极型晶体管(以下均简称为晶体管),是放大电路最基本的器件之一,具有电流放大作用,是一种电流控制电流的半导体器件。它既可用于把微弱电信号放大成幅值较大的电信号,也用作无触点开关。图2-1所示为常用晶体管外形。

图 2-1 常用晶体管外形

2.1.1 晶体管的基本结构与分类

1. 晶体管的结构及符号

晶体管的结构常见的有平面型和合金型，如图 2-2 所示。图 2-2a 为平面型（主要是硅管），图 2-2b 为合金型（主要是锗管）。

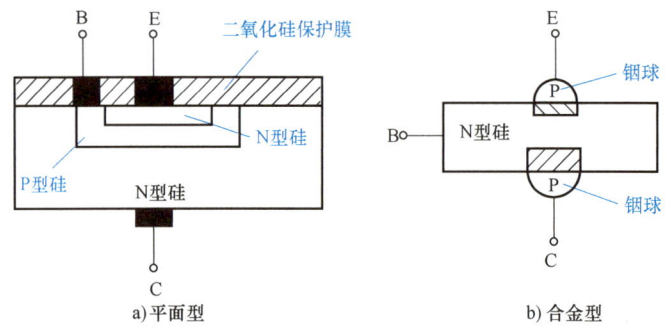

图 2-2 晶体管的结构

晶体管是在一块半导体基片上分别制成 N、P、N 相间隔或 P、N、P 相间隔的三个区，中间为基区，两边分别为发射区和集电区，形成两个 PN 结，将发射区与基区之间的 PN 结称为发射结，将集电区与基区之间的 PN 结称为集电结。从三个区分别引出三个极，分别是发射极 E、基极 B 和集电极 C。晶体管的结构示意及图形符号如图 2-3 所示，图形符号中的箭头方向就是发射结正向电流方向。

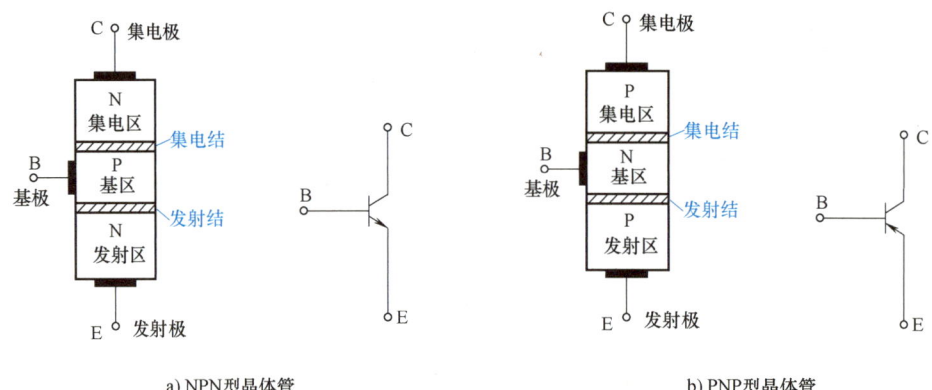

图 2-3 晶体管结构示意及图形符号

晶体管的三个区在结构和杂质浓度上具有以下特点。

1) 基区在中间，做得非常薄，且掺杂浓度很低，以利于发射区的多数载流子穿过基区向集电区移动，形成电流。

2) 两端为发射区和集电区，虽为同一性质的掺杂半导体，但发射区掺杂浓度高，发射结的面积较小，便于发射电子；集电区掺杂浓度低且面积宽大，以便于收集电子。

2. 晶体管的分类

晶体管的种类很多，可按以下方式进行分类。

(1) 按型号分类　可分为 NPN 型和 PNP 型。一般硅晶体管多为 NPN 型，锗晶体管多为 PNP 型。

(2) 按功率分类　有大功率晶体管（>1W）、中功率晶体管（0.5~1W）和小功率晶体管（<0.5W）。

(3) 按工作频率分类　有高频晶体管（$f>3MHz$）和低频晶体管（$f<3MHz$）两大类。

(4) 按所用半导体材料分类　有锗晶体管和硅晶体管，另外还有一些利用化合物（如砷化镓）组成的晶体管。

(5) 按结构工艺分类　有合金晶体管和平面晶体管。

(6) 按用途分类　有开关晶体管、功率晶体管、达林顿晶体管和光电晶体管等。

(7) 按安装方式分类　有插件晶体管和贴片晶体管等。

2.1.2　晶体管的电流放大作用

晶体管的主要作用是电流放大，从而实现信号电压的放大。那么，晶体管是如何进行电流放大的呢？

图 2-4 是 NPN 型晶体管电流分配实验电路。图中，E_B 是基极电源，使晶体管的发射结处在正向偏置状态；E_C 是集电极电源，主要作用是提供电能，且使晶体管的集电结处在反向偏置状态，一般 E_C 应高于 E_B；R_B 是基极偏置电阻，R_C 是集电极偏置电阻。

当电路接通后，流过晶体管各极的电流共有三个，即基极电流 I_B、集电极电流 I_C 和发射极电流 I_E。调节电位器的阻值 R_P 就可以调整基极电流 I_B，对应产生不同的集电极电流和发射极电流，记录相应数据并填入表 2-1。

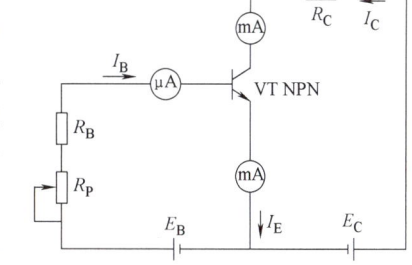

图 2-4　NPN 型晶体管电流分配实验电路

表 2-1　晶体管三个电极上的电流分配

I_B/mA	0	0.01	0.02	0.03	0.04	0.05
I_C/mA	0.001	0.50	1.00	1.60	2.20	2.90
I_E/mA	0.001	0.51	1.02	1.63	2.24	2.95
I_C/I_B		50	50	53	55	58
$\Delta i_C/\Delta i_B$			50	60	60	70

对上述实验数据进行分析，可以得出如下结论：

1) $I_E = I_C + I_B \approx I_C$，即晶体管的发射极电流等于集电极电流和基极电流之和，且基极电流很小。

2）$I_C/I_B = \bar{\beta}$，集电极电流与基极电流之比称为直流电流放大倍数，为一基本确定的值，一般为几十至几百。不同型号晶体管的 $\bar{\beta}$ 值不相同。

3）$\Delta i_C/\Delta i_B = \beta$，集电极电流变化量与基极电流变化量之比称为交流电流放大倍数。数值为几十至几百，用于说明基极较小的电流变化可以引起集电极较大的电流变化。也就是说，基极电流对集电极电流具有小量控制大量的作用，这就是晶体管的电流放大作用（实质是控制作用）。在粗略计算中，可以认为 $\beta \approx \bar{\beta}$。

实用电路小案例：音乐门铃

音乐门铃是现代家庭用来向主人通报来客的装置，图2-5所示为其电路与实物。音乐门铃由专用的音乐集成电路芯片及少量的分立元器件组成。其中，晶体管VT在电路中起信号放大作用。

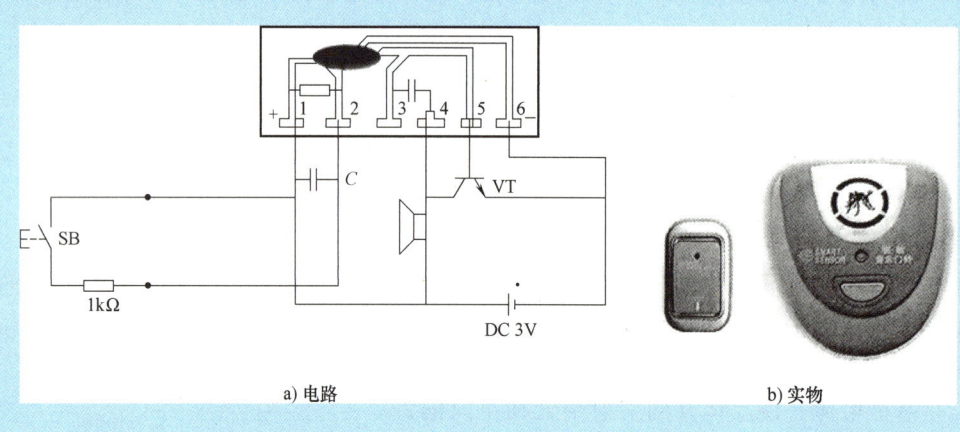

图2-5 音乐门铃电路

2.1.3 晶体管的特性曲线

M2-1 微课/
晶体管的电流放大作用

为了具体分析晶体管各极之间电压和电流之间的关系，可采用伏安特性曲线对其进行直观的描述。晶体管的伏安特性曲线主要有输入特性曲线和输出特性曲线。其测试电路如图2-6所示。

1. 输入特性曲线

输入特性是指在 u_{CE} 一定的条件下，加在晶体管基极与发射极之间的电压 u_{BE} 和由它产生的基极电流 i_B 之间的关系。其表达式为

$$i_B = f(u_{BE})|_{u_{CE}=常数} \tag{2-1}$$

在图2-6中，改变 R_{C2} 可以改变 u_{CE}，当 u_{CE} 一定后，改变 R_{B2} 可以得到不同的 i_B 和 u_{BE}。晶体管输入特性曲线如图2-7所示。

从图中可以看出，晶体管的输入特性曲线与二极管的正向特性曲线十分相似。当 u_{BE} 大于导通电压时，晶体管才出现明显的基极电流，硅管导通电压约为0.7V，锗管约为0.3V。当 $u_{CE} \geq 1V$ 时，就能保证集电结反向偏置，电场足以把发射区扩散到基区的绝大部分电子吸收到

集电区。如果 u_{CE} 再增大,对 i_B 影响很小,输入特性曲线和 $u_{CE} \geq 1V$ 时基本重合。

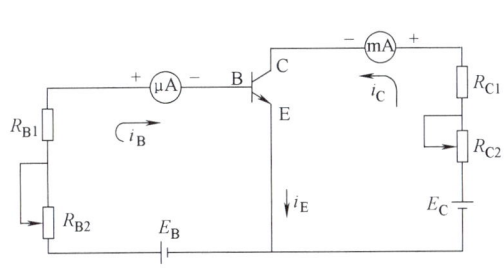

图2-6 输入输出特性曲线测试电路

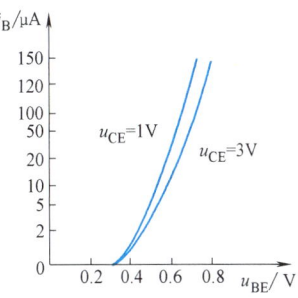

图2-7 晶体管输入特性曲线

2. 输出特性曲线

输出特性是指在 i_B 一定的条件下,集电极与发射极之间的电压 u_{CE} 与集电极电流 i_C 之间的关系。其表达式为

$$i_C = f(u_{CE}) \big|_{i_B = 常数} \tag{2-2}$$

在图2-6中,先调节 R_{B2},使 i_B 为一定值,再调节 R_{C2} 得到不同的 u_{CE} 和 i_C 值。晶体管的输出特性曲线如图2-8所示。

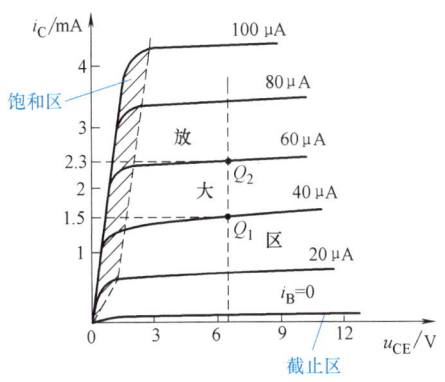

图2-8 晶体管输出特性曲线

晶体管的输出特性曲线可以分为以下三个工作区域。

(1) 放大区 指输出特性曲线之间间距接近相等,且互相平行的区域。此时,晶体管发射结正偏,集电结反偏,晶体管处于放大状态。对于 NPN 型晶体管来说,发射极正偏即基极电位 V_B 大于发射极电位 V_E,集电结反偏就是集电极电位 V_C 大于基极电位 V_B,即 $V_C > V_B > V_E$;对于 PNP 型晶体管则刚好相反,$V_E > V_B > V_C$。

(2) 饱和区 指每一条输出特性曲线靠左边弯曲部分到互相重合的下部直线部分的区域。此时,晶体管发射结、集电结均正偏,晶体管处于饱和状态。两种型号的晶体管饱和时的电位关系:NPN 型晶体管,$V_B > V_E$,$V_B > V_C$;PNP 型晶体管,$V_E > V_B$,$V_C > V_B$。晶体管在饱和状态时,i_B、i_C 电流都很大,但管压降 u_{CE} 却很小,$u_{CE} \approx 0$。这时,晶体管的 C、E 极相当于短路,可看成是一个闭合的开关。晶体管的饱和压降,一般在估算小功率晶体管时,对硅管可取 0.3V,对锗管取 0.2V。

(3) 截止区 指在输出特性曲线 $i_B = 0$ 及以下的区域。此时晶体管发射结反偏或零偏,集电结反偏，晶体管处于截止状态。由于两个 PN 结都反偏，晶体管的电流很小，$i_B \approx 0$，$i_C \approx 0$，而管压降 u_{CE} 却很大。这时的晶体管 C、E 极相当于开路，可以看成是一个断开的开关。

2.1.4 晶体管的主要参数

1. 共射极电流放大倍数

指晶体管接成共射放大状态时，集电极输出电流的变化量 Δi_C 与基极输入电流的变化量 Δi_B 之比，用 β 表示。选用晶体管时，β 值应恰当，一般说来，如果 β 太小，电流放大作用差；如果 β 值太大，晶体管工作稳定性差。

2. 极间反向饱和电流

（1）集电极-基极反向饱和电流 I_{CBO}　当发射极开路（$i_E = 0$）时，基极和集电极之间加上规定的反向电压时的集电极反向电流。I_{CBO} 只与温度有关，在一定温度下是个常数。良好的晶体管，I_{CBO} 很小。小功率锗管的 I_{CBO} 为 1～10μA，大功率锗管的 I_{CBO} 可达数毫安，而硅管的 I_{CBO} 则非常小，为毫微安级。

（2）集电极-发射极反向饱和电流 I_{CEO}（穿透电流）　当基极开路（$i_B = 0$）时，集电极和发射极之间加上规定反向电压时的电流。I_{CEO} 大约是 I_{CBO} 的（$1+\beta$）倍，即 $I_{CEO} = (1+\beta) I_{CBO}$。$I_{CBO}$ 和 I_{CEO} 受温度影响极大，它们是衡量晶体管热稳定性的重要参数，其值越小，性能越稳定，小功率锗管的 I_{CEO} 比硅管大。

3. 极限参数

（1）集电极最大允许电流 I_{CM}　当 i_C 过大时，β 将下降。在技术上规定，β 值下降到正常值 2/3 时的集电极电流，称为集电极最大允许电流。

（2）反向击穿电压　$U_{(BR)CEO}$ 是当基极开路时，集电极与发射极之间所能承受的最高反向电压；$U_{(BR)CBO}$ 是当发射极开路时，集电极与基极之间所能承受的最高反向电压；$U_{(BR)EBO}$ 是当集电极开路时，发射极与基极之间所能承受的最高反向电压。

（3）集电极最大允许耗散功率 P_{CM}　在晶体管因温度升高而引起的参数变化不超过允许值时，集电极所消耗的最大功率称为集电极最大允许耗散功率。

晶体管应工作在最大损耗 P_{CM} 曲线下面的安全工作区，如图 2-9 所示。

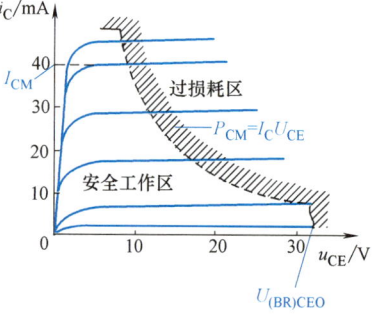

图 2-9　晶体管最大损耗曲线

2.1.5 晶体管的简易测试

1. 管型和基极的判别方法

如图 2-10 所示，可以把晶体管看成是两个二极管来分析，用万用表 $R \times 100\Omega$ 档或 $R \times 1k\Omega$ 档来测量。将红表笔接任一管脚，黑表笔分别接另外两个管脚，测量两个电阻值。若两个电阻值都较小，则红表笔所接的为 PNP 型晶体管的基极，如图 2-10a 所示；若两个电阻值中有一个较大，可将红表笔另接一个管脚再试，直到两个管脚测出的电阻值均较小时为止。若测得的电阻均较大，则红表笔所接的管脚为 NPN 型晶体管的基极。

如用黑表笔接一个管脚，红表笔接另外两个管脚，当测得两个电阻值均较小时，黑表笔所接的为 NPN 型晶体管的基极，如图 2-10b 所示；若两个阻值均较大，则黑表笔所接的为 PNP 型晶体管的基极。

2. 判别集电极的方法

利用晶体管正向电流放大倍数比反向电流放大倍数大的特点确定集电极。前面已经判别出晶体管的基极，下面用万用表的 $R \times 100\Omega$ 档或 $R \times 1k\Omega$ 档进行测量，把万用表的两表笔分别接到晶体管的另外两个管脚上，其中集电极用手提住表笔，再给基极一个偏置电压，如图 2-10c 所示，利用人体实现偏置，测读万用表的电阻值或指针偏摆的幅度；然后对调两表笔，同样测读电阻值或指针偏摆的幅度，比较两次读数的大小。对 PNP 型晶体管，电阻小的（偏摆幅度大的）一次红表笔所接的为集电极；对 NPN 型晶体管，电阻小的（偏摆幅度大的）一次黑表笔所接的为集电极。基极和集电极判定后，另外一个就是发射极。

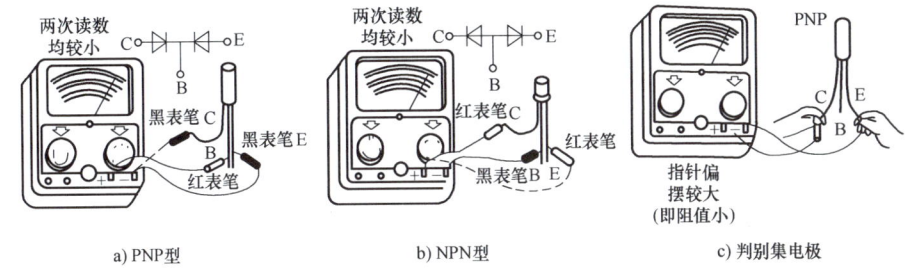

图 2-10　晶体管管脚简易判别示意图

3. 高频晶体管和低频晶体管的简易判别

比较正、反向电流放大倍数，其方法与判别晶体管集电极的方法相同。因为低频晶体管的反向电流放大倍数比正向电流放大倍数小很多，因此在测量反向电流放大倍数时，如万用表指针仍然偏摆，则该管为低频晶体管。而高频晶体管的反向电流放大倍数比正向电流放大倍数大得多，因此万用表测量反向电流放大倍数时，万用表指针基本上不偏摆，此时可确定该管为高频晶体管。

4. 晶体管性能简易测试方法

（1）测穿透电流 I_{CEO}　用万用表 $R \times 100\Omega$ 档或 $R \times 1k\Omega$ 档测量集电极-发射极反向电阻，如图 2-11a 所示，测得的电阻值越大，说明 I_{CEO} 越小，晶体管性能越稳定。一般硅管比锗管阻值大，高频晶体管比低频晶体管阻值大，小功率晶体管比大功率晶体管阻值大。

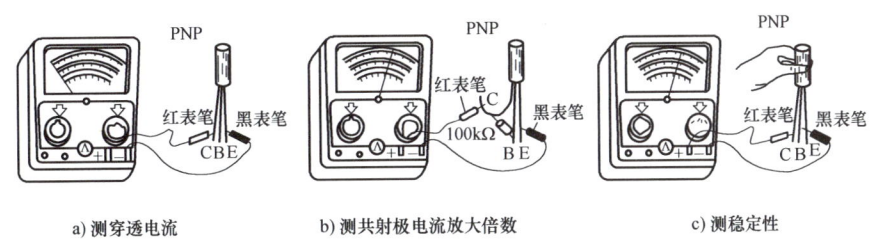

图 2-11　晶体管性能简易测试示意图

（2）测共射极电流放大倍数　在基极与集电极间接入一只 $100k\Omega$ 的电阻，如图 2-11b

所示，此时，晶体管的集电极与发射极之间导通，即万用表指针偏摆，偏摆越大，共射极电流放大倍数越大。

（3）测晶体管的稳定性能　在判断 I_{CEO} 的同时，用手捏住晶体管，如图 2-11c 所示，晶体管受人体湿度的影响，集电极与发射极反向电阻将有所减小，若指针偏摆较大，或者说反向电阻值迅速减小，则晶体管的稳定性较差。

> **科学家和科学故事：晶体管的发明**
>
> 　　1947 年 12 月 23 日，美国新泽西州墨累山的贝尔实验室里，三位科学家——巴丁博士、布莱顿博士和肖克莱博士正在紧张而有条不紊地做着实验——在导体电路中用半导体晶体把声音信号放大。三位科学家惊奇地发现，在他们发明的器件中通过的一部分微量电流竟然可以控制另一部分流过的大得多的电流，产生了放大效应。这个器件就是在科技史上具有划时代意义的成果——晶体管。因它是在圣诞节前夕发明的，而且对人们的生活产生了巨大的影响，所以被称为"献给世界的圣诞节礼物"。这三位科学家因此共同荣获了 1956 年诺贝尔物理学奖。

2.2　共射基本放大电路

　　在生产和科研中经常需要将微弱的电信号（电压、电流或电功率）进行放大，以便有效地进行观察、测量、控制和调节。例如，在温度测控系统中，经常用热电偶或热电阻把温度的变化转换成与其成比例变化的微弱电信号，这样的电信号既不能直接驱动显示器（如电压表或电流表等）显示温度的变化，也不能直接推动控制元件接通或切断加热电路。若使这样微弱的信号幅度达到需要的信号值，则可采用晶体管构成的放大电路实现。又如收音机和电视接收机，它们自天线接收到包含声音和图像信息的微弱信号，只有通过晶体管或运算放大器组成的放大电路放大后，才能推动扬声器和显像管工作。因此，放大电路是电子电路中的基本单元。

2.2.1　共射基本放大电路的组成

　　图 2-12 所示为共射（共发射极）基本放大电路，其特点是发射极作为输入与输出的公共端。输入端接需要放大的信号（通常可用一个理想电压源 u_S 和电阻 R_S 串联表示），可以是收音机自天线接收到的包含声音信息的微弱电信号，也可以是某种传感器根据被测物理量转换成的微弱电信号。对放大器来说，能放大的是净输入信号 u_i（信号源 u_S 输出值），放大器输出端接负载电阻 R_L，输出电压为 u_o。

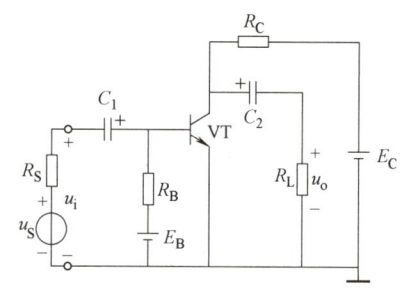

图 2-12　共射基本放大电路

1. 共射基本放大电路的组成元器件及其作用

（1）晶体管 VT　晶体管是放大电路的核心，起电流放大作用，通过集电极电阻 R_C 转换为电压放大作用。

（2）基极电源 E_B 和基极电阻 R_B　使晶体管的发射结处于正向偏置，并提供适当的静态

基极电流 I_B，以保证晶体管工作于放大区，并有合适的工作点。R_B 的值一般为几十千欧到几百千欧。

(3) 集电极电源 E_C 和集电极电阻 R_C　E_C 的作用之一是向负载提供能源，之二是与电阻 R_C 配合使集电结反偏（电压合适）。对小信号放大器，E_C 一般为几伏到几十伏。

R_C 可以是一个实际电阻，也可以是继电器或发光二极管等器件。当它是一个实际电阻时，其作用主要是将集电极的电流变化转换成集电极的电位变化，以实现电压放大，R_C 的值一般为几千欧到几十千欧。当它是继电器或发光二极管等器件时，则作为直流负载，同时也是执行器件或能量转换器件。

(4) 耦合电容 C_1 和 C_2　它们分别接在放大电路的输入端和输出端，起"隔直通交"的作用。C_1 保证直流电源不会对信号源产生干扰，又能使信号传输到晶体管的输入端。C_2 保证负载 R_L 上只有被放大的信号，不被直流电源 E_C 干扰。

C_1、C_2 的容量应足够大，以保证在一定的频率范围内其交流压降可以忽略不计，即对交流信号可视为短路，一般为几微法至几十微法。因为容量大，通常采用电解电容，连接时应注意极性，正极接高电位，负极接低电位。同时，还要注意其耐压应高于接入处可能出现的最高电压。

在实际放大电路中，常采用单电源供电，如图 2-13a 所示。只要基极电阻 R_B 适当，就可保证晶体管发射结正偏，且产生合适的基极电流 I_B。这样可以节省一个电源，减少成本、减小体积。

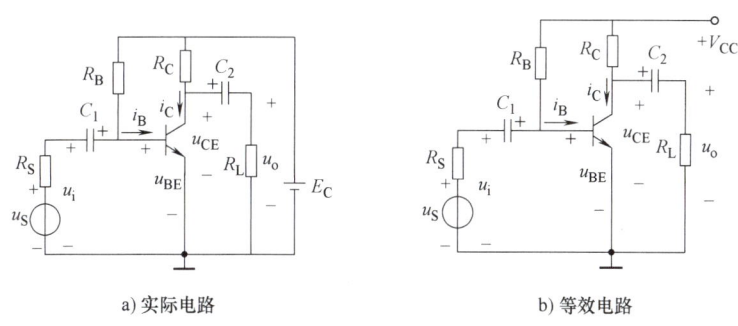

a) 实际电路　　　　　　　　　　　b) 等效电路

图 2-13　共射基本放大电路实际电路及其等效电路

在进行分析计算时，还可以将电路简化，如图 2-13b 所示。$+V_{CC}$ 代表对地电位，即高出接地端的电压数值。

2. 放大电路中电流及电压文字符号使用规定

放大电路中的电压、电流都是由直流成分和交流成分叠加而成的。对直流分量和交流分量，做如下规定：

1) 用大写字母带大写下标表示直流分量，如 I_B。
2) 用小写字母带小写下标表示交流分量，如 i_b。
3) 用小写字母带大写下标表示直流分量与交流分量的叠加，如 i_B。$i_B = I_B + i_b$。
4) 用大写字母带小写下标表示交流分量的有效值，如 I_b。

2.2.2 共射基本放大电路静态分析

1. 电压放大工作原理

对晶体管来说,能放大的是净输入信号,因此,在进行电路分析时,通常只标出净输入信号 u_i;由于负载 R_L 是变化的且有时开路,因此,在进行直流通路分析和电路本身的电压放大倍数分析时,负载可以不考虑,如图 2-14 所示。

对图 2-14 所示电路进行分析,交流信号 u_i 叠加在直流信号 U_{BE} 上后,产生基极电流 i_B,经晶体管放大后,在集电极产生放大了的电流 i_C,并在 R_C 上产生压降,使放大器的输出电压 $u_{CE} = V_{CC} - i_C R_C$。通过 C_2 耦合,隔断直流,输出放大信号电压 u_o。只要能使晶体管工作在放大区,则 u_o 的变化幅度将比 u_i 的变化幅度大很多倍。

上述放大过程可表示为:$u_i \rightarrow u_{BE} \rightarrow i_B \rightarrow i_C \rightarrow u_{CE} \rightarrow u_o$。当为放大电路输入正弦电压信号 u_i 后,晶体管各电流、电压波形如图 2-15 所示。

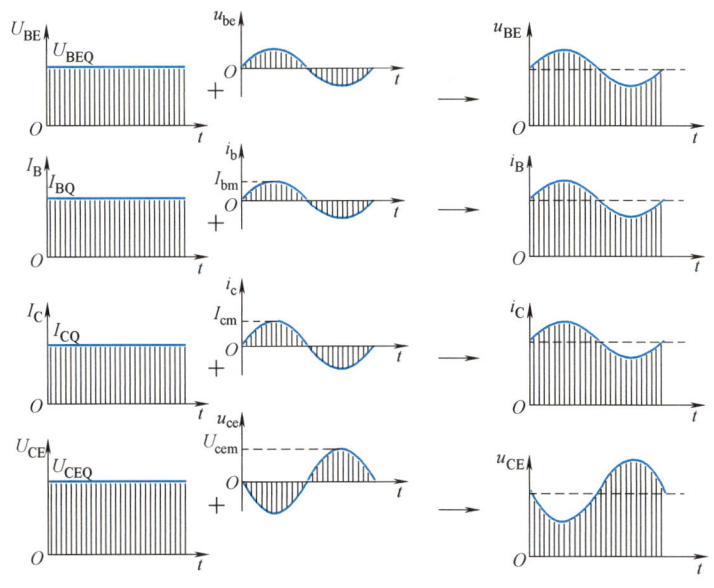

图 2-14 共射基本放大电路　　　图 2-15 放大电路各电流、电压波形

由于输出电压与输入电压相位相反,称这种共发射极的单管放大电路为反相放大器。

从上面的分析过程可以看出,要放大交流信号 u_i,晶体管发射结要有合适的直流电压 U_{BE}、合适的直流电流 I_B 和合适的直流电流 I_C。

2. 静态工作点

在图 2-14 中,将放大器的输入信号短路(即 $u_i = 0$),只留直流供电的工作状态称为静态,如图 2-16 所示。

此时，晶体管直流电压 U_{BE}、U_{CE} 和对应的 I_B、I_C 统称为静态工作点（在曲线上用 Q 表示），分别记作 U_{BEQ}、U_{CEQ}、I_{BQ} 和 I_{CQ}，简写为 U_{BE}、U_{CE}、I_B、I_C。分析图 2-16 可得

$$I_B = \frac{V_{CC} - U_{BE}}{R_B} \qquad (2\text{-}3)$$

$$I_C = \beta I_B \qquad (2\text{-}4)$$

$$U_{CE} = V_{CC} - I_C R_C \qquad (2\text{-}5)$$

式（2-3）中，硅管的 U_{BE} 一般为 0.6~0.8V，锗管的为 0.1~0.3V。

例 2-1 在图 2-16 所示的直流通路中，硅晶体管的 $\beta = 100$，若已知 $V_{CC} = 15V$，$R_B = 500\text{k}\Omega$，$R_C = 3\text{k}\Omega$，试估算静态工作点。

解：

$$I_B = \frac{V_{CC} - U_{BE}}{R_B} = \frac{15V - 0.7V}{500\text{k}\Omega} = 28.6\mu A$$

$$I_C = \beta I_B = 100 \times 28.6\mu A = 2.86\text{mA}$$

$$U_{CE} = V_{CC} - I_C R_C = 15V - 2.86 \times 3V = 6.42V$$

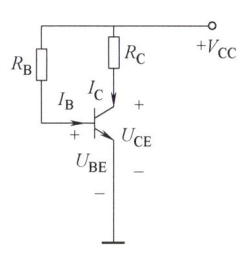

图 2-16　直流通路

2.2.3　共射基本放大电路动态分析

只分析放大电路的交流通路，则为放大电路的动态分析。将图 2-14 所示电流去掉直流电源，只留交流信号，此时，电容器相当于短接，直流电源也相当于短接，等效电路如图 2-17 所示。

1. 晶体管微变等效电路

晶体管微变等效电路是指晶体管在小信号（叠加在直流电压的交流信号很小）输入时的等效电路。

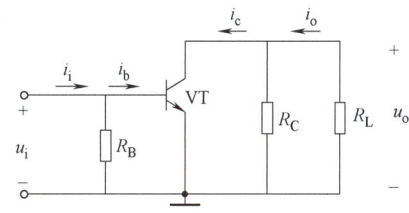

图 2-17　交流通路

放大电路在合适的静态工作点 Q 下，若输入小信号，则发射结的 I_B-U_{BE} 关系曲线在 Q 点附近近似为直线，如图 2-18 所示。输入小信号时，Q 点的电压变化量与电流变化量成正比，从输入端看进去可以将发射结等效为一个电阻 r_{be}。

当晶体管基极输入电流 i_b 确定时，集电极输出电流 i_c 基本确定。因此，晶体管输出端相当于一个受 i_b 控制的电流源，即

$$i_c = \beta i_b$$

而输出端电阻

$$r_{ce} = \frac{\Delta U_{CE}}{\Delta I_C}\bigg|_{I_B} = \frac{u_{ce}}{i_c}\bigg|_{I_B}$$

很高，约为几十千欧至几百千欧，因并联在晶体管输出端，可忽略不画。

因此，晶体管在放大小信号时，可以等效为图 2-19 所示电路，称之为微变等效电路。

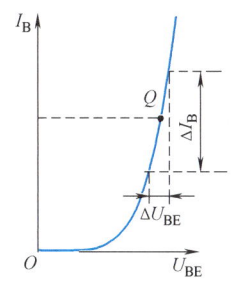

M2-4 微课/晶体管微变等效电路

图 2-18　Q 点附近的 I_B-U_{BE} 关系

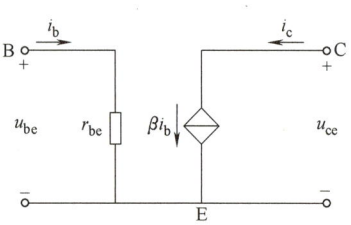

图 2-19 晶体管微变等效电路

2. 共射基本放大电路的估算

（1）放大电路输入电阻 r_i　晶体管在放大状态时，其发射结可等效为一个电阻，称为晶体管的输入电阻，用 r_{be} 表示。在低频小信号时，估算公式为

$$r_{be} = 300\Omega + (1+\beta)\frac{26\text{mV}}{I_E} \tag{2-6}$$

放大器的输入电阻 r_i 是从放大器输入端（不包括信号源电阻）看进去的交流等效电阻，即

$$r_i = R_B // r_{be} \approx r_{be} \tag{2-7}$$

式中，$R_B \gg r_{be}$。

（2）放大电路输出电阻 r_o　r_o 是从放大器输出端（不包括外接负载电阻）看进去的交流等效电阻。由于晶体管的动态电阻 r_{ce} 很大，所以放大电路的输出电阻近似等于集电极电阻，即

$$r_o \approx R_C \tag{2-8}$$

（3）放大器电压放大倍数 $\dot{A}_u$　当放大电路输出端外接负载电阻 R_L 时，等效负载电阻 $R'_L = R_C // R_L$，输出电压 $\dot{U}_o = -\dot{I}_C R'_L$，因此电压放大倍数为

$$\dot{A}_u = \frac{\dot{U}_o}{\dot{U}_i} = \frac{-\beta \dot{I}_b R'_L}{\dot{I}_b r_{be}} = -\beta \frac{R'_L}{r_{be}} \tag{2-9}$$

式（2-9）中负号表示输出电压 u_o 的相位与输入电压 u_i 相反。若不考虑负载，则放大电路本身的电压放大倍数为

$$\dot{A}_u = -\beta \frac{R_C}{r_{be}}$$

例 2-2　在图 2-14 所示电路中，设负载电阻为 3kΩ，在原电路静态工作点（见例 2-1）的基础上：

（1）求电路的动态参数 $\dot{A}_u$、r_i、r_o。

（2）设信号源电压 $U_S = 10\sqrt{2}\sin 2000\pi t$ mV，内阻 $R_S = 1$kΩ。搭建仿真电路，将仿真测量值与计算值比较。

解：（1）先求 r_{be}：

$$r_{be} = 300\Omega + (1+\beta)\frac{26\text{mV}}{I_E}$$

$$= 300\Omega + (1+100) \times \frac{26\text{mV}}{2.86\text{mA}} = 1218\Omega \approx 1.2\text{k}\Omega$$

求电压放大倍数 $\dot{A}_u$：

$$\dot{A}_u = -\beta \frac{R'_L}{r_{be}} = -100 \times \frac{1.5\text{k}\Omega}{1.2\text{k}\Omega} = -125$$

其中

$$R'_L = \frac{R_C R_L}{R_C + R_L} = 1.5\text{k}\Omega$$

求输入电阻 r_i：

$$r_i = R_B /\!/ r_{be} \approx r_{be} = 1.2\text{k}\Omega$$

求输出电阻 r_o：

$$r_o \approx R_C = 3\text{k}\Omega$$

（2）用 Multisim 软件搭建仿真电路，如图 2-20 所示。由图可知，当仿真电压表测得的净输入电压 u_i 的有效值为 4.866mV 时，经放大后得到输出电压 u_o 的有效值为 766.2mV，电压放大倍数 $\dot{A}_u$ 为

$$\dot{A}_u = \frac{\dot{U}_o}{\dot{U}_i} = \frac{-766.2\text{mV}}{4.866\text{mV}} \approx -157.5$$

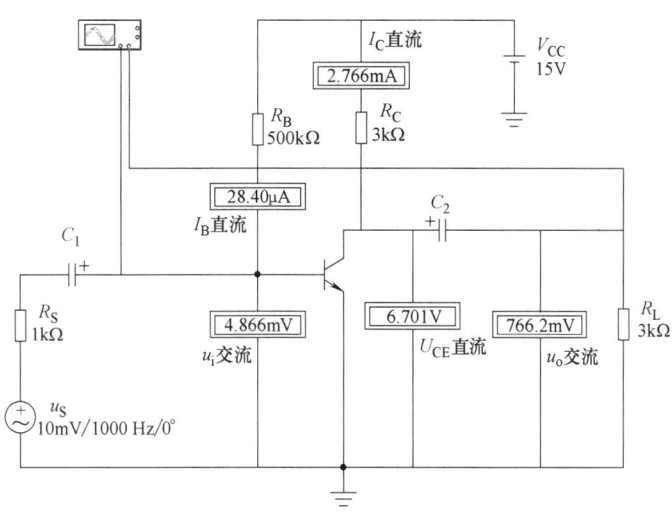

M2-6 测试/共射基本放大电路

图 2-20　例 2-2 仿真电路

可见，仿真电压表测量得到的电压放大倍数比理论值要大 25%。

分析仿真示波器测量输入电压与输出电压的结果，如图 2-21 所示，电压放大倍数 $\dot{A}_u$ 为

$$\dot{A}_u = \frac{\dot{U}_{om}}{\dot{U}_{im}} = \frac{-1.11\text{V}}{6.62\text{mV}} \approx -167.7$$

可见，仿真示波器测量得到的电压放大倍数比理论值要大 34%。

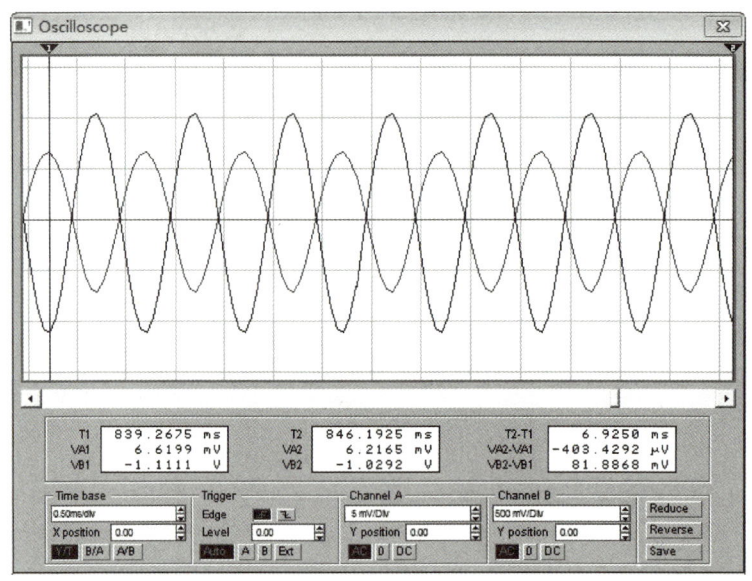

图 2-21 例 2-2 仿真示波器测量结果

2.3 分压式偏置放大电路

2.3.1 静态工作点对输出波形的影响

为放大电路设置合适的静态工作点，当加入合适的输入信号时，输出信号会随输入信号变化而不会产生失真，如图 2-22 所示。以下分析均以 NPN 型晶体管为例。

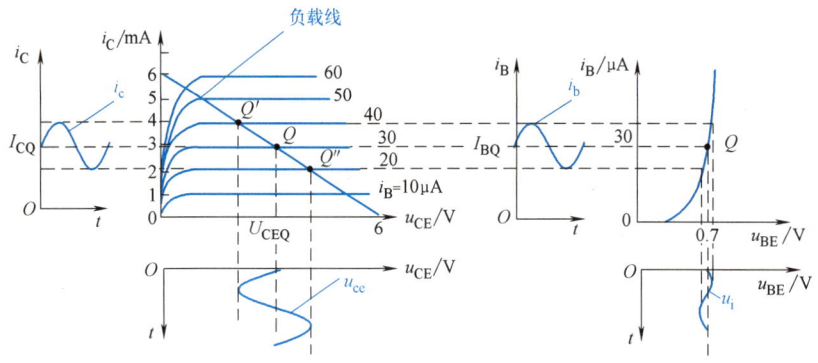

图 2-22 静态工作点合适输出正常

在实际应用中，由于放大电路在工作过程中会产生热量，导致电路中元器件的参数都会发生一定程度的变化，特别是晶体管的参数（主要为电流放大倍数 β）等都会随着环境温度的变化而变化，当温度 T 上升时，β、I_{CEO} 都会随之增大，温度每升高 1℃，β 增大 0.5%～1%。

T 上升时，输入特性曲线左移，对于同样的输入电流 i_B，温度每升高 1℃，结电压 u_{BE}

可下降 2~2.5mV；温度每升高 10℃，I_{CBO} 增大约一倍，晶体管的输出特性曲线簇将上移，曲线间隔加宽，如图 2-23 所示。

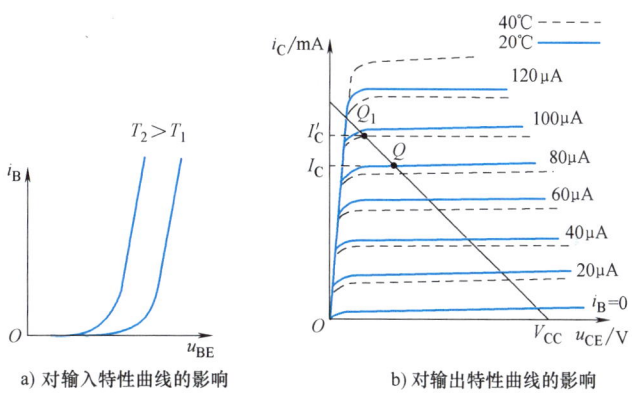

图 2-23 温度对静态工作点的影响

当静态工作点太高时，会使输出电流 i_C 进入饱和区，造成上削波，从而使输出电压出现下削波，这种失真称为饱和失真，如图 2-24 所示。

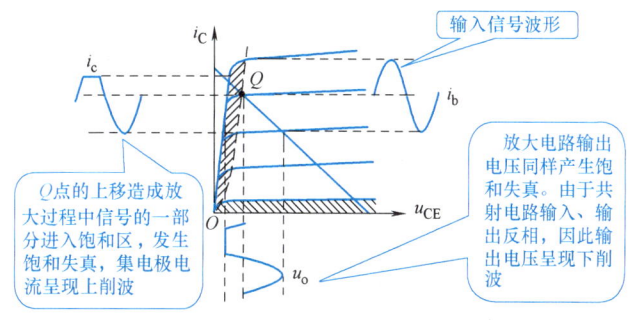

图 2-24 静态工作点太高出现饱和失真

当静态工作点太低时，会使输出电流进入截止区，造成下削波，从而使输出电压出现上削波，造成截止失真，如图 2-25 所示。

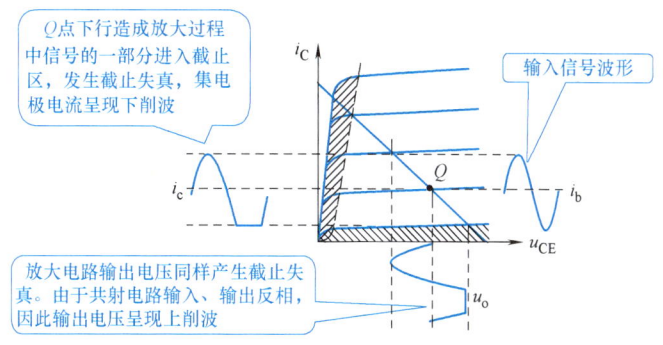

图 2-25 静态工作点太低出现截止失真

如果放大电路是 PNP 型晶体管共射放大电路，失真波形正好相反。截止失真，u_{CE} 是底部失真；饱和失真，u_{CE} 是顶部失真。

为了减小或避免非线性失真,必须设置合理的静态工作点。静态工作点一般选在交流负载线的中点附近,并适当限制输入信号的幅度。

为了克服由于温度变化导致信号失真的现象,在实际电路中经常采用带有反馈形式且具有稳定工作点的分压式偏置放大电路来放大微弱的小信号。

2.3.2 分压式偏置放大电路分析

1. 电路结构

分压式偏置放大电路如图 2-26 所示。其中,R_{B1} 为基极上偏置电阻,R_{B2} 为基极下偏置电阻,R_E 为发射极反馈电阻,C_E 为发射极旁路电容。

分压式偏置放大电路与前述固定偏置共射放大电路相比,不同之处在于基极的偏置采用电阻 R_{B1} 和 R_{B2} 分压的形式,而且发射极接一个反馈电阻 R_E,该结构能使电路具有稳定的静态工作点。

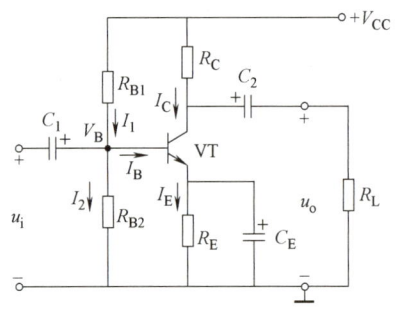

图 2-26 分压式偏置放大电路

2. 静态工作点稳定原理

(1) 利用基极偏置电阻固定基极电位 V_B 对电路进行分析可知,$I_1 = I_2 + I_B$,由于 I_B 远小于 I_2,所以有 $I_1 \approx I_2$,相当于基极电位 V_B 由基极偏置电阻 R_{B1} 和 R_{B2} 分压后直接得到,即

$$V_B = V_{CC} \times \frac{R_{B2}}{R_{B1} + R_{B2}} \tag{2-10}$$

由此可知,V_B 的大小与晶体管的参数无关。

(2) 利用发射极电阻 R_E 的负反馈作用实现静态工作点的稳定 当温度变化时,晶体管的参数 I_{CEO}、β、U_{BE} 将发生变化,导致工作点偏移。分压式偏置放大电路稳定工作点的过程可表示为

$$T(温度)\uparrow(或 \beta \uparrow) \to I_C \uparrow \to I_E \uparrow \to V_E \uparrow \to U_{BE} \downarrow \to I_B \downarrow \to I_C \downarrow$$

其中,C_E 的作用是提供交流信号的通道,减少信号的损耗,使放大器的交流信号放大能力不因 R_E 而降低。R_E 的作用是在电路温度上升时引起晶体管放大倍数的变化,通过电阻 R_E 上的电压变化调整电路静态工作点,从而使电路具有稳定的工作状态。

3. 分压式偏置放大电路静态工作点 Q

分压式偏置放大电路静态工作点的计算如下:

$$I_C \approx I_E = \frac{V_E}{R_E} = \frac{V_B - U_{BE}}{R_E} \tag{2-11}$$

$$I_B = \frac{I_C}{\beta}$$

$$U_{CE} = V_{CC} - I_C R_C - I_E R_E \approx V_{CC} - I_C (R_C + R_E) \tag{2-12}$$

4. 输入电阻 r_i 和输出电阻 r_o

因为:

$$r_{be} = 300\Omega + (1+\beta)\frac{26\text{mV}}{I_E}$$

输入电阻：
$$r_i = R_{B1} /\!/ R_{B2} /\!/ r_{be} \tag{2-13}$$

式中，R_{B1}、R_{B2} 一般为几十千欧，r_{be} 稍大于 $1k\Omega$，则 $r_i < r_{be}$。

可见，分压式偏置放大电路虽然静态工作点稳定，但输入电阻变小，导致净输入信号较小，不利于信号的放大。因此，有的电路将电阻 R_E 分成两部分，一部分不被电容 C_E 并联，以增大交流输入电阻。

输出电阻：
$$r_o \approx R_C$$

5. 电压放大倍数 $\dot{A}_u$

分压式偏置放大电路的电压放大倍数与共射基本放大电路一样，即

$$\dot{A}_u = \frac{\dot{U}_o}{\dot{U}_i} = \frac{-\beta \dot{I}_b R'_L}{\dot{I}_b r_{be}} = -\beta \frac{R'_L}{r_{be}}$$

式中，$R'_L = R_C /\!/ R_L$。

例2-3 在图2-27a、b 所示的两个放大电路中，已知晶体管的 $\beta = 60$，$U_{BE} = 0.7V$，电路其他参数如图2-27所示。试求：

(1) 两个电路的静态工作点。
(2) 两个电路的电压放大倍数、输入电阻及输出电阻。
(3) 若两个晶体管的 $\beta = 120$，则各自的静态工作点将怎样变化？

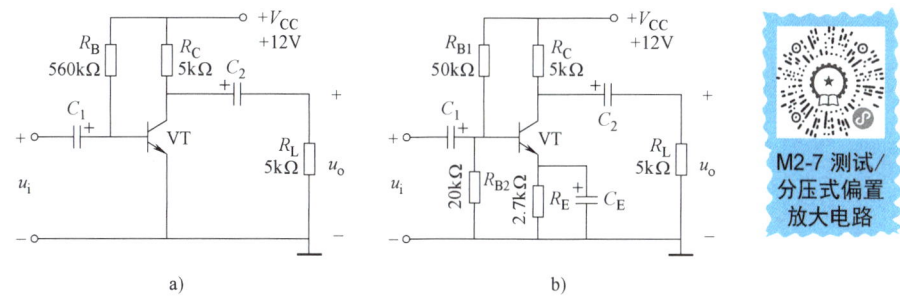

图 2-27　例 2-3 图

解： (1) 先计算两个电路的静态工作点。

图 2-27a 为固定偏置电路，有

$$I_B = \frac{V_{CC} - U_{BE}}{R_B} = \frac{12V - 0.7V}{560k\Omega} \approx 0.02mA$$

$$I_C = \beta I_B = 60 \times 0.02mA = 1.2mA$$

$$U_{CE} = V_{CC} - I_C R_C = 12V - 1.2mA \times 5k\Omega = 6V$$

图 2-27b 为分压式偏置电路，有

$$V_B = V_{CC} \times \frac{R_{B2}}{R_{B1} + R_{B2}} = 12V \times \frac{20}{20 + 50} \approx 3.4V$$

$$I_C \approx I_E = \frac{V_E}{R_E} = \frac{V_B - U_{BE}}{R_E} = \frac{3.4V - 0.7V}{2.7k\Omega} = 1mA$$

$$I_B = \frac{I_C}{\beta} = \frac{1mA}{60} = 0.017mA$$

$$U_{CE} = V_{CC} - I_C(R_C + R_E) = 12V - 1mA \times (5k\Omega + 2.7k\Omega) = 4.3V$$

（2）计算电压放大倍数、输入电阻以及输出电阻。

在图 2-27a 中，有

$$r_{be} = 300\Omega + (1+\beta)\frac{26mV}{I_E} = 300\Omega + (1+60)\frac{26mV}{1.2mA} \approx 1.6k\Omega$$

$$r_i = R_B // r_{be} \approx r_{be} = 1.6k\Omega$$

$$r_o \approx R_C = 5k\Omega$$

$$\dot{A}_u = -\frac{\beta R'_L}{r_{be}} = -\frac{\beta(R_C // R_L)}{r_{be}} = -60 \times \frac{(5//5)k\Omega}{1.6k\Omega} = -93.75$$

在图 2-27b 中，有

$$r_{be} = 300\Omega + (1+\beta)\frac{26mA}{I_E} = 300\Omega + (1+60)\frac{26mV}{1mA} \approx 1.9k\Omega$$

$$r_i = R_{B1} // R_{B2} // r_{be} = 1.68k\Omega$$

$$r_o \approx R_C = 5k\Omega$$

$$\dot{A}_u = -\frac{\beta R'_L}{r_{be}} = -\frac{\beta(R_C // R_L)}{r_{be}} = -60 \times \frac{(5//5)k\Omega}{1.9k\Omega} = -78.9$$

（3）分析静态工作点怎样变化。

当两个晶体管 $\beta = 120$ 时，在图 2-27a 中，有

$$I_C = \beta I_B = 120 \times 0.02mA = 2.4mA$$

$$U_{CE} = V_{CC} - I_C R_C = 12V - 2.4mA \times 5k\Omega = 0$$

可见，在共射基本放大电路中，当 β 增大时，I_C 会增大，U_{CE} 降低，超过一定范围后，晶体管进入饱和状态，电路将出现饱和失真。

在图 2-27b 中，I_C 不变，U_{CE} 不变，因此静态工作点不变；β 增大一倍，I_B 减小一半。晶体管继续处于放大状态，电路不会出现失真现象。

2.4 射极输出器

射极输出器又称为共集电极放大电路，是以集电极为共地端，基极为信号输入端，发射极为输出端的一种连接方式。它的输出电压接近输入电压，故又称为电压跟随器。图 2-28a、b 分别为射极输出器电路及其直流通路。

M2-8 微课/射极输出器静态分析

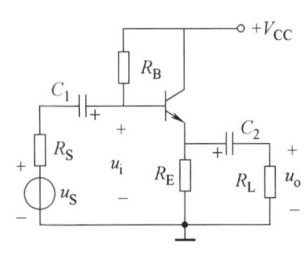
a) 射极输出器电路

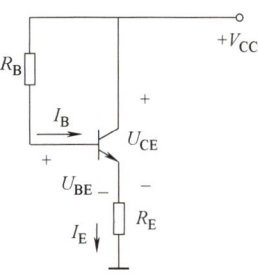
b) 直流通路

图 2-28 射极输出器电路及其直流通路

1. 静态分析

射极输出器的静态分析方法与共射放大电路的静态分析方法基本相同。

$$I_B = \frac{V_{CC} - U_{BE}}{R_B + (1+\beta)R_E} \tag{2-14}$$

$$I_C = \beta I_B$$

$$U_{CE} = V_{CC} - I_E R_E \tag{2-15}$$

2. 动态分析

射极输出器的交流通路与微变等效电路如图 2-29 所示。

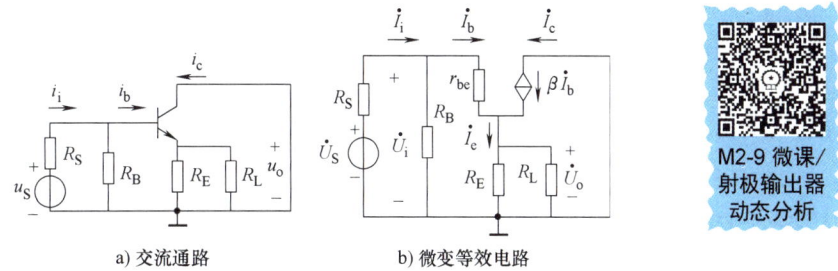

a) 交流通路 b) 微变等效电路

图 2-29 射极输出器交流通路与微变等效电路

（1）电压放大倍数 在图 2-29b 中，有

$$\dot{U}_o = R'_L \dot{I}_e = (1+\beta) R'_L \dot{I}_b$$

其中

$$R'_L = R_E // R_L$$

$$\dot{U}_i = r_{be} \dot{I}_b + R'_L \dot{I}_e = r_{be} \dot{I}_b + (1+\beta) R'_L \dot{I}_b$$

所以

$$\dot{A}_u = \frac{\dot{U}_o}{\dot{U}_i} = \frac{(1+\beta) R'_L \dot{I}_b}{r_{be} \dot{I}_b + (1+\beta) R'_L \dot{I}_b} = \frac{(1+\beta) R'_L}{r_{be} + (1+\beta) R'_L} \leqslant 1 \tag{2-16}$$

射极输出器的输出信号电压与输入信号电压同相且略小于输入信号电压，即电压放大倍数 $\dot{A}_u$ 约等于 1，即输出电压等值地跟随输入电压变化而变化，故又称之为电压跟随器。当 u_i 不变时，u_o 几乎不变，且 $u_o \approx u_i$。

（2）输入电阻 r_i

$$r_i = \frac{\dot{U}_i}{\dot{I}_i} = \frac{\dot{U}_i}{\dfrac{\dot{U}_i}{R_B} + \dfrac{\dot{U}_i}{r_{be} + (1+\beta) R'_L}} = R_B // [r_{be} + (1+\beta) R'_L] \tag{2-17}$$

射极输出器的 r_i 较大，通常可达几十千欧至几百千欧。

（3）输出电阻 r_o 计算射极输出器的输出电阻时，需要将输入信号源置零，去掉负载，然后在输出端加一个电压 $\dot{U}$，假设产生电流为 $\dot{I}$，如图 2-30 所示。

$\dot{U}$ 与 $\dot{I}$ 的比值就是其输出电阻 r_o，即

$$r_o = \dfrac{\dot U}{\dot I}\bigg|_{\dot U_S = 0,\ R_L = \infty}$$

又因为

$$\dot I = \dot I_b + \beta \dot I_b + \dot I_e$$

$$= \dfrac{\dot U}{r_{be} + R_B // R_S} + \beta \dfrac{\dot U}{r_{be} + R_B // R_S} + \dfrac{\dot U}{R_E}$$

所以，放大电路的输出电阻为

$$r_o = \dfrac{\dot U}{\dot I} = R_E // \dfrac{r_{be} + R_B // R_S}{1 + \beta} \approx \dfrac{r_{be} + R_B // R_S}{\beta} \quad (2\text{-}18)$$

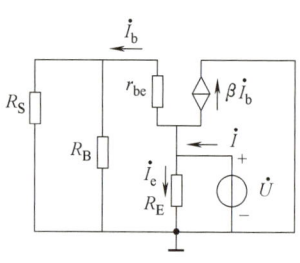

图 2-30　射极输出器的输出电阻分析

可见，射极输出器的 r_o 较小，仅为几十欧至几百欧。

综上所述，射极输出器具有三个特点：①电压放大倍数小于1且接近于1，即 u_o 跟随 u_i 变化；②输入电阻较高；③输出电阻较低。

基于以上三个特点，射极输出器广泛应用在电路的输入级、多级放大器的输出级或两级共射放大电路之间的隔离级等。由于射极输出器的输出电流是输入电流的 $1+\beta$ 倍，具有电流放大作用，所以有时也作为功率放大器用。

例 2-4　某射极输出器电路如图 2-31 所示，已知 $\beta = 120$，$U_{BE} = 0.7\text{V}$，$R_B = 300\text{k}\Omega$，$R_E = R_L = R_S = 1\text{k}\Omega$，$V_{CC} = 12\text{V}$。求静态工作点 Q、$\dot A_u$、r_i、r_o。

解：（1）求静态工作点 Q：

$$I_B = \dfrac{V_{CC} - U_{BE}}{R_B + (1+\beta)R_E} = \dfrac{12\text{V} - 0.7\text{V}}{300\text{k}\Omega + 121 \times 1\text{k}\Omega} \approx 27\mu\text{A}$$

$$I_E \approx \beta I_B = 3.2\text{mA}$$

$$U_{CE} = V_{CC} - I_E R_E = 12\text{V} - 3.2 \times 1\text{V} = 8.8\text{V}$$

（2）求 $\dot A_u$、r_i、r_o

$$r_{be} = 300\Omega + (1+\beta)\dfrac{26\text{mV}}{I_E} = 300\Omega + 121 \times \dfrac{26\text{mV}}{3.2\text{mA}} \approx 1.28\text{k}\Omega$$

$$R'_L = R_E // R_L = (1 // 1)\text{k}\Omega = 0.5\text{k}\Omega$$

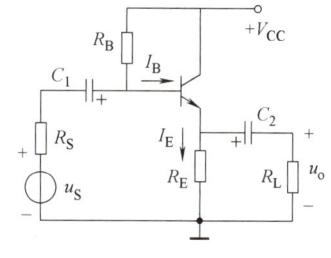

图 2-31　例 2-4 图

$$\dot A_u = \dfrac{(1+\beta)R'_L}{r_{be} + (1+\beta)R'_L} \approx 0.98$$

$$r_i = R_B // [r_{be} + (1+\beta)R'_L] = 300\text{k}\Omega // [1.28\text{k}\Omega + 121 \times 0.5\text{k}\Omega] = 51.22\text{k}\Omega$$

$$r_o = \dfrac{(r_{be} + R_B // R_S)}{\beta} \approx 19\Omega$$

M2-10 测试/射极输出器

2.5　多级放大电路

2.5.1　多级放大电路的结构与耦合方式

在实际工作中，为了放大非常微弱的信号，需要把若干个基本放大电路连接起来，组成多级放大电路，以获得更高的放大倍数和功率输出。

一般多级放大器由图 2-32 所示各部分电路组成。将多级放大电路中的每个单管放大电路称为"级",放大电路内部各级之间的连接方式称为"耦合"。多级放大电路常用的耦合方式有直接耦合、阻容耦合、变压器耦合和光电耦合。

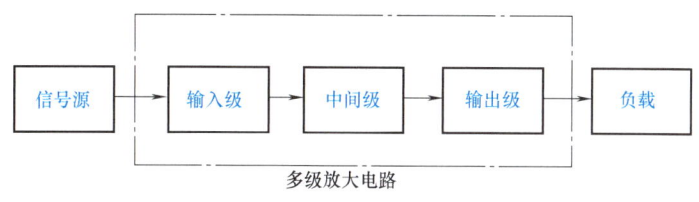

图 2-32　多级放大器一般结构框图

1. 直接耦合

直接耦合电路采用直接连接或电阻连接,不采用电抗性元件。直接耦合放大电路存在温度漂移(简称温漂),但因其低频特性好、能够放大变化缓慢的信号且便于集成而得到越来越广泛的应用。但直接耦合放大电路各级静态工作点之间会相互影响,应注意静态工作点的稳定问题。

2. 阻容耦合

将放大电路前一级的输出端通过电容接到后一级的输入端称为阻容耦合。阻容耦合放大电路利用耦合电容隔离直流,较好地解决了温漂问题,但其低频特性差,不便于集成,因此仅在分立元器件电路中采用。

3. 变压器耦合

将放大电路前一级的输出端通过变压器接到后一级的输入端或负载电阻上称为变压器耦合。采用变压器耦合也可以隔除直流,传递一定频率的交流信号,各级静态工作点 Q 互相独立。但低频特性差,不便于集成。变压器耦合的优点是可以实现输出级与负载的阻抗匹配,以获得有效的功率传输,常用于调谐放大电路或输出功率很大的功率放大电路中。

4. 光电耦合

以光信号为媒介实现电信号的耦合与传递称为光电耦合。光电耦合放大电路利用光电耦合器将信号源与输出回路隔离,两部分可采用独立电源且分别接不同的"地",因此,即使是远距离传输,也可避免各种电干扰。

多级放大器无论采用何种耦合方式,都必须满足以下几个基本要求:
1)保证信号能顺利地由前级传递到后级。
2)连接后仍能使各级放大器有正常的静态工作点。
3)信号在传递过程中失真要尽可能小,信号传输效率要高。

2.5.2　多级放大电路的动态分析

以两级阻容耦合放大电路为例,分析多级放大电路的动态参数。电路如图 2-33a 所示,其交流等效电路如图 2-33b 所示。

1. 输入电阻 r_i 和输出电阻 r_o

(1)输入电阻 r_i　根据分压式偏置放大电路的输入电阻计算式,得

第一级输入电阻:
$$r_{i1} = R_{B11} // R_{B12} // r_{be1}$$

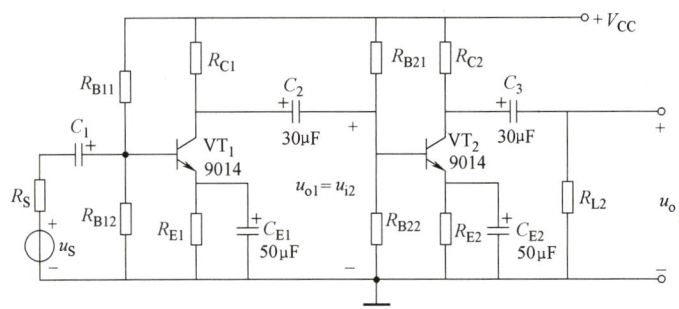

a) 两级阻容耦合放大电路

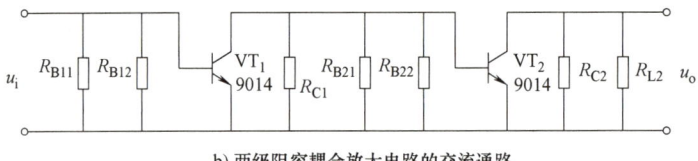

b) 两级阻容耦合放大电路的交流通路

图 2-33　两级阻容耦合放大电路及其交流通路

第二级输入电阻：
$$r_{i2} = R_{B21} // R_{B22} // r_{be2}$$

因为总的输入电阻就是第一级输入电阻，所以

$$r_i = r_{i1} \tag{2-19}$$

又因为后级的输入电阻，就是前级的负载，所以第一级总的负载电阻为

$$R'_{L1} = R_{C1} // r_{i2} \tag{2-20}$$

(2) 输出电阻 r_o　总的输出电阻就是最末级的输出电阻，有

$$r_o = r_{o2} = R_{C2} \tag{2-21}$$

2. 电压放大倍数 $\dot{A}_u$

第一级电压放大倍数为

$$\dot{A}_{u1} = -\beta_1 \frac{R'_{L1}}{r_{be1}}$$

第二级电压放大倍数为

$$\dot{A}_{u2} = -\beta_2 \frac{R'_{L2}}{r_{be2}}$$

式中，R'_{L2} 为第二级总的负载电阻，$R'_{L2} = R_{C2} // R_L$。

因为前级的输出电压等于后级的输入电压，所以总的电压放大倍数为

$$\dot{A}_u = \frac{\dot{U}_o}{\dot{U}_i} = \frac{\dot{U}_{o1}}{\dot{U}_i} \times \frac{\dot{U}_o}{\dot{U}_{i2}} = \dot{A}_{u1} \dot{A}_{u2} \tag{2-22}$$

即，两级放大器总的电压放大倍数 $\dot{A}_u$ 等于单独每级的电压放大倍数 $\dot{A}_{u1}$ 与 $\dot{A}_{u2}$ 的乘积。

同理，n 级放大器的放大倍数为

$$\dot{A}_u = \dot{A}_{u1} \dot{A}_{u2} \dot{A}_{u3} \cdots \dot{A}_{un}$$

综上可知，多级放大电路具有以下特点：
① 总的输入电阻 r_i 等于第一级的输入电阻 r_{i1}；
② 总的输出电阻 r_o 等于末级输出电阻 r_{on}；
③ 前级的输出电压等于后级的输入电压，如 $u_{o1} = u_{i2}$；
④ 后级的输入电阻对前级而言是负载，如 $R'_{L1} = R_{C1} // r_{i2}$；
⑤ 总的电压放大倍数等于各级电压放大倍数的乘积，即 $\dot{A}_u = \dot{A}_{u1}\dot{A}_{u2}\dot{A}_{u3}\cdots\cdots\dot{A}_{un}$。

例 2-5 设图 2-33a 所示两级阻容耦合放大电路中各元器件参数如下：$R_{B11} = 100\text{k}\Omega$，$R_{B12} = 27\text{k}\Omega$，$R_{E1} = 5.1\text{k}\Omega$，$R_{C1} = 12\text{k}\Omega$，$R_{B21} = 33\text{k}\Omega$，$R_{B22} = 8.2\text{k}\Omega$，$R_{E2} = 3\text{k}\Omega$，$R_{C2} = 3.3\text{k}\Omega$，$R_{L2} = 3\text{k}\Omega$，$C_1 = C_2 = 50\mu\text{F}$，$C_{E1} = C_{E2} = 100\mu\text{F}$，$\beta_1 = \beta_2 = 60$，$V_{CC} = 20\text{V}$，$U_{BE1} = U_{BE2} = 0.7\text{V}$，求放大器的输入电阻、输出电阻和电压放大倍数。

解：

因为
$$V_{B1} = \frac{V_{CC}}{R_{B11} + R_{B12}} R_{B12} = \frac{20\text{V}}{100\text{k}\Omega + 27\text{k}\Omega} \times 27\text{k}\Omega \approx 4.25\text{V}$$

$$V_{B2} = \frac{V_{CC}}{R_{B21} + R_{B22}} R_{B22} = \frac{20\text{V}}{33\text{k}\Omega + 8.2\text{k}\Omega} \times 8.2\text{k}\Omega \approx 4\text{V}$$

$$I_{E1} = \frac{V_{B1} - U_{BE1}}{R_{E1}} = \frac{4.25\text{V} - 0.7\text{V}}{5.1\text{k}\Omega} \approx 0.7\text{mA}$$

$$I_{E2} = \frac{V_{B2} - U_{BE2}}{R_{E2}} = \frac{4\text{V} - 0.7\text{V}}{3\text{k}\Omega} = 1.1\text{mA}$$

所以
$$r_{be1} = 300\Omega + (1 + \beta_1)\frac{26\text{mV}}{I_{E1}} \approx 2.57\text{k}\Omega$$

$$r_{be2} = 300\Omega + (1 + \beta_2)\frac{26\text{mV}}{I_{E2}} \approx 1.74\text{k}\Omega$$

所以
$$r_{i1} = R_{B11} // R_{B12} // r_{be1} = 2.29\text{k}\Omega$$

$$r_{i2} = R_{B21} // R_{B22} // r_{be2} = 1.38\text{k}\Omega$$

$$r_{o1} = R_{C1} // r_{i2} \approx r_{i2} = 1.38\text{k}\Omega$$

$$r_{o2} \approx R_{C2} = 3.3\text{k}\Omega$$

则
$$\dot{A}_{u1} = -\beta_1 \frac{R'_{L1}}{r_{be1}} = -\beta_1 \frac{R_{C1} // r_{i2}}{r_{be1}} = -28.9$$

$$\dot{A}_{u2} = -\beta_2 \frac{R'_{L2}}{r_{be2}} = -\beta_2 \frac{R_{C2} // R_{L2}}{r_{be2}} = -54.2$$

3. 多级阻容耦合放大器的幅频特性

放大器的幅频特性是放大电路放大倍数的大小随频率变化的关系曲线。一般来讲，多级放大器是由幅频特性相同的单级放大器组成的，其幅频特性是各单级幅频特性的综合结果，如图 2-34 所示。

在图 2-34 中，纵坐标为电压增益，单位为分贝（dB）；f_L、f_H 分别表示电压增益下降至 70.7% 时的下限截止频率与上限截止频率；B 表示通频带，即上、下限截止频率之间的频率宽度。显然，多级放大器的带宽小于构成它的任一个单级放大器的带宽。所以，多级放大器虽然能使放大器的放大倍数大幅度地提高,但是其带宽变窄了。

*2.5.3 多级放大电路设计

1. 设计要求

设计一个放大电路。要求各级输出电阻均低于 10Ω,电源电压为 12V,$U_i \leq 5\text{mV}$,信号源内阻为 50Ω,$R_L = 5.1\text{k}\Omega$。要求满足输入电阻大于 $10\text{k}\Omega$,电压放大倍数大于 250 倍,通频带为 50Hz~50kHz,失真率小于 5%。

2. 设计步骤与原则

（1）设计前分析

1）从设计指标要求看,设计该放大电路应从电压放大倍数、输入电阻和减小失真等方面考虑,至于通频带,由于要求不高,一般较容易达到,设计时可暂不考虑。

2）设计要求该放大电路是对小信号放大且放大倍数不高,同时为了稳定工作点,采用两级分压式偏置的共发射极放大电路即可达到设计要求。

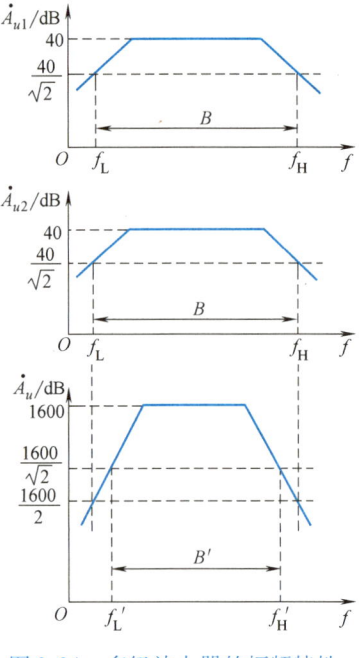

图 2-34 多级放大器的幅频特性

3）为了满足输入电阻和失真度小于 5% 的要求,各级发射极需要引入交流串联负反馈,以稳定静态工作点。

4）在指标中,上限频率为 50kHz,要求不高,故可选用一般的小功率晶体管。

（2）放大级数的确定　多级放大电路的级数主要根据对电路的电压增益（放大倍数）要求来确定。从指标要求看,电压放大倍数 $\dot{A}_u > 250$,由此确定放大电路的级数只需要两级就可以满足设计要求。

（3）电路形式的选择　电路形式要考虑的因素主要包括：是小信号放大型还是大信号（功率）放大型；各级放大电路的组态及级间信号的耦合方式等。从设计指标上,可以看出该电路是一个小信号电压放大电路,两级电路可以采用具有稳定静态工作点的分压式偏置共射放大电路,级与级之间的信号耦合方式采用阻容耦合方式。

（4）电压放大倍数的分配　任务要求 $\dot{A}_u > 250$,设计计算时可取 $\dot{A}_u = 300$,一般前级放大倍数要小,后级可以较大,其中,取第一级电压放大倍数 $\dot{A}_{u1} = 30$,第二级电压放大倍数 $\dot{A}_{u2} = 100$。

（5）半导体器件的选择　半导体器件根据电路输出信号幅度、通频带、输入阻抗及电路的某些指标要求来选择。

在给定指标中,电路为小信号放大,对电路噪声没有特别要求,上限频率 $f_H = 50\text{kHz}$,要求不高,故可选取 9013NPN 型晶体管,测量值取 $\beta = 150$。

（6）各级静态工作点的设定　U_{CEQ} 的选择要考虑到电路在正常工作范围应使输出电压幅值 U_{om} 足够大,同时在满足放大倍数的前提下,输出电压不应出现饱和失真,为此,U_{CEQ} 应满足：

$$U_{CEQ} > U_{om} + U_{CE(sat)}$$

式中，$U_{CE(sat)}$ 为输出电压饱和值，对硅管可取 0.7V。第一级 U_{CEQ1} 可选小些，第二级 U_{CEQ2} 可选大些。

对于 I_{CQ} 的取值，则主要根据 $I_{CQ} \geqslant I_{CM} + I_{CEQ}$ 来确定。其中，I_{CM} 为小信号放大后输出电流的幅值；I_{CEQ} 为穿透电流，即基极电流为零且集电结反偏时的集电极电流。由于 I_{CM} 较小，且从减少噪声及降低直流功率损耗的角度出发，两级信号放大电路的工作电流应选小些，并取前一级电流小于后一级电流。

第一级静态工作点的确定：由指标 $r_i > 10\text{k}\Omega$ 的要求确定 r_{be1} 和 I_{CQ1} 的值，由 I_{CQ1} 确定 I_{BQ1}，选定 I_{CQ1} 和 U_{CEQ1} 的值。第二级静态工作点的确定：由 $I_{CQ2} > I_{CQ1}$ 和 $U_{CEQ2} > U_{CEQ1}$ 选定 I_{CQ2} 和 U_{CEQ2} 的值。

(7) 偏置电路的设计与计算

1) 偏置电阻 R_{B1}、R_{B2} 值的选择。由电源电压 V_{CC} 的值和前面确定的静态工作点数值确定 V_B 值，从而选择基极偏置电阻 R_{B2} 和 R_{B1} 的阻值大小。

2) 发射极电阻 R_E 的选择。由下面公式计算所需发射极电阻的大小：

$$R_E = \frac{V_B - U_{BE}}{I_E}$$

3) 集电极电阻 R_C 的选择。集电极电阻 R_C 的选择原则：一是要满足放大倍数要求，二是不能产生饱和失真。根据电压放大倍数的计算公式 $\dot{A}_u = -\frac{\beta R'_L}{r_{be}}$ 或 $R_C = \frac{V_{CC} - U_{CE} - V_E}{I_C}$ 可以计算出集电极电阻 R_C 的值。

4) 各电容值的选择。耦合电容 C_1 和 C_2 的作用是隔离直流耦合交流，对交流信号应是近似短路，所以耦合电容的阻抗应远小于与之串联的电阻，旁路电容阻抗应远小于与之并联的等效电阻。

一般情况下，应根据下限截止频率 f_L 选择耦合电容 C_1、C_2 和旁路电容 C_E，根据上限频率 f_H 选择输出电容 C_3。在本电路中，电容的耐压值应取实际工作电压的 2 倍以上。

(8) 指标核算与电路确定　　指标核算是指根据已设计的电路参数逐级进行理论计算，核算各项指标（静态工作点 Q、$\dot{A}_u$、r_i、r_o、f_L、f_H 等）是否满足设计要求，否则需要重新设计计算。

尤其是对静态及动态指标均有影响的电路参数，须通过指标核算确认其取值是否合理。两级放大电路静态工作点的核算。如第一级的核算：

$$I_{C1} = \beta_1 I_{B1} = \beta_1 \frac{\frac{R_{B2}}{R_{B1} + R_{B2}} V_{CC} - 0.7\text{V}}{(1 + \beta_1) R_{E1}}$$

$$U_{CE1} = V_{CC} - I_{C1} R_{C1} - (1 + \beta_1) \frac{I_{C1}}{\beta_1} R_{E1}$$

与上述取值比较，看是否符合设计要求。如符合要求，则核算 r_i、$\dot{A}_u$ 等是否符合任务要求，否则需要重新设计计算。

根据任务要求和多级放大电路设计的原则，设计出图 2-35 所示的两级放大电路。其中，晶体管均采用 9013NPN 型晶体管。

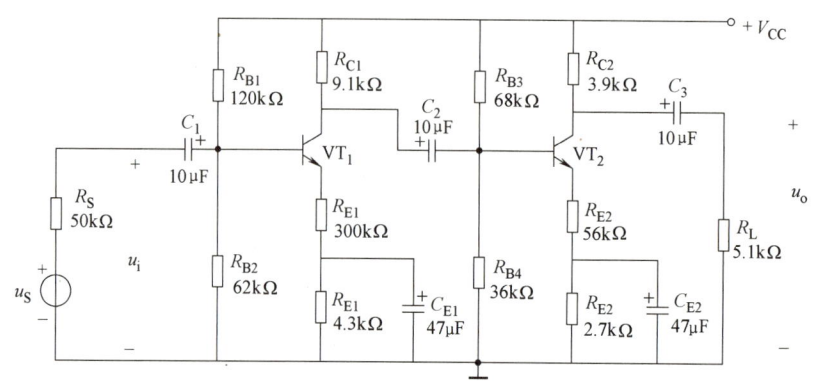

图 2-35 两级放大电路设计图

2.6 场效应晶体管及其放大电路

场效应晶体管（FET）是利用控制输入回路的电场效应来控制输出电流的一种半导体器件。由于工作时只有一种类型的载流子（多数载流子）参与导电，故又称为单极型晶体管，而前面介绍的晶体管为双极型晶体管。场效应晶体管既可用于放大和阻抗变换，也可作为可变线性电阻、恒流源和电子开关使用。图 2-36 所示为常见场效应晶体管实物。

图 2-36 常见场效应晶体管实物

2.6.1 场效应晶体管的特点与分类

1. 场效应晶体管的特点

表 2-2 为场效应晶体管与晶体管的对比。

表 2-2 场效应晶体管与晶体管的对比

项目	场效应晶体管	晶体管
控制方式	电压控制型，栅极基本不取电流	电流控制型，基极为控制电极
输入阻抗	高（$10^8 \sim 10^{15}\,\Omega$），输入电流极小	低，需要一定的基极电流
载流子	主要由多数载流子导电，称为单极型晶体管	由多数和少数载流子共同导电，称为双极型晶体管
类型	N 沟道和 P 沟道两种	NPN 型和 PNP 型两种
放大参数	g_m 从几毫西到几百毫西	$\beta = 20 \sim 200$
温度稳定性	温度稳定性较好，受温度影响较小	较差，受温度影响较大
噪声水平	低	较高
开关速度	较快，适合高频应用	较慢，适合低频应用
功耗	低	较高
集成度	高，适合大规模集成电路	相对较低
应用场景	高频放大、高速开关、数字逻辑电路等	弱信号放大、开关和振荡等电路，如放大器、调制解调器、计算机处理器等

综合上述对比，场效应晶体管在输入阻抗、控制方式、温度稳定性、噪声水平和功耗等方面优于晶体管，尤其适合高频低功耗的应用场合。晶体管则在某些传统应用中表现优异，尤其是在需要高电流增益和较低电压驱动的场合。设计电路时，应根据具体的应用需求和性能指标选择合适的器件。

2. 场效应晶体管的分类

场效应晶体管的种类较多，可以按不同的方式进行分类。

（1）按结构不同分类　有结型场效应晶体管和绝缘栅场效应晶体管两大类。

（2）按沟道半导体材料不同分类　有 N 沟道场效应晶体管和 P 沟道场效应晶体管两种。

（3）按导电方式不同分类　有增强型场效应晶体管和耗尽型场效应晶体管两类。结型场效应晶体管均为耗尽型的，绝缘栅场效应晶体管既有耗尽型的，也有增强型的。

绝缘栅场效应晶体管制造工艺简单，目前广泛应用于集成电路和数字电路中，下面重点介绍这种场效应晶体管。

2.6.2　绝缘栅场效应晶体管

绝缘栅场效应晶体管是利用金属（Metal）、氧化物（Oxide）和半导体（Semiconductor）制作的，简称 MOSFET。它有增强型和耗尽型两类，每类又有 N 沟道和 P 沟道两种，分别是 N 沟道增强型 MOSFET、P 沟道增强型 MOSFET、N 沟道耗尽型 MOSFET 和 P 沟道耗尽型 MOSFET 四种。

1. MOSFET 的结构及图形符号

N 沟道增强型 MOSFET 的结构如图 2-37a 所示。它是在一块掺杂浓度较低的 P 型衬底上用光刻、扩散工艺制作两个高掺杂浓度的 N^+ 区，并用金属铝引出两个电极，分别称作漏极 D 和源极 S；然后在半导体表面覆盖一层很薄的二氧化硅（SiO_2）绝缘层，在漏-源极之间的绝缘层上再装一个铝电极，称作栅极 G；另外，在衬底上也引出一个电极 B，它的栅极与其他电极间是绝缘的，栅-源极间的电阻特别高，故被称为绝缘栅场效应晶体管，简称 IGFET。图 2-37b 所示为 N 沟道增强型 MOSFET 的图形符号，漏-源极之间相当于两个背靠背的 PN 结，即静态时无导电沟道，所以漏-源极之间的线是虚线，其箭头方向表示由 P（衬底）指向 N（沟道）。衬底 B 通常在管内与源极 S 相连接。

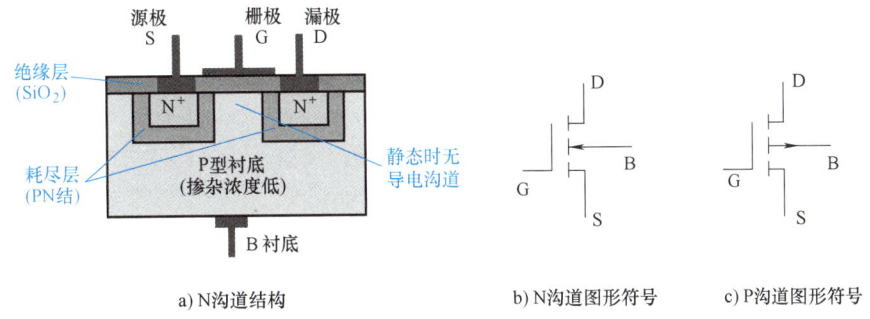

图 2-37　增强型 MOSFET 的结构及图形符号

P 沟道增强型 MOSFET 的各部分材料与 N 沟道增强型 MOSFET 的对应相反，其图形符号如图 2-37c 所示，同样，漏-源极之间的线也是虚线，其箭头方向表示由 P（沟道）指向 N（衬底）。

N 沟道耗尽型 MOSFET 的结构如图 2-38a 所示。它和 N 沟道增强型 MOSFET 的结构基本相同，主要区别是预先在 SiO_2 绝缘层中掺入了正离子，这些正离子在 P 型衬底中"感应"负电荷，形成"反型层"，反型层将两个高掺杂浓度区连通，即静态时有导电沟道。N 沟道耗尽型 MOSFET 的图形符号如图 2-38b 所示，漏-源极之间的线是实线，同样，其箭头方向表示由 P（衬底）指向 N（沟道）。

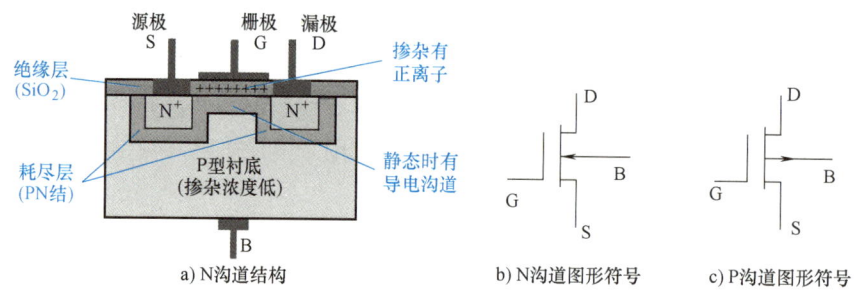

图 2-38　耗尽型 MOSFET 的结构及图形符号

P 沟道耗尽型 MOSFET 的各部分材料与 N 沟道耗尽型 MOSFET 的对应相反，其图形符号如图 2-38c 所示，同样，漏-源极之间的线是实线，其箭头方向表示由 P（沟道）指向 N（衬底）。

2. MOSFET 的工作原理

绝缘栅场效应晶体管共有 4 种类型，它们的工作原理相似，下面以 N 沟道增强型 MOSFET 为例进行介绍。

在图 2-37a 中，N 沟道增强型 MOSFET 在栅-源极电压 $u_{GS}=0$ 时无导电沟道，即 $i_D=0$。在图 2-39 所示的 N 沟道增强型 MOSFET 工作原理接线图中，在栅-源极之间加上正向电压 u_{GS}，通过改变 u_{GS} 在氧化层下方的半导体表面形成一个电荷积累层，这个层被称为"反型层"，从而在漏-源极之间建立一条导电路径，也称为"导电沟道"，即 N 沟道。开始形成反型层时，所加的正向栅-源极电压 u_{GS} 记作 $U_{GS(th)}$，称为开启电压。导电沟道形成后，在漏-源极加上电压 u_{DS} 后，漏-源极之间就有电流 i_D 产生。i_D 的大小受 u_{GS} 的控制，随着 u_{GS} 的增大，反型层中的电子增多，沟道变宽，i_D 就会逐渐增大，故称为增强型 MOSFET。

u_{DS} 对导电有一定的影响。反型层的形状是楔形的，这是因为电压 u_{DS} 使沟道内电场分布不均匀造成的。当 u_{DS} 较小，且 $u_{GD}>U_{GS(th)}$ 时，i_D 随 u_{DS} 呈线性增加；当 u_{DS} 较大，且 $u_{GD}=U_{GS(th)}$ 时，在漏极处沟道消失，称为预夹断；当 u_{DS} 再增大，且 $u_{GD}<U_{GS(th)}$ 时，夹断区向左延伸，此时，i_D 具有恒流特性。

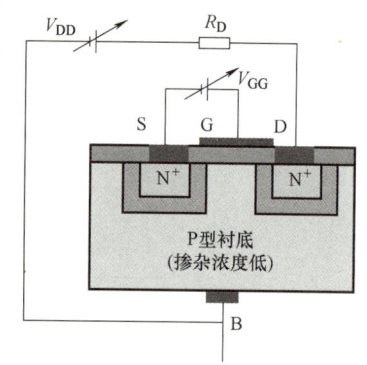

图 2-39　N 沟道增强型 MOSFET 工作原理接线图

3. MOSFET 的转移特性和输出特性

与晶体管一样，场效应晶体管的特性可用特性曲线来表示。u_{GS} 和 i_D（u_{DS} 为一定值时）的关系称为转移特性，如图 2-40a 所示，与晶体管的输入特性曲线对应。场效应晶体管的漏-源极电压 u_{DS} 和漏-源极电流 i_D（u_{GS} 为一定值时）的关系称为输出特性，如图 2-40b 所示，与晶体管的输出特性曲线对应。

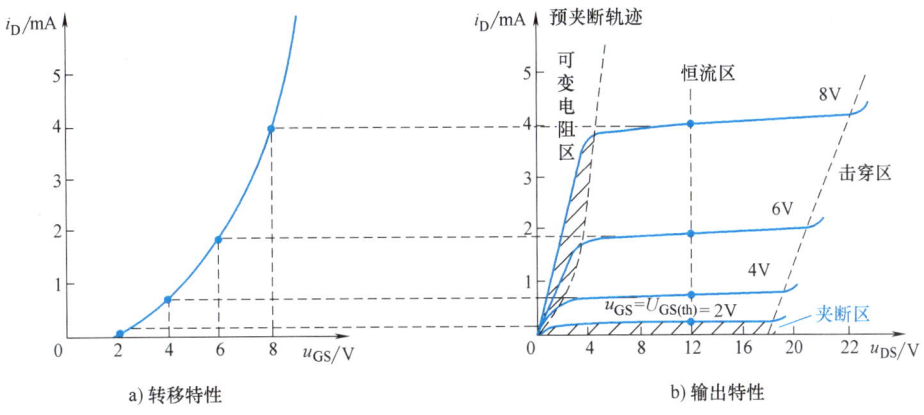

图 2-40　N 沟道增强型 MOSFET 的特性曲线

(1) **转移特性**　转移特性是指在 u_{DS} 为定值的条件下，u_{GS} 对 i_D 的控制特性，即

$$i_D = f(u_{GS}) \big|_{u_{DS} = 常数} \tag{2-23}$$

由图 2-40a 所示的转移特性曲线可见，当 $u_{GS} < U_{GS(th)}$ 时，导电沟道没有形成，$i_D = 0$。当 $u_{GS} > U_{GS(th)}$ 时，开始形成导电沟道，并随着 u_{GS} 的增大，导电沟道变宽，沟道电阻变小，电流 i_D 增大。

(2) **输出特性**　输出特性是指在 u_{GS} 一定的情况下，i_D 与 u_{DS} 之间的关系，即

$$i_D = f(u_{DS}) \big|_{u_{GS} = 常数} \tag{2-24}$$

从图 2-40b 所示的输出特性曲线可以看出，与晶体管一样，场效应晶体管工作时，也分为以下四个区域。

1) **可变电阻区**。场效应晶体管工作在这个区域，其导电沟道畅通，漏-源极之间相当于一个受栅极电压 u_{GS} 控制的可变电阻。

2) **恒流区（饱和区）**。场效应晶体管工作在这个区域，只要栅极电压 u_{GS} 保持一定，漏-源极之间的电压 u_{DS} 即使有较大数值的改变，漏极电流 i_D 也几乎不变。在这个区域内，i_D 只受 u_{GS} 的控制。这里应注意和晶体管特性相区别，晶体管的饱和区相似于这里的可变电阻区，而晶体管的放大区相当于这里的饱和区。场效应晶体管在作为放大器使用时应工作在饱和区，只有这个区才能有效地放大信号。

3) **夹断区**。当栅极电压 $u_{GS} < U_{GS(th)}$ 时，导电沟道被夹断，漏极电流 i_D 几乎为零（通常不大于 5μA）。

4) **击穿区**。当 u_{DS} 增加到一定值时，则与晶体管相似，反偏的 PN 结将被击穿，这时 i_D 迅速增加，如无限流措施，场效应晶体管就会被损坏。

P 沟道增强型 MOSFET 的工作原理及特性曲线与 N 沟道增强型 MOSFET 相类似，但在

使用时应注意，P 沟道增强型 MOSFET 的外加电压 u_{DS}、u_{GS}的极性和漏极电流 i_D的方向与 N 沟道增强型 MOSFET 的完全相反。

为了便于比较，下面将各种场效应晶体管的图形符号及 i_D方向、转移特性曲线和输出特性曲线列于表 2-3 中。

表 2-3 各种场效应晶体管的图形符号及 i_D方向、转移特性曲线和输出特性曲线

种类		图形符号及 i_D 方向	转移特性曲线	输出特性曲线
结型 N 沟道	耗尽型	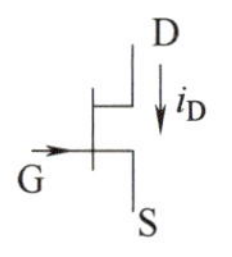D iD G S	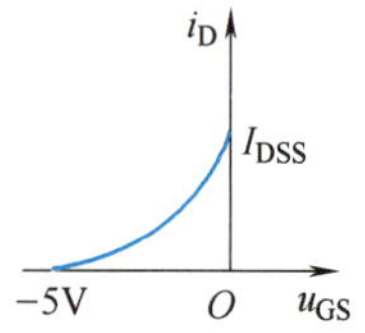iD IDSS −5V O uGS	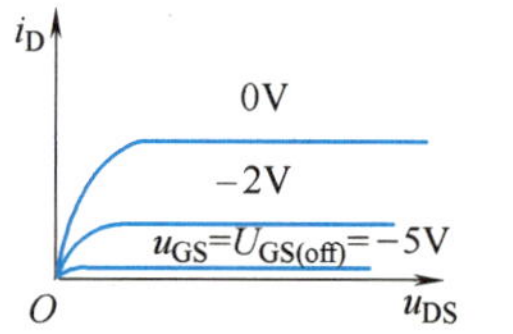iD 0V −2V uGS=UGS(off)=−5V O uDS
结型 P 沟道	耗尽型	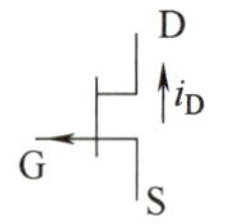D iD G S	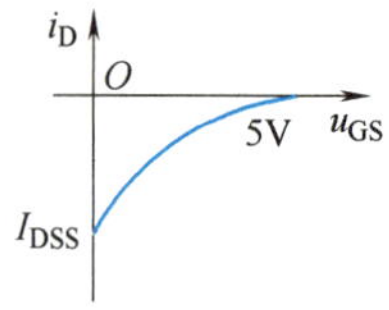iD O 5V uGS IDSS	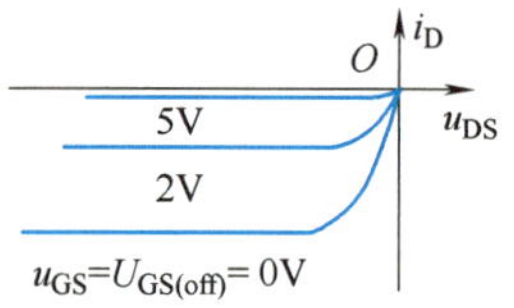O iD 5V uDS 2V uGS=UGS(off)= 0V
绝缘栅 N 沟道	增强型	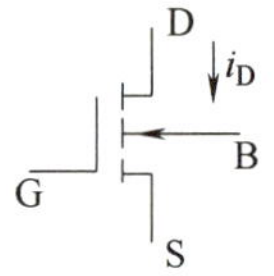D iD B G S	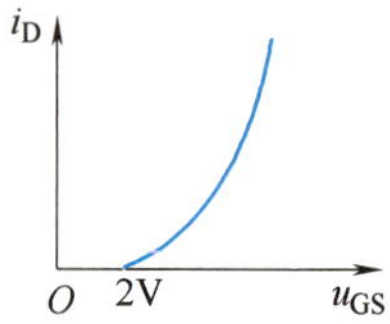iD O 2V uGS	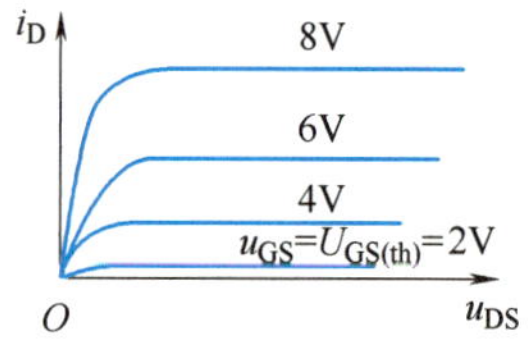iD 8V 6V 4V uGS=UGS(th)=2V O uDS
	耗尽型	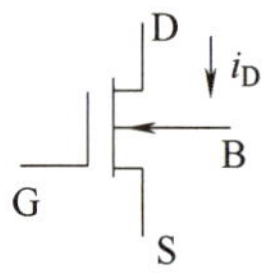D iD B G S	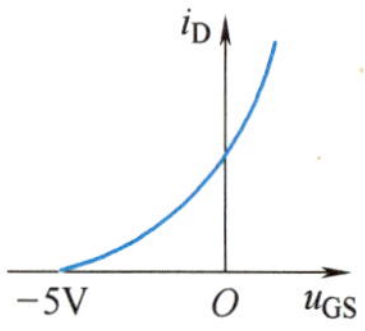iD −5V O uGS	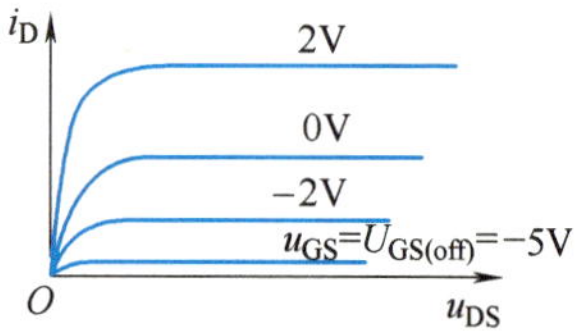iD 2V 0V −2V uGS=UGS(off)=−5V O uDS
绝缘栅 P 沟道	增强型	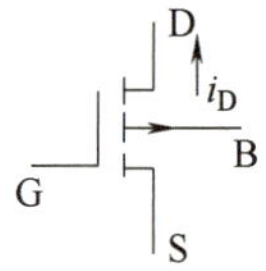D iD B G S	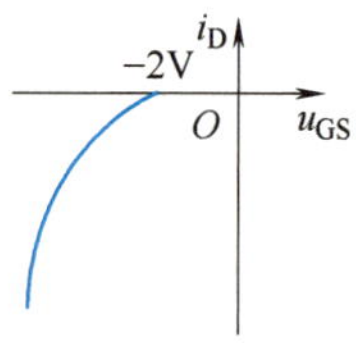−2V iD O uGS	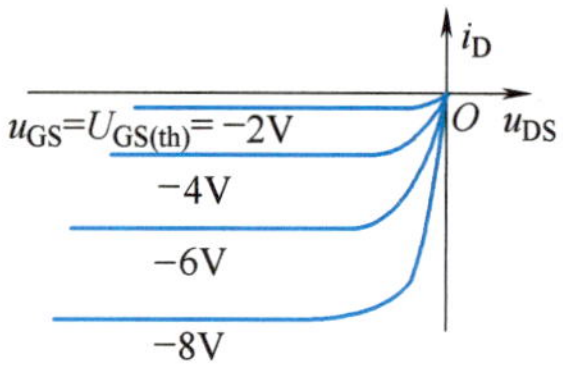iD uGS=UGS(th)= −2V O uDS −4V −6V −8V
	耗尽型	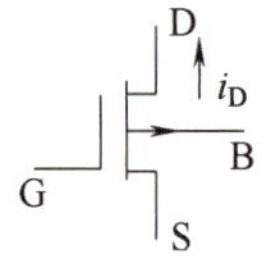D iD B G S	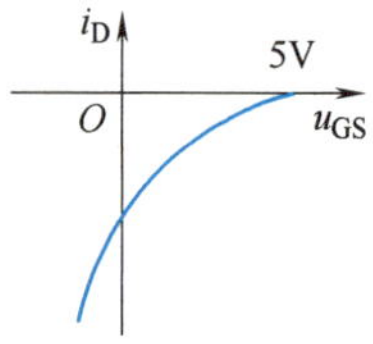iD 5V O uGS	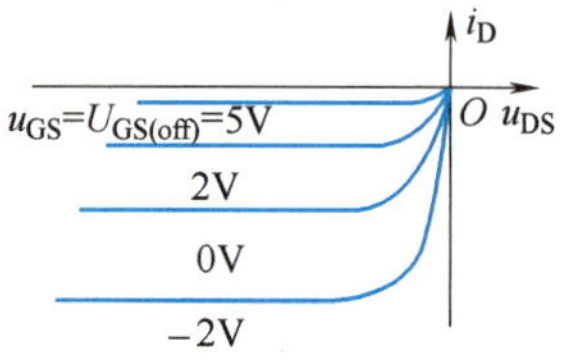iD uGS=UGS(off)=5V O uDS 2V 0V −2V

例 2-6 已知场效应晶体管的输出特性曲线如图 2-41 所示。试分析各管的类型。

解： a) $i_D>0$（或 $u_{DS}>0$），则该管为 N 沟道；$u_{GS}<0$，故为结型场效应晶体管（JFET）（耗尽型）。

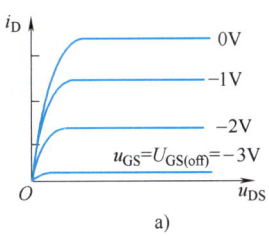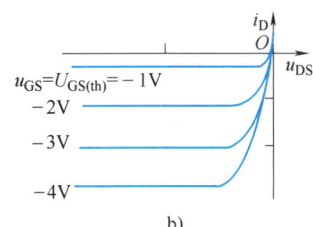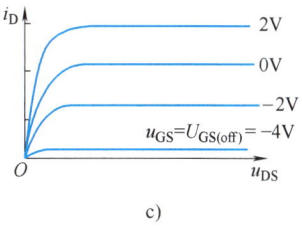

图 2-41 场效应晶体管的输出特性曲线

b) $i_D<0$（或 $u_{DS}<0$），则该管为 P 沟道；$u_{GS}<0$，故为增强型 MOSFET。

c) $i_D>0$（或 $u_{DS}>0$），则该管为 N 沟道；u_{GS} 可正、可负，故为耗尽型 MOSFET。

4. MOSFET 的主要参数

（1）低频跨导 g_m　是表示电压 u_{GS} 对漏极电流 i_D 的控制作用及场效应晶体管放大作用的参数，单位为 S（西门子），即

$$g_m = \frac{\Delta i_D}{\Delta u_{GS}} \quad 或 \quad g_m = \frac{d i_D}{d u_{GS}} \tag{2-25}$$

g_m 即转移特性曲线上工作点切线的斜率，是表征场效应晶体管放大能力的一个重要参数，一般在零点几至几十毫西范围内。

（2）开启电压 $U_{GS(th)}$ 或夹断电压 $U_{GS(off)}$　指漏-源极电压 u_{DS} 为某定值，开始出现微小漏极电流 i_D 所需的栅极电压 u_{GS} 值。对于增强型 MOSFET，称为开启电压；对于耗尽型 MOSFET，称为夹断电压。

（3）饱和漏极电流 I_{DSS}　指工作在放大区的耗尽型 MOSFET 和 JFET（结型）在 $u_{GS}=0$ 时的漏极电流。

（4）输入电阻 R_{GS}　指在一定栅-源极电压 u_{GS} 下，栅-源极之间的直流电阻。由于场效应晶体管几乎不存在栅极电流，所以这个电阻很大，甚至超过 $10^{10}\Omega$。

（5）最大漏极电流 I_{DM}　指场效应晶体管工作时允许的最大电流值。

（6）最大耗散功率 P_{DM}　指场效应晶体管工作时，允许通过的漏极电流 i_D 与漏-源极电压 u_{DS} 乘积的最大值，其值受场效应晶体管最高工作温度的限制。

（7）漏极击穿电压 $U_{DS(BR)}$ 和栅极击穿电压 $U_{GS(BR)}$　指漏-源极之间和栅-源之极间各自能承受的最高电压。场效应晶体管工作时应按相应的规定值使用。

注意：对于 MOSFET，栅-源极之间的电容量很小，R_{GS} 很大，感应电荷的高压容易使很薄的绝缘层击穿，造成场效应晶体管的损坏。因此，无论是工作中还是存放 MOSFET 时，都应为栅-源极提供直流通路，避免栅极悬空。在焊接时，也要将电烙铁良好接地。

2.6.3　场效应晶体管放大电路

1. 场效应晶体管放大电路组态

由于场效应晶体管也具有放大作用，而且场效应晶体管还具有输入电阻高、噪声低、受外界温度及辐射影响小等特点，所以工程中常用它来组成放大电路。

和晶体管相比，场效应晶体管的源极 S、栅极 G 和漏极 D 可分别与晶体管的发射极 E、基极 B 和集电极 C 一一对应。作为放大电路的核心元件，场效应晶体管和晶体管一样，都

是非线性元件。前面介绍的用于分析计算晶体管放大电路的图解法和交流小信号微变等效电路等方法通常也可用于场效应晶体管放大电路。晶体管放大电路有共射、共集和共基三种基本组态，类似地，场效应晶体管放大电路也有共源、共栅、共漏三种基本组态。

（1）共源放大电路　在共源极配置中，源极接地（或连接到参考电压上），输入信号施加于栅极，输出信号从漏极取出。这种配置能提供较高的电压增益和电流增益，适用于大多数放大的需求。

（2）共栅放大电路　在共栅极配置中，栅极接地，输入信号施加于源极，输出信号从漏极取出。这种配置具有高的输入阻抗和低输出阻抗，适用于高频放大器。

（3）共漏放大电路　在共漏极配置中，漏极连接到电源电压，输入信号施加于栅极，输出信号从源极取出。这种配置的电压增益接近于1，但具有高输入阻抗和稳定的输出阻抗，适用于缓冲器和阻抗匹配。

2. 共源放大电路分析

场效应晶体管的共源放大电路和晶体管的共射极放大电路在电路结构上类似，为了确保 MOSFET 在静态时工作在恒流区（饱和区，又称为放大区），需要设计适当的偏置电路。常见的偏置电路有自给偏压偏置电路和分压式偏置电路，分别如图 2-42a 和 b 所示。

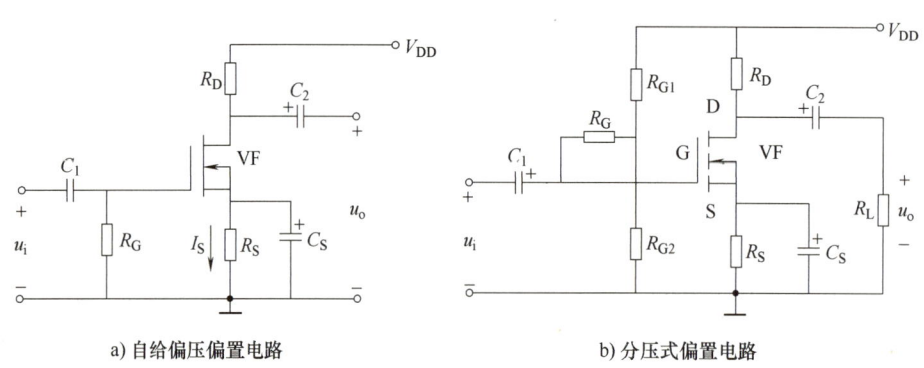

a) 自给偏压偏置电路　　　　b) 分压式偏置电路

图 2-42　N 沟道 MOSFET 的共源放大电路

（1）自给偏压偏置电路　图 2-42a 为 N 沟道耗尽型 MOSFET 的共源放大电路，是典型的自给偏压偏置电路。它利用源极电阻 R_S 上的电压降设定栅-源极电压 U_{GS}，这种方法简单且适用于温度变化的环境，但增益会受到源极电阻 R_S 的影响。

源极电流 I_S（等于 I_D）流经源极电阻 R_S，在 R_S 上产生压降 $I_S R_S$，栅-源极电压 U_{GS} 为

$$U_{GS} = U_G - U_S = 0 - I_S R_S \tag{2-26}$$

U_{GS} 为栅-源极提供了一个负偏压，故称为自给偏压偏置电路。

应该指出，这种自给偏压偏置电路只适用于由耗尽型场效应晶体管组成的放大电路，而不能用于由增强型场效应晶体管组成的放大电路，因为增强型场效应晶体管在 $u_{GS} = 0$ 时无漏极电流，只有当 $u_{GS} > U_{GS(th)}$ 时才有漏极电流产生。

（2）分压式偏置电路　图 2-42b 为 N 沟道增强型 MOSFET 的共源放大电路，是典型的分压式偏置电路。分压式偏置电路使用外部电阻来设定栅-源极电压，以提供更稳定的偏置点和更高的增益。输入信号施加于栅极，输出信号从漏极取出。分压式偏置电路适用于由增强型和耗尽型场效应晶体管组成的放大电路。

场效应晶体管放大电路的构成及其分析方法与晶体管放大电路相似。共源分压式偏置放大电路的直流通路如图 2-43 所示，R_{G1} 和 R_{G2} 为分压电阻，静态时，由于栅极电流为零，所以电阻 R_G 中没有电流通过。

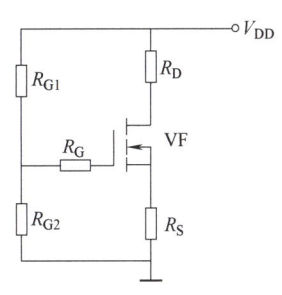

图 2-43　直流通路

1）静态分析。

栅极电位为

$$V_G = \frac{R_{G2}}{R_{G1}+R_{G2}}V_{DD} \tag{2-27}$$

对 N 沟道耗尽型 MOSFET，U_{GS} 为负值，所以 $I_D R_S > V_G$；对 N 沟道增强型 MOSFET，U_{GS} 为正值，所以，$I_D R_S < V_G$。

$$I_D = \frac{U_S}{R_S} \approx \frac{V_G}{R_S} \tag{2-28}$$

$$U_{DS} = V_{DD} - I_D(R_D + R_S) \tag{2-29}$$

2）动态分析。共源分压式偏置放大电路的交流通路如图 2-44 所示。当输入端加上交流信号 u_i 时，栅-源极电压就要发生变化，其变化量 $u_{gs}=u_i$，从而引起漏极电流和输出端电压 u_o 发生相应的变化。当 u_i 作用时，将引起漏极电流增量 i_d。

输出电压为

$$u_o = -i_d R'_L = -g_m u_{gs} R'_L \tag{2-30}$$

式中，$R'_L = R_D // R_L$，当没有负载时，$R'_L = R_D$。

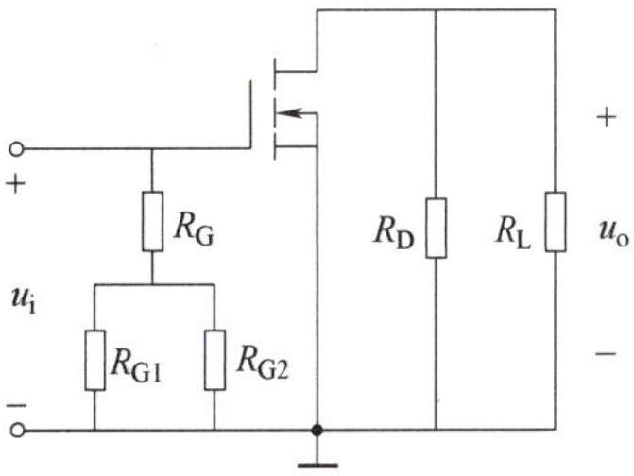

放大电路的电压放大倍数为

$$\dot{A}_u = \frac{u_o}{u_i} = -\frac{g_m u_{gs} R'_L}{u_{gs}} = -g_m R'_L \tag{2-31}$$

式中，负号表示输出电压与输入电压相位相反。

放大电路的输入电阻为

$$r_i = R_G + (R_{G1} // R_{G2}) \tag{2-32}$$

通常为使静态值较为稳定，R_{G1} 和 R_{G2} 的阻值取得比较小，所以

$$r_i = R_G + (R_{G1} // R_{G2}) \approx R_G \tag{2-33}$$

选择大阻值（1MΩ 以上）的 R_G 就不会使输入电阻降低过多。输入电阻大是场效应晶体管放大电路的突出优点。

放大电路的输出电阻为

$$r_o = R_D \tag{2-34}$$

图 2-44　交流通路

例 2-7　某共源极场效应晶体管放大电路如图 2-45 所示。已知：$V_{DD}=20V$，$R_D=5k\Omega$，$R_S=5k\Omega$，$R_L=5k\Omega$，$R_G=1M\Omega$，$R_{G1}=300k\Omega$，$R_{G2}=100k\Omega$，$g_m=5mA/V$。求静态工作点及电压放大倍数 $\dot{A}_u$、输入电阻 r_i 和输出电阻 r_o。

解：求静态工作点：

$$V_G = \frac{R_{G2}}{R_{G1}+R_{G2}}V_{DD} = \frac{100k\Omega}{300k\Omega+100k\Omega}\times 20V = 5V$$

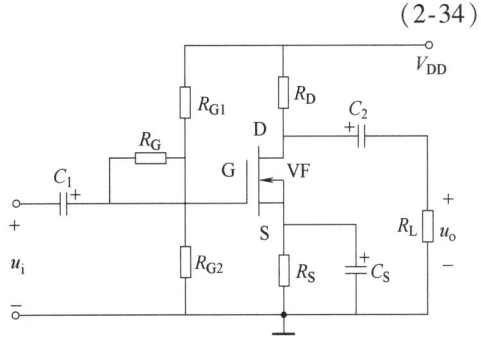

图 2-45　例 2-7 图

$$I_D = \frac{U_S}{R_S} \approx \frac{V_G}{R_S} = \frac{5\text{V}}{5\text{k}\Omega} = 1\text{mA}$$

$$U_{DS} = V_{DD} - I_D(R_D + R_S) = 20\text{V} - 1\text{mA} \times (5\text{k}\Omega + 5\text{k}\Omega) = 10\text{V}$$

求电压放大倍数：

$$R'_L = R_D // R_L = 5\text{k}\Omega // 5\text{k}\Omega = 2.5\text{k}\Omega$$

$$\dot{A}_u = -g_m R'_L = -5\text{mA/V} \times 2.5\text{k}\Omega = -12.5$$

输入电阻为

$$r_i = R_G + (R_{G1} // R_{G2}) = 1000\text{k}\Omega + 300\text{k}\Omega // 100\text{k}\Omega = 1075\text{k}\Omega$$

输出电阻为

$$r_o = R_D = 5\text{k}\Omega$$

科学家与科学故事：高鼎三在半导体器件上的研究

高鼎三（1914.7.24—2002.6.13，见图2-46），江苏宜兴人，出生于上海，著名的半导体物理与器件学家，中国半导体器件物理和光电子学开拓者，领导创建了我国首个半导体系。1941 年从国立西南联合大学毕业；1947 年赴美国加利福尼亚大学研究院留学，先后获得硕士、博士学位；1955 年 5 月乘"威尔逊总统号"轮船回到中国；回国后，到东北人民大学任教，在国内首先研制成大功率整流器、点接触二极管、晶体管、光电二极管，较早研制成功 GaAs 激光器、500A、2500V 大功率晶闸管。在 1986 年国务院召开的"863"计划专家座谈会上，他建议把光电子技术列为高技术的独立项目。1995 年当选为中国工程院院士。

图 2-46 半导体物理与器件学家高鼎三

2.7 任务实施

M2-13 微课/共射极电流放大作用仿真

2.7.1 晶体管直流电流放大倍数与输出特性研究

场地：机房或多媒体教室。

器材：计算机、Multisim 仿真软件。

知识点复习：晶体管。

实施过程：我们知道晶体管在放大区，基极电流 I_B 对集电极电流 I_C 具有控制作用，基极电流变化，集电极电流也跟着变化；基极电流不变，即使输出回路电压 U_{CE} 变化，集电极电流 I_C 也不变。通过实验观察并进行测量，分析晶体管直流电流放大倍数与输出特性。

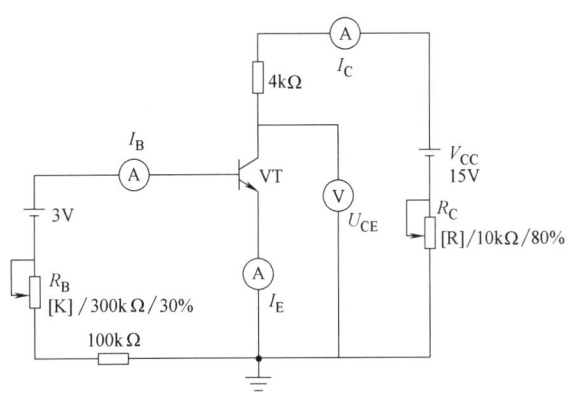

图 2-47　晶体管输出特性研究电路

1）在 Multisim 仿真平台上搭建图 2-47 所示电路。

2）根据表 2-4 所列的测量项目，用直流电流表、电压表测量输入电流 I_B、输出电流 I_C、输出电压 U_{CE}，且记录在表 2-4 中（图中 R_B 的阻值调节按钮是 K，R_C 的阻值调节按钮是 R）。

表 2-4　输出特性参数测量

	R_B 取 35%	R_B 取 40%	R_B 取 45%	R_B 取 50% 不变，调节 R_C		
				R_C 取 50%	R_C 取 60%	R_C 取 70%
I_B/μA						
I_C/mA						
I_E/mA						
$\beta = I_C/I_B$						
U_{CE}/V						

3）根据表 2-4 数据分析直流电流放大倍数，画出 I_C-U_{CE} 特性曲线，总结其规律性。

2.7.2　共射基本放大电路静态工作点、动态参数的测量及失真观察

场地：机房或多媒体教室。

器材：计算机、Multisim 仿真软件。

知识点复习：共射基本放大电路，分压式偏置放大电路。

实施过程：晶体管（$\beta = 100$）放大电路如图 2-48 所示，已知 $V_{CC} = 12V$，$R_L = R_C = 3k\Omega$，$R_B = 510k\Omega$，$C_1 = C_2 = 20\mu F$。

1）在 Multisim 仿真平台上搭建电路。

2）用直流电流表、电压表测量静态工作点 I_B、I_C、U_{CE}，记录在表 2-5 中。

3）假设输入信号电压 $u_i = \sqrt{2}\sin 2000\pi t\,mV$，用示波器显示输入电压（黑色）与输出电压（红色）波形，估读输入电压与输出电压的最大值，记录于表 2-5 中。

4）将本任务测得的数据与习题 2-9 计算

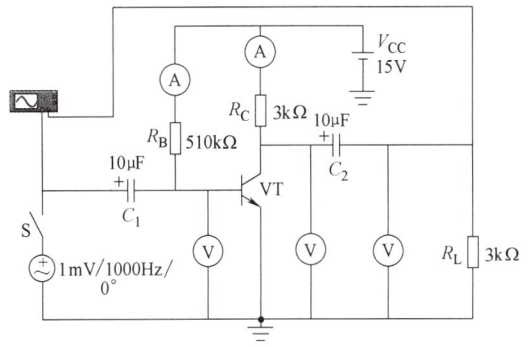

图 2-48　晶体管放大电路

所得数据相比较，可得出哪些结论？

5）若输入信号电压有效值增大到 10mV 及以上，输出电压波形会产生怎么样的失真？若将基极电阻 R_B 增至 600kΩ 或减小到 300kΩ，情况又怎么样？

表 2-5　共射基本放大电路静态工作点与动态参数测量

数据获得方法	静态工作点			输入电压、输出电压和电压放大倍数		
	I_B	I_C	U_{CE}	净输入电压 u_i	放大后输出电压 u_o	电压放大倍数 $\dot{A}_u$
测量有效值						
根据公式计算有效值					—	
根据波形图估算最大值	—	—	—			

2.7.3　两级放大电路电压放大倍数的测量与功能分析

场地：机房或多媒体教室。

器材：计算机、Multisim 仿真软件。

知识点复习：多级放大电路。

实施过程：在图 2-49 所示的两级阻容耦合放大电路中，已知 $\beta_1 = \beta_2 = 50$，$r_{be1} = 1kΩ$，$r_{be2} = 0.6kΩ$，其他数据如图 2-49 所示。

M2-14 微课/两级放大电路电压放大倍数的测量与功能分析

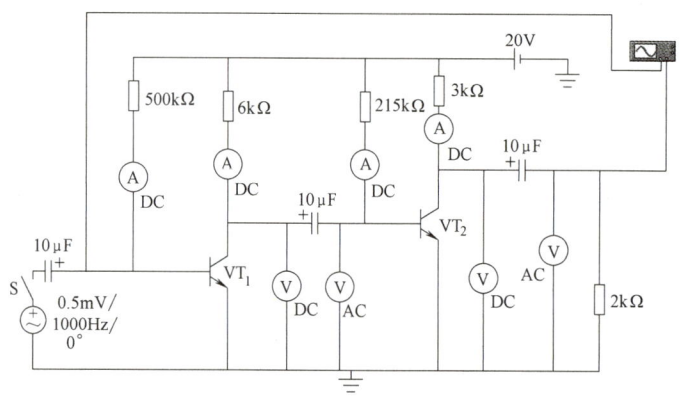

图 2-49　两级阻容耦合放大电路

1）在 Multisim 仿真平台上搭建图 2-49 所示电路，设置好参数，VT_1、VT_2 采用 2N3439。

2）假设输入信号电压 $u_i = 0.5\sqrt{2}\sin 2000\pi t$ mV，用交流电压表测量输入电压、一级输出电压、二级输出电压有效值；示波器显示一级输出电压（黑色）与二级输出电压（红色）波形，将测量或读出的数据记录于表 2-6 中。

表 2-6　多级放大电路输出电压测量

数据获得方法	输入电压、输出电压			电压放大倍数		
	输入电压 u_i	一级放大后输出电压 u_{o1}	二级放大后输出电压 u_{o2}	$\dot{A}_{u1}$	$\dot{A}_{u2}$	$\dot{A}_u$
测量有效值						
根据公式计算有效值						
从示波器波形读出的最大值						

3）将本项目测得的数据与习题 2-16 计算所得的数据相比较，可得出哪些结论？

2.7.4 场效应晶体管放大电路静态工作点、动态参数的测量

场地：机房或多媒体教室

器材：计算机、Multisim 仿真软件

知识点复习：场效应晶体管放大电路

实施过程：我们知道场效应晶体管共源放大电路具有较高的电压增益和电流增益，适用于大多数放大需求。N 沟道增强型场效应晶体管共源放大仿真电路如图 2-50 所示。

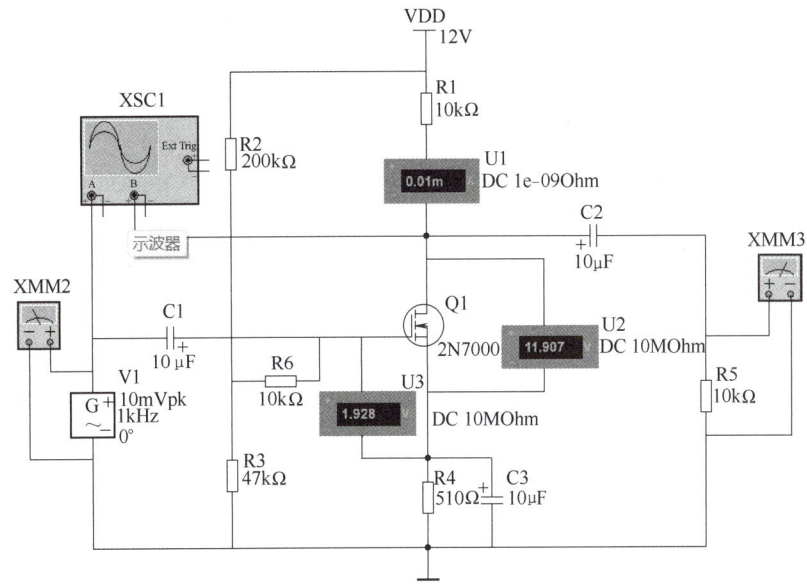

图 2-50　N 沟道增强型场效应晶体管共源放大仿真电路

1）在 Multisim 仿真平台上搭建电路（$R_2 = 200\text{k}\Omega$）。

2）假设输入信号电压 $u_i = 10\sin(2000\pi t)$ mV，用示波器监测输入波形（红色）和输出波形（蓝色），在波形稳定后，用直流电压表、电流表测量静态工作点 U_{GS}、U_{DS}、I_D，读取万用表输入、输出电压有效值并记录于表 2-7 中。

3）计算电压放大倍数 $\dot{A}_u$，记录于表 2-7 中。

表 2-7　场效应晶体管共源放大电路仿真测量数据

$R_2/\text{k}\Omega$	静态工作点			输入、输出电压，电压放大倍数		
	U_{GS}/V	U_{DS}/V	I_D/mA	U_i/mV	U_o/mV	A_u
200						
220						

4）若将 R_2 增大到 220kΩ，场效应晶体管放大电路的输入输出波形，影响电压放大倍数的参量及栅极、漏极、源极的电压和电流的值会怎样变化？请将仿真测量数据记录于表 2-7 中。

本章小结

本章主要介绍晶体管的应用电路及其具体分析方法，主要包含以下几方面内容。

1. 晶体管基本知识

晶体管的型号、符号和分类；晶体管的电流放大作用；晶体管的截止、放大、饱和三个工作区的特点及外部条件；晶体管的输入特性和输出特性。

2. 放大电路直流通路、交流通路及其画法

（1）直流通路　在直流电源的作用下，直流电流流经的通路称为直流通路。画直流通路时，电容视为开路、电感视为短路，信号源在保留内阻的情况下视为短路。

（2）交流通路　在输入信号作用下，交流信号流经的通路称为交流通路。画交流通路时，要把耦合电容视为短路，无内阻的直流电源视为短路。

3. 共射基本放大电路静态工作点和动态参数的分析计算方法

（1）静态工作点

$$I_B = \frac{V_{CC} - U_{BE}}{R_B}; \quad I_C = \beta I_B$$

$$U_{CE} = V_{CC} - I_C R_C$$

（2）动态参数

$$\dot{A}_u = -\frac{\beta R'_L}{r_{be}}; \quad r_i \approx r_{be}; \quad r_o \approx R_C$$

4. 分压式偏置放大电路稳定静态工作点的原理

$$T(温度)\uparrow（或\beta\uparrow）\rightarrow I_C\uparrow\rightarrow I_E\uparrow\rightarrow V_E\uparrow\rightarrow U_{BE}\downarrow\rightarrow I_B\downarrow\rightarrow I_C\downarrow$$

5. 射极输出器的特点及应用

① 输出电压与输入电压同相且略小于输入电压，即电压放大倍数约等于1，好似输出电压等值地跟随输入电压而变化，故又称为电压跟随器。

② 输入电阻大。

③ 输出电阻小。

射极输出器广泛应用在电路的输入级、多级放大器的输出级或两级共射放大电路之间的隔离级等。

6. 多级放大电路

常用的耦合方式有直接耦合、阻容耦合、变压器耦合和光电耦合。总电压放大倍数等于组成它的各级放大电路电压放大倍数的乘积，即

$$\dot{A}_u = \dot{A}_{u1}\dot{A}_{u2}\dot{A}_{u3}\cdots\dot{A}_{un}$$

7. 场效应晶体管是利用控制输入回路的电场效应来控制输出电流的一种半导体器件。与晶体管类似，场效应晶体管有截止区（即夹断区）、恒流区（即放大区）、可变电阻区和击穿区四个工作区域。

8. 场效应晶体管放大电路主要有共源、共栅和共漏三种基本组态。静态偏置电路主要有自给偏压偏置电路和分压式偏置电路两种。自给偏压偏置电路适用于耗尽型场效应晶体管，而增强型场效应晶体管只能采用分压式偏置电路。

思考与习题

2-1　晶体管的发射极和集电极是否可以调换使用，为什么？

2-2　图 2-51 所示为两个晶体管的输出特性曲线，试判断哪个晶体管的放大能力强？

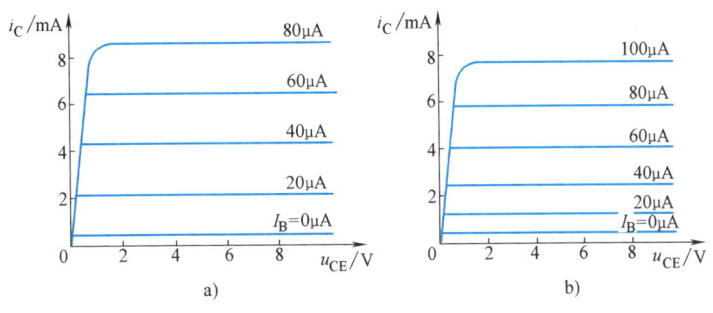

图 2-51　题 2-2 图

2-3　电路中接有一晶体管，不知道其型号，测得它的三个管脚电位分别为 10.5V、6V、6.7V，试判别晶体管的三个电极，并说明这个晶体管是哪种类型、是硅管还是锗管。

2-4　用万用表检测处于放大状态的某晶体管，测得电流如图 2-52 所示，试确定各管脚，并说明该管是 NPN 型还是 PNP 型。

2-5　图 2-53 所示为用万用表直流电压档测得的晶体管各电极的对地电位，试判断这些晶体管分别处于哪种工作状态（饱和、截止、放大或已损坏）。

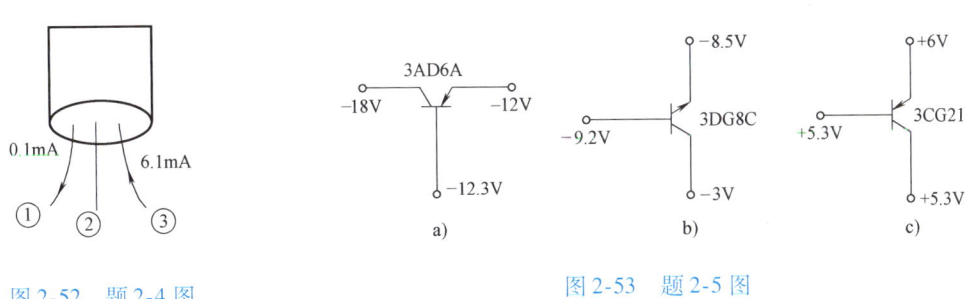

图 2-52　题 2-4 图　　　　　图 2-53　题 2-5 图

2-6　电路如图 2-54a 所示，实验时，用示波器观测，当输入为正弦波信号时，输出波形如图 2-54b~d 所示。说明它们各属于什么性质的失真（饱和，截止），以及怎样才能消除失真。

2-7　试说明对放大器有哪些基本要求。绘制放大电路直流通路与交流通路可采用哪些方法？

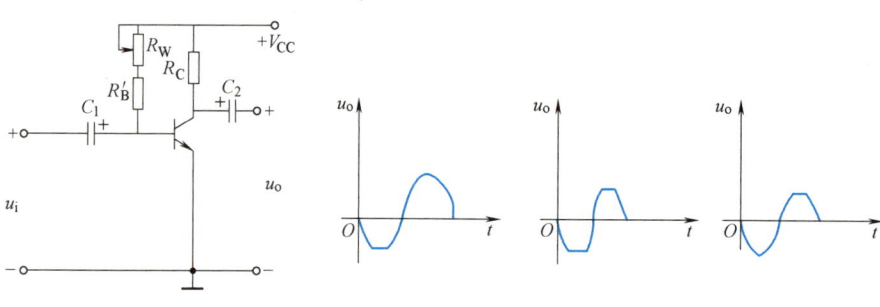

图 2-54 题 2-6 图

2-8 在图 2-55 所示电路中，已知 $V_{CC}=12V$，晶体管的 $\beta=100$，$R'_B=100k\Omega$。要求先填表达式后填得数。

（1）当 $u_i=0V$ 时，测得 $U_{BE}=0.7V$，若要基极电流 $I_B=20\mu A$，则 $R'_B+R_W=$ _____ ≈ _____ $k\Omega$；若测得 $U_{CE}=6V$，则 $R_C=$ _____ ≈ _____ $k\Omega$。

（2）若测得输入电压有效值 $U_i=5mV$，不带负载的输出电压有效值 $U_o=0.6V$，则电压放大倍数 $\dot A_u=$ _____ ≈ _____。若负载电阻 $R_L=R_C$，则带上负载后的电压放大倍数 $Au=$ _____ = _____，输出电压有效值 $U_o=$ _____ = _____ V。

2-9 晶体管（硅管，$\beta=100$）基本放大电路如图 2-56 所示，已知 $V_{CC}=15V$，$R_L=R_C=3k\Omega$，$R_B=510k\Omega$，$C_1=C_2=20\mu F$。试求下列各问并与 2.7.2 任务进行比较。

（1）静态工作点 I_B、I_C、U_{CE}。

（2）假设净输入信号电压 $u_i=\sqrt{2}\sin(2000\pi t)mV$，计算电压放大倍数和输出电压有效值 U_o。

（3）若输入信号电压有效值增大到 10mV 及以上，输出电压波形会产生怎么样的失真？若换成放大倍数为 200 的晶体管，对输出电压波形会产生怎样的影响？请仿真说明。

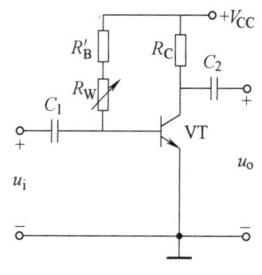

图 2-55 题 2-8 图

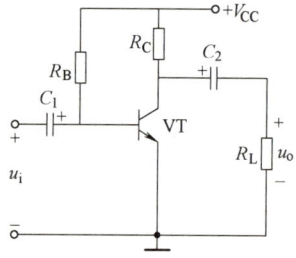

图 2-56 题 2-9 图

2-10 分压式偏置放大电路如图 2-57 所示。已知 $V_{CC}=15V$，$\beta=100$（硅管），$R_S=1k\Omega$，$R_{B1}=62k\Omega$，$R_{B2}=20k\Omega$，$R_C=3k\Omega$，$R_E=1.5k\Omega$，$R_L=5.6k\Omega$。试计算该放大电路的静态工作点 Q、输入电阻 r_i、输出电阻 r_o 和电压放大倍数 $\dot A_u$。

2-11 在题 2-10 的图 2-57 中，若去掉旁路电容 C_E，静态工作点是否变化？求此情况下的输入电阻 r_i、输出电阻 r_o 和电压放大倍数 $\dot A_u$。

2-12 分压式偏置放大电路如图 2-58 所示，$\beta=100$，硅管（$U_{BE}=0.7\text{V}$）。试求静态工作点、输入电阻、输出电阻和电压放大倍数，并画出微变等效电路。

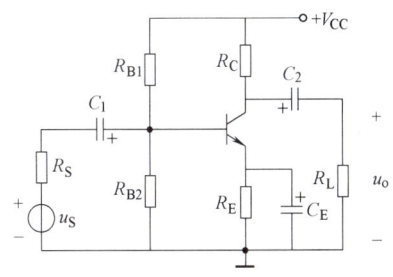

图 2-57 题 2-10 图

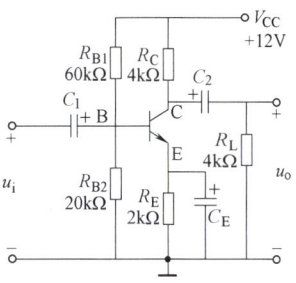

图 2-58 题 2-12 图

2-13 请说明放大电路设置合适静态工作点的必要性。

2-14 说明射极输出器的电路特点及用途。

2-15 射极输出器电路如图 2-59 所示，晶体管的 $\beta=80$，$r_{be}=1\text{k}\Omega$。求：（1）Q；（2）当 $R_L=\infty$ 或 $R_L=3\text{k}\Omega$ 时电路的 $\dot{A}_u$、r_i 和 r_o。

2-16 在图 2-60 所示的两级阻容耦合放大电路中，已知 $\beta_1=\beta_2=50$，$r_{be1}=1\text{k}\Omega$，$r_{be2}=0.6\text{k}\Omega$。试计算每级的电压放大倍数与总电压放大倍数，将计算结果与 2.7.3 任务测量结果进行比较，分析原因。

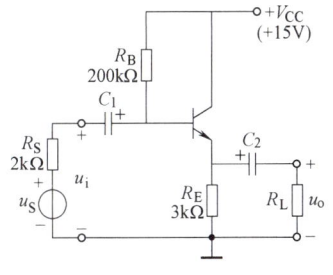

图 2-59 题 2-15 图

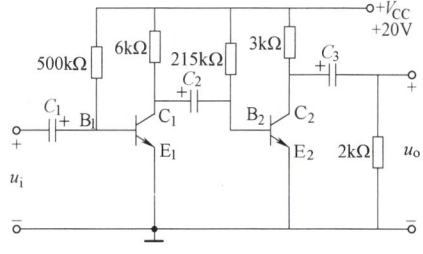

图 2-60 题 2-16 图

2-17 一个简易助听器由三级阻容耦合放大电路构成，如图 2-61 所示。各晶体管（硅管）的共发射极电流放大倍数 $\beta=100$，$U_{BE}=0.7\text{V}$。用一个内阻为 $0.5\text{k}\Omega$ 的动圈式声电转换器件检测声音信号，且用一个内阻 $0.5\text{k}\Omega$ 的耳机作为电路的负载，把放大后的声音传给使用者。

（1）计算各级放大电路的静态工作点。

（2）求放大电路各级输入、输出电阻及总输入、输出电阻。

（3）求各级电压放大倍数和总电压放大倍数。

（4）前级与后级采用射极输出器有何好处？

2-18 多级放大电路的耦合方式有哪几种？各有什么特点？

2-19 用分立元器件设计一个阻容耦合放大电路。在信号源内阻为 50Ω、$U_i\leqslant 10\text{mV}$、$R_L=1\text{k}\Omega$ 的条件下，满足以下指标要求：电压放大倍数 $\dot{A}_u\geqslant 500$（绝对值）；输入电阻 $r_i\geqslant 1\text{k}\Omega$；输出电阻 $r_o\leqslant 3\text{k}\Omega$；通频带宽要优于 100Hz ～ 1MHz。

2-20 场效应晶体管的工作原理和晶体管有什么不同？为什么场效应晶体管具有很高的

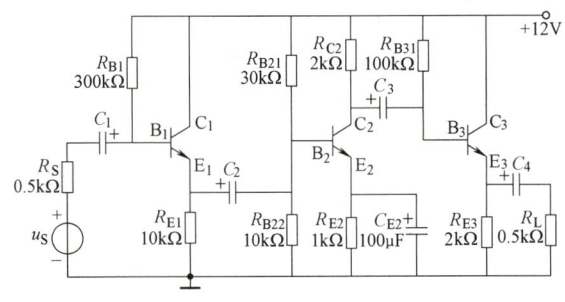

图 2-61　题 2-17 图

输入电阻?

2-21　场效应晶体管的特性曲线如图 2-62 所示。请指出它们分别属于哪种场效应晶体管? 是什么曲线?

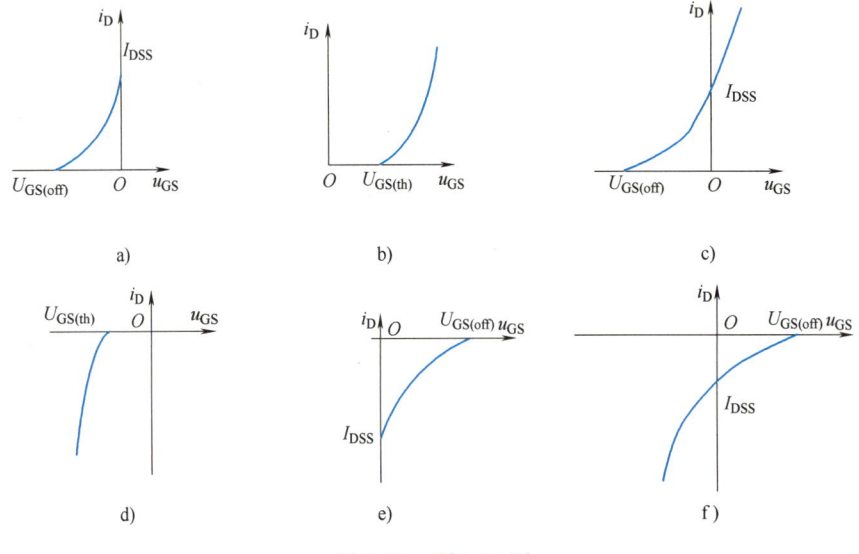

图 2-62　题 2-21 图

2-22　场效应晶体管放大电路如图 2-63 所示。其中 $g_m = 0.69\text{mA/V}$，$R_{G1} = 300\text{k}\Omega$，$R_{G2} = 30\text{k}\Omega$，$R_{G3} = 10\text{M}\Omega$，$R_S = R_D = 10\text{k}\Omega$，$V_{DD} = 16\text{V}$，设饱和电流 $I_{DSS} = 1\text{mA}$，开启电压 $U_{GS(th)} = 2\text{V}$。求静态工作点及电压放大倍数 $\dot{A}_u$、输入电阻 r_i 和输出电阻 r_o。

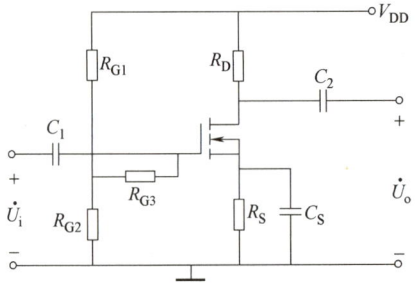

图 2-63　题 2-22 图

第3章 运算放大器

▲ 典型问题

在工业控制中,往往需要把微弱信号进行放大,或需要一些方波、锯齿波、三角波、正弦波等信号,且要求信号不失真且稳定。那么,采用什么电路可实现这种功能呢?

现有一设备需要一个频率为10kHz、幅值为6.5V的方波信号驱动电路工作,试设计一个由运算放大器构成的信号发生器产生这个方波信号。

▲ 学习目标

1) 了解运算放大器的概念、特点、组成、符号和主要参数。
2) 掌握反馈的概念、分类和判断方法,了解负反馈对放大电路性能的影响。
3) 掌握理想运算放大器的条件、电压传输特性和"虚短""虚断"特性。
4) 掌握比例运算放大电路、加/减法运算放大电路、积分/微分运算电路、比较器电路的分析计算方法和仿真测试。

▲ 任务实施

1) 理想运算放大器"虚短"和"虚断"特性的测量。
2) 运算放大电路带负反馈时电压放大倍数和通频带的测量。
3) 运算放大器微分、积分电路输入和输出电压的测量。

3.1 运算放大器简介

集成电路是利用氧化、光刻、扩散、外延和蒸铝等集成工艺,把晶体管、电阻和导线等集中制作在一小块半导体(硅)基片上,构成一个完整的电路。集成电路中的电阻元件由硅半导体的体电阻构成,电容元件常采用PN结电容构成,电阻和电容的数值范围不大,电路中各级间采用直接耦合方式。集成电路具有体积小、外部接线少、功耗低、可靠性高、灵活性高、价格低等优点。

集成电路按其功能的不同可分为数字集成电路和模拟集成电路,模拟集成电路一般由一块厚为0.2~0.25mm的P型硅片制成,这种硅片是集成电路的基片,基片上可以做出包含数十个或更多晶体管或场效应晶体管、电阻和连接导线的电路。模拟集成电路中应用最为广泛的是集成运算放大器。

3.1.1 运算放大器的定义、特点和应用

1. 运算放大器的定义和特点

集成运算放大器（Integrated Operational Amplifier）简称集成运放、运算放大器或运放，是由多级直接耦合的放大电路组成的高增益模拟集成电路。

运算放大器的增益高（可达60~180dB）、输入电阻大（几十千欧至百万兆欧）、输出电阻低（几十欧）、共模抑制比高（60~170dB）、失调与漂移小，具有输入电压为零时，输出电压亦为零的特点。它的闭环电压放大倍数取决于外接反馈电阻，这给使用带来了很大方便。

2. 运算放大器的应用

运算放大器主要用于放大变化缓慢的直流信号。在工业领域中，特别是在一些测量仪器和自动控制系统中经常要用到直流放大电路。如在一些自动控制系统中，首先要把被控的非电量（如温度、转速、压力、流量及照度等）转换为电信号，再与给定量进行比较后，得到一个微弱的偏差信号；因为这个偏差信号的幅值和功率均不足以推动执行机构或实现显示，所以需要把这个偏差信号放大，以推动执行机构或送到仪表中去显示，从而达到自动控制和测量的目的。因为被放大的信号多属于变化缓慢的直流信号，前面分析过的交流放大器由于存在电容元件，不能有效耦合和放大这类信号，采用运算放大器能够有效放大这类缓慢变化的直流信号。运算放大器最初应用于模拟电子计算机，用于实现加、减、乘、除、比例、微分和积分等运算功能，并因此而得名。

在实际电路中，运算放大器通常结合反馈网络共同组成某种功能模块，在有源滤波器、开关电源电路、数-模和模-数转换器、直流信号放大电路、波形的产生和变换电路及信号处理电路等方面得到了十分广泛的应用。

3.1.2 运算放大器的组成

运算放大器是一个高增益直接耦合放大电路，其内部电路主要由差分输入级、中间放大级、互补输出级和偏置电路四部分组成，如图3-1所示。

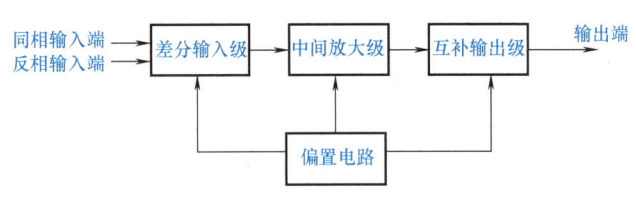

图3-1 运算放大器组成

1. 差分输入级

差分输入级是保障运算放大器质量的关键部分，要求其输入电阻高，能够抑制零点漂移和干扰信号。差分输入级采用差分放大电路，对共模信号（如电源电压波动引起的错误信号）有很强的抑制能力，有同相和反相两个输入端。

2. 中间放大级

中间放大级主要进行电压放大，要求电压放大倍数高，一般由共射放大电路或分压式偏

置放大电路组成。

3. 互补输出级

互补输出级与负载连接,要求输出电阻低,带负载能力强,一般由互补对称电路或射极输出器组成。

4. 偏置电路

偏置电路的作用是为上述各级提供稳定和合适的偏置电流,决定各级的静态工作点,一般由各种恒流源组成。

运算放大器具有正、负输入端,适用于正、负两种极性信号的输入;还有输出端,正、负电源供电端,外接补偿电路端,调零端,相位补偿端,公共接地端及其他附加端等。

3.1.3 运算放大器的图形符号及外形

运算放大器的图形符号如图3-2所示。u_+(或"IN+")为同相输入端,由此输入信号时,输出信号与输入信号同相;u_-(或"IN-")为反相输入端,由此输入信号时,输出信号与输入信号反相;u_o为输出端。有的符号上还标出正电源端和负电源端。

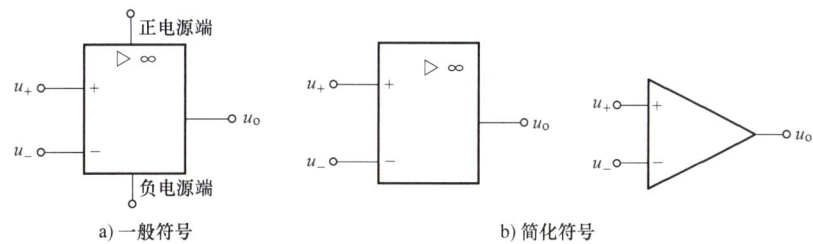

图3-2 运算放大器图形符号

常见运算放大器的外形有双列直插式和圆壳式等,如图3-3所示。双列直插式的引脚识别方法:将运算放大器引脚向下、缺口朝左放置,左下引脚为1,逆时针排列,后面的引脚依次为2,3,4,…,如LM358是8引脚的双运算放大器,其引脚图如图3-4所示。常见运算放大器实物如图3-5所示。

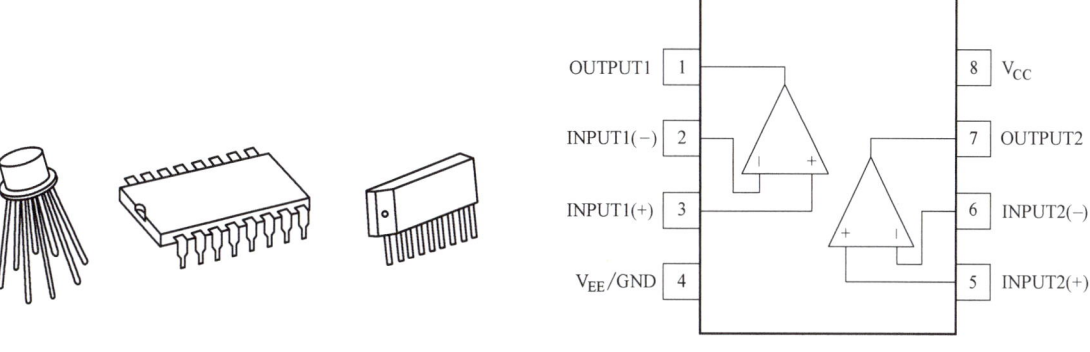

图3-3 运算放大器外形　　　　　　图3-4 LM358引脚图

M3-1 测试/运算放大器概念与组成

M3-2 测试/运算放大器参数

a) LM324(直插式)　　　　b) LM324(贴片式)

c) LM108H　　　　d) NE5532　　　　e) LM358

图 3-5　常见运算放大器实物

3.1.4　运算放大器的主要参数

运算放大器的参数较多，主要有以下几个。

1. 开环差模电压放大倍数 A_{ud}

无反馈时，运算放大器差模电压放大倍数称为开环差模电压放大倍数，记作 A_{ud}。运算放大器的 A_{ud} 均很高，为 $10^4 \sim 10^6$（LM741 的 A_{ud} 在 10^5 以上），目前高增益运算放大器的 A_{ud} 可达 10^7。放大倍数用增益 G_{ud} 表示时，单位为分贝，$G_{ud} = 20\lg|A_{ud}|$。

2. 输入失调电压 U_{IO}

对于实际运算放大器，当输入电压 $u_+ = u_- = 0$ 时，输出电压 $u \neq 0$，将其折合到输入端就是输入失调电压 U_{IO}。它在数值上等于输出电压为零时两输入端之间应施加的直流补偿电压。U_{IO} 的大小反映差分放大电路输入级的不对称程度，显然，其值越小越好，一般为几毫伏，高质量的运算放大器在 1mV 以下。U_{IO} 可以通过调节零电位器得到解决。

3. 输入失调电流 I_{IO}

当运算放大器的输入电压为零，差分输入级的差分对管基极静态电流之差为输入失调电流 I_{IO}，即

$$I_{IO} = |I_{B1} - I_{B2}|$$

I_{IO} 用于表征差分输入级输入电流的不对称程度，为几十到几百纳安（nA）。I_{IO} 的存在，使输入回路电阻上产生一个附加电压，使输入信号为零时，输出电压不等于零。

4. 差模输入电阻 r_{id} 和输出电阻 r_o

运算放大器两个输入端之间的电阻称为差模输入电阻 r_{id}，其大小等于输入端电压变化量 ΔU_{id} 与输入电流变化量 ΔI_{id} 的比值。r_{id} 是个动态电阻，它反映运算放大器差分输入端向差模信号源所取用电流的大小。通常希望 r_{id} 尽可能大一些，一般为几百千欧到几兆欧。定义为

$$r_{id} = \frac{\Delta U_{id}}{\Delta I_{id}}$$

输出电阻 r_o 是指运算放大器在开环状态下，输出端电压变化量与输出电流变化量的比值。它反映了运算放大器带负载的能力。其值越小，带负载能力越强，一般为 20～200Ω。

5. 共模抑制比 K_{CMR}

共模抑制比 K_{CMR} 是衡量输入级各参数对称程度的标志，其大小反映了运算放大器抑制共模信号的能力。其定义为开环差模电压放大倍数 A_{ud} 与共模电压放大倍数 A_{uc} 的比值，即

$$K_{CMR} = \frac{A_{ud}}{A_{uc}}$$

或用对数表示为

$$K_{CMR} = 20\lg\frac{A_{ud}}{A_{uc}}(单位:dB)$$

K_{CMR} 越大，运算放大器对零漂的抑制能力越强，分辨有用信号的能力越强，受共模干扰及零漂的影响越小，性能越优良。

6. 最大差模输入电压 U_{Idmax}

它指同相输入端和反相输入端之间所允许加的最大输入电压。若实际所加的电压超过这个电压值，运算放大器输入级的晶体管将出现反向击穿现象，使运算放大器输入特性显著恶化，甚至造成永久性损坏。F007 的 U_{Idmax} 为 ±30V。

7. 最大共模输入电压 U_{Icmax}

它指运算放大器的供电电压范围。运算放大器对共模信号具有抑制性能，但这个性能只有在规定的供电电压范围内才具有。如果超出最大供电电压范围，运算放大器的共模抑制性能就会大大下降，甚至造成器件损坏。F007 的 U_{Icmax} 为 ±13V。

8. 最大输出电压 U_{OPP}

它是能使输出电压和输入电压失真不超过允许值的最大输出电压。一般用峰-峰值表示，有时也称为动态输出范围，其值不可能超出电源电压值，一般比 V_{CC} 小 1.5V，比 V_{SS} 大 1.5V。如 F007 的 U_{OPP} 为 ±(12～13)V。

*3.1.5 运算放大器的分类

现代运算放大器集成电路的参数值都接近于理想运算放大器，但有电压与电流限制。例如，通常限定输出电压峰-峰值略小于直流电源电压，输出电流也受到诸如功耗和元件额定值的固有限制。实际运算放大器的特性为高电压增益、高输入阻抗和低输出阻抗。

运算放大器可以按不同依据分类，按反馈结构分，可以分为：电压运算放大器、电流运算放大器、隔离运算放大器；按制造工艺角度分为：Bipolar、COMS、JFET；按电路结构分为：单端运算放大器、差动运算放大器、跨导运算放大器、互阻抗运算放大器。

按参数分类，运算放大器可分为通用型和特殊型（专用型）两大类。

1. 通用型

通用型运算放大器的主要特点是价格低廉、产量大、应用范围广，其性能指标能满足一般性使用。如 uA741（单运放）、LM358（双运放）、LM324（四运放）及以场效应晶体管为输入级的 LF356 都属于此类。它们是目前应用最为广泛的运算放大器。

双运放中集成了两个同样的运算放大器，可分别输入两组信号，输出也是两组，可组成两个放大通道，即双声道。两个同样的运算放大器串接在一起，形成两级放大，使得增益加

强，这是单声道。同一组信号分正负半周进入两个放大器输入端，正负半周放大后信号组成 BTL 功率放大器，还是单声道。单运放内部只有一组运算放大器。四运放的内部集成了四个运算放大器。

2. 特殊型

与通用型运算放大器相比，在某一方面性能优良或专用的运算放大器被称为特殊型运算放大器，又称为专用型运算放大器。特殊型运算放大器根据性能及用途的不同一般可分为以下类型。

（1）高阻型 这类运算放大器利用场效应晶体管高输入阻抗的特点，用场效应晶体管组成运算放大器的差分输入级。它不仅输入阻抗高、输入偏置电流低，而且具有高速、宽带和低噪声等优点，但缺点是输入失调电压较大。常见的有 LF356、LF355、LF347（四运放）及更高输入阻抗的 CA3130、CA3140 等。

（2）高精度型 这类运算放大器具有低失调、低温漂、高增益等特点。它的失调电压和失调电流比通用型运放小两个数量级，而开环差模增益和共模抑制比均大于 100dB。它适用于对微弱信号进行精密测量和运算，常用于高精度的仪器设备中。常用的高精度、低温漂运算放大器有 F5037、OP-07、OP-27 及 AD508 等。

（3）高速型 在快速 A-D 和 D-A 转换器、视频放大器中，要求运算放大器的转换速率 SR 一定要高，单位增益带宽要足够大。通用型运算放大器是不适用于这样的高速应用场合的。高速型运算放大器的主要特点是转换速率高和频率响应宽等。常见的高速型运算放大器有 LM318、MA715 等。

（4）低功耗型 随着便携式仪器应用范围的扩大，需要低电源电压供电、低功耗的运算放大器。常用的低功耗型运算放大器有 TL-022C、TL-060C 等，其工作电压为 ±(2~18)V，消耗电流仅为 50~250mA。目前有的产品功耗已达毫瓦级，如 ICL7600 的供电电源为 1.5V，功耗为 10mW，可采用单节电池供电。

（5）高压大功率型 运算放大器的输出电压主要受供电电源的限制。在通用型运算放大器中，输出电压的最大值仅为几十伏，输出电流仅为几十毫安。若要提高输出电压或增大输出电流，运算放大器外部必须加辅助电路。高压大功率型运算放大器的外部不需附加任何电路，即可输出高电压和大电流。如 D41 的电源电压可达 ±150V，MA791 的输出电流可达 1A。

3.1.6 理想运算放大器的条件与特性

1. 理想运算放大器的主要条件

M3-3 微课/运算放大器理想化的条件与特性

由于运算放大器具有开环差模电压放大倍数高、输入阻抗高、输出阻抗低及共模抑制比高等特点，实际中为了分析方便，常将它的各项指标理想化。理想运算放大器的主要条件如下。

1) 开环差模电压放大倍数 $A_{ud} = \infty$。
2) 开环差模输入电阻 $r_{id} = \infty$，开环共模输入电阻 $r_{ic} = \infty$。
3) 输出电阻 $r_o = 0$。
4) 共模抑制比 $K_{CMR} = \infty$。

实际运算放大器由于参数接近理想运算放大器，在工程计算中可以按理想运算放大器进行分析与处理。

2. 运算放大器的电压传输特性

运算放大器输出电压 u_o 与输入电压 u_i 之间的关系称为电压传输特性。运算放大器实际上是一个直接耦合的多级放大电路，其输出电压与输入电压的关系，即电压传输特性，可以表示为

$$u_o = A_{ud} u_i = A_{ud}(u_+ - u_-) \tag{3-1}$$

实际运算放大器的电压放大倍数很大，但为一确定的值，可以工作在线性区，也可以工作在非线性区。其电压传输特性如图 3-6a 所示。

当输入电压 u_i 的绝对值很小时，输出电压 u_o 幅值小于运算放大器的饱和电压 U_{o+}（或 U_{o-}），输出电压与输入电压呈线性比例关系，工作于线性区。

当输入电压绝对值大于一定值后，式（3-1）不再满足，输出电压等于正饱和电压 U_{o+} 或负饱和电压 U_{o-}，如图 3-6a 所示水平线部分。即

$$u_+ > u_-, u_o = U_{o+}$$
$$u_+ < u_-, u_o = U_{o-} \tag{3-2}$$

理想运算放大器开环电压放大倍数为无穷大，一个很小的输入信号甚至一些外界的干扰信号都可使输出达到饱和而进入非线性状态。所以理想集成运算放大器在无反馈或正反馈下均工作于非线性状态。理想运算放大器的电压传输特性如图 3-6b 所示。

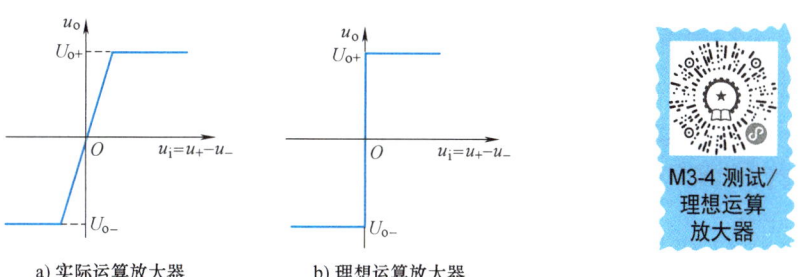

a) 实际运算放大器　　　b) 理想运算放大器

图 3-6　运算放大器的电压传输特性

例 3-1　图 3-7 所示为运算放大器 F007，正、负电源电压分别为 15V 和 -15V，开环差模电压放大倍数 $A_{ud} = 2 \times 10^5$，输出最大电压为 $\pm 13V$。分别加入下列输入电压，求输出电压及其极性。

（1）$u_+ = 15\mu V$，$u_- = -10\mu V$
（2）$u_+ = -5\mu V$，$u_- = 10\mu V$
（3）$u_+ = 0$，$u_- = 5mV$
（4）$u_+ = 5mV$，$u_- = 0$

解：由式（3-1）计算线性区的范围：

$$u_+ - u_- = \frac{u_o}{A_{ud}} = \frac{\pm 13V}{2 \times 10^5} = \pm 65\mu V$$

可见，当两个输入端之间的电压绝对值小于 $65\mu V$ 时，输出电压满足式（3-1），否则输出电压就满足式（3-2），

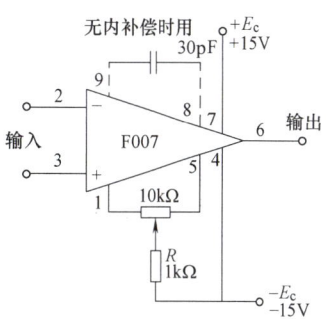

图 3-7　运算放大器 F007

因此有

(1) $u_o = A_{ud}(u_+ - u_-) = 2 \times 10^5 \times (15+10) \times 10^{-6} \text{V} = +5\text{V}$

(2) $u_o = A_{ud}(u_+ - u_-) = 2 \times 10^5 \times (-5-10) \times 10^{-6} \text{V} = -3\text{V}$

(3) $u_i = u_+ - u_- = 0 - 5\text{mV} < -65\mu\text{V}$, $u_o = -13\text{V}$

(4) $u_i = u_+ - u_- = 5\text{mV} > 65\mu\text{V}$, $u_o = +13\text{V}$

3. 运算放大器的"虚短"和"虚断"特性

工作在线性区域的运算放大器有两个重要结论。

1) 运算放大器的同相输入端和反相输入端的电位约相等,但不完全相等,称之为"虚短"。

由式(3-1)可知,在线性工作范围内,运算放大器两个输入端之间的电压为

$$u_i = u_+ - u_- = \frac{u_o}{A_{ud}}$$

而运算放大器的 $A_{ud} \to \infty$,输出电压 u_o 是一个有限值,所以有

$$u_i = u_+ - u_- \approx 0$$

即

$$u_+ \approx u_- \tag{3-3}$$

2) 运算放大器的同相输入端和反相输入端的输入电流均约等于零,但并不完全等于零,称之为"虚断"。

因为运算放大器的 $r_{id} \to \infty$,所以同相输入端和反相输入端流入运算放大器的信号电流均约等于零,即

$$i_+ \to 0, i_- \to 0 \tag{3-4}$$

由于实际运算放大器的性能与理想运算放大器比较接近,因此,在分析电路的工作原理时,我们用理想运算放大器代替实际运放所带来的误差并不大,这在一般的工程计算中是允许的。

3.2 反馈

反馈在模拟电子电路中得到了非常广泛的应用。在放大电路中引入负反馈可以稳定静态工作点,稳定放大倍数,改变输入、输出电阻,拓展通频带,减小非线性失真等。因此研究负反馈非常必要。

3.2.1 反馈的基本概念

凡是将放大电路输出信号 $\dot{X}_o$(电压或电流)的一部分或全部通过某电路(反馈电路)引回到输入端,就称之为反馈。若引回的反馈信号削弱输入信号而使放大电路的放大倍数降低,称这种反馈为负反馈;若反馈信号增强输入信号,则称为正反馈。图3-8a、b分别为无反馈和有反馈的放大电路框图。在图3-8b中,输入信号 $\dot{X}_i$ 与反馈信号 $\dot{X}_f$ 在"⊗"处叠加后产生净输入信号 $\dot{X}_d$,有

$$\dot{X}_d = \dot{X}_i - \dot{X}_f \tag{3-5}$$

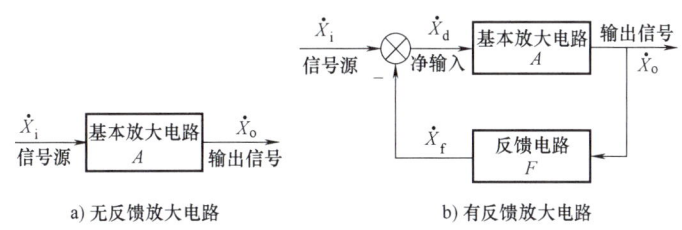

图 3-8 无反馈与有反馈放大电路框图

基本放大电路（开环）的放大倍数 $A = \dot{X}_o / \dot{X}_d$，反馈电路的反馈系数 $F = \dot{X}_f / \dot{X}_o$，带有负反馈的放大电路（闭环）的放大倍数 $\dot{A}_F = \dot{X}_o / \dot{X}_i$。

由于反馈的极性不同、反馈信号的取样对象不同、反馈网络的不同、反馈信号在输入回路中的连接方式也不同，反馈的类型也不相同。

3.2.2 反馈的类型及其判别方法

1. 正反馈和负反馈

由式（3-5）可知，如果反馈信号 $\dot{X}_f$ 与 $\dot{X}_i$ 反相，使净输入信号增加，即 $\dot{X}_d > \dot{X}_i$，这种反馈称为正反馈；如果反馈信号 $\dot{X}_f$ 与 $\dot{X}_i$ 同相，使净输入信号减小，即 $\dot{X}_d < \dot{X}_i$，这种反馈称为负反馈。

判断正反馈还是负反馈一般采用瞬时极性法。设接"地"参考点的电位为零，电路中某点在某瞬时的电位高于零电位，则该点电位的瞬时极性为正（用"+"表示）；反之为负（用"-"表示）。假设在某一共射放大电路的输入端（晶体管基极）引入一瞬时极性为正（+）的信号，即信号瞬时值增加，则集电极的瞬时极性为负（-）（下降），发射极的瞬时极性为正（+），而且电容、电阻等反馈元件不改变瞬时极性。如果这个信号通过放大电路和反馈电路回到输入端，使净输入信号增加则为正反馈，否则为负反馈。运算放大器的输出端信号瞬时极性和同相输入端信号瞬时极性相同，和反相输入端信号瞬时极性相反。

晶体管的净输入是 u_{be} 或 i_b，运算放大器的净输入是 $u_+ - u_-$ 或 i_- 及 i_+。

2. 直流反馈和交流反馈

在反馈电路中，如果反馈到输入端的信号是直流量，则为直流反馈；如果反馈到输入端的信号是交流量，则为交流反馈。当然，实际放大器中可以同时存在直流反馈和交流反馈。直流负反馈可以改善放大器静态工作点的稳定性，交流负反馈则可以改善放大器的交流特性。

判断直流反馈或交流反馈可以通过分析反馈信号是直流量或交流量来确定，也可以通过放大电路的交、直流通路来确定，即在直流通路中引入的反馈为直流反馈，在交流通路中引入的反馈为交流反馈。

3. 电压反馈和电流反馈

在反馈电路的输出端，基本放大电路与反馈网络并联，反馈信号 u_f 与输出电压 u_o 成正比，即反馈信号取自于输出电压（称为电压取样），这种方式称为电压反馈，如图 3-9a 所示。反之，在反馈电路的输出端，基本放大电路与反馈网络串联，则反馈信号 u_f 与输出电流 i_o 成正比，或者说反馈信号取自于输出电流（称为电流取样），这种方式称为电流反馈，如图 3-9b 所示。

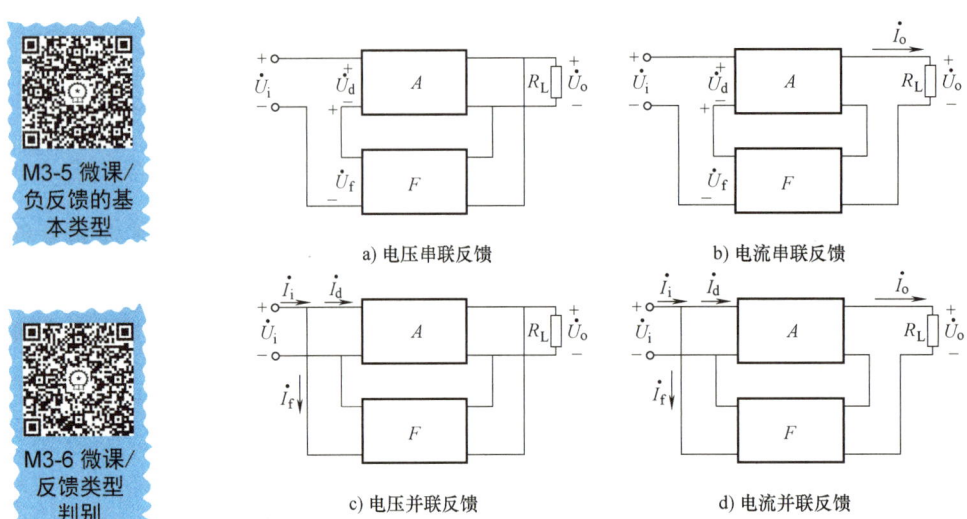

a) 电压串联反馈　　　　b) 电流串联反馈

c) 电压并联反馈　　　　d) 电流并联反馈

图 3-9　各种反馈类型

判断方法：假如把输出端短路（即 $R_L = 0$ 或 $u_o = 0$），如果反馈信号消失，即反馈信号取自基本放大电路的输出电压，就为电压反馈，如图 3-9a、c 所示。假如把输出端短路，反馈信号依然存在，即反馈信号取自基本放大电路的输出电流，则为电流反馈，如图 3-9b、d 所示。

4. 串联反馈和并联反馈

根据反馈信号与基本放大电路输入信号连接方式的不同，可分为串联反馈和并联反馈。在放大电路输入端，反馈信号与基本放大电路输入信号以电压相减形式出现，即 $\dot{U}_d = \dot{U}_i - \dot{U}_f$，则为串联负反馈，如图 3-9a、b 所示；若反馈信号与基本放大电路输入信号以电流相减形式出现，即 $\dot{I}_d = \dot{I}_i - \dot{I}_f$，则为并联负反馈，如图 3-9c、d 所示。

综上所述，负反馈的基本类型有四种：电压串联负反馈，电压并联负反馈，电流串联负反馈和电流并联负反馈。

例 3-2　试判断图 3-10 所示电路的反馈类型。

解： 第一步，首先分析电路中是否存在反馈。从具体的电路图中分析知道，通过 R_E 的不仅有输入信号，还有输出信号。因而它能将输出信号的一部分取出来馈送给输入回路，从而影响原输入信号。由此，R_E 是该电路的反馈元件，电路存在反馈。

第二步，判断其反馈性质是正反馈还是负反

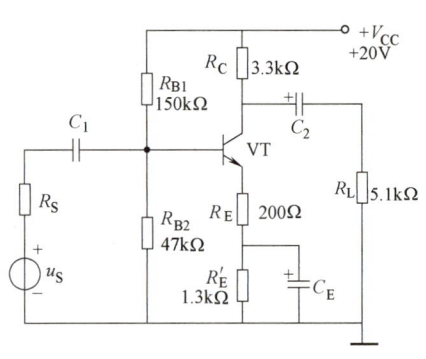

图 3-10　例 3-2 图

馈。这里我们采用瞬时极性法判断。设信号源瞬时极性为上正下负，则晶体管基极对地电压 u_i 亦为上正下负，晶体管发射极对地电压（就是反馈信号电压）u_e 也是上正下负，有：

$$u_{be} = u_i - u_e < u_i$$

反馈电压 u_e 使加到发射结的净输入电压 u_{be} 比原输入电压 u_i 小，故是负反馈。

第三步，判断是电压反馈还是电流反馈。从输出回路分析反馈信号取自于输出电压还是输出电流。将负载电阻短路一下，若反馈消失则为电压反馈；若反馈仍在，则是电流反馈。此电路负载短接后，反馈仍存在，说明是电流反馈。

第四步，判断它是串联反馈还是并联反馈。从输入回路分析反馈信号与原输入信号是串联还是并联，图中反馈信号与原输入信号是以电压相减形式出现的，故为串联反馈。

由以上分析可知，图 3-10 所示电路引入的反馈为电流串联负反馈。

例 3-3 试判断图 3-11 所示各电路的反馈类型。

解： 在图 3-11a 中，反馈信号 u_f 取自输出电压 u_o，净输入电压 $u_d = u_i - u_f < u_i$，故电路为电压串联负反馈放大电路。

在图 3-11b 中，反馈电压 u_f 取自输出电流 i_o，净输入电压 $u_d = u_i - u_f < u_i$，故电路为电流串联负反馈放大电路。

在图 3-11c 中，反馈电流 i_f 取自输出电压 u_o，净输入电流 $i'_i = i_i - i_f < i_i$，故电路为电压并联负反馈放大电路。

在图 3-11d 中，反馈电流 i_f 取自输出电流 i_o，净输入电流 $i'_i = i_i - i_f < i_i$，故电路为电流并联负反馈放大电路。

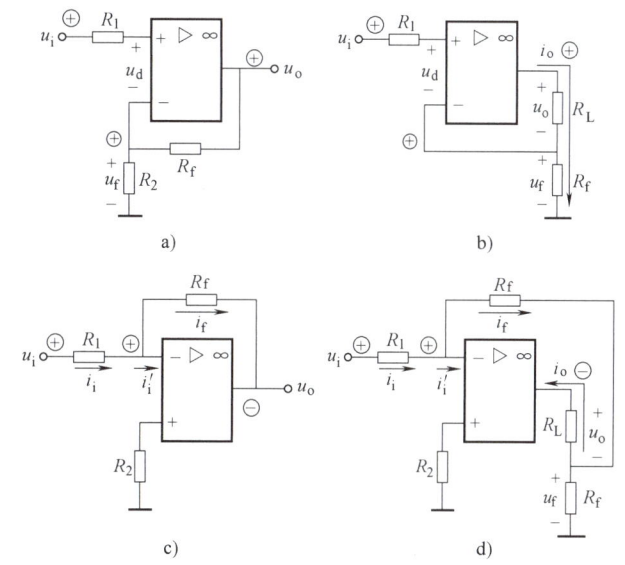

图 3-11 例 3-3 图

3.2.3 负反馈对放大器性能的改善

1. 降低放大器的放大倍数，提高放大器增益的稳定性

在放大电路中，将反馈信号 $\dot{X}_f$ 与输出信号 $\dot{X}_o$ 之比定义为反馈系数 F，即

$$F = \dot{X}_f / \dot{X}_o$$

因为

$$\dot{X}_d = \dot{X}_i - \dot{X}_f = \dot{X}_i - F\dot{X}_o = \dot{X}_i - AF\dot{X}_d$$

所以

$$\dot{X}_d = \frac{\dot{X}_i}{1 + AF}$$

又因为 $\dot{X}_o = A\dot{X}_d$，则负反馈放大器增益的一般表达式为

$$A_f = \frac{\dot{X}_o}{\dot{X}_i} = \frac{A}{1+AF} \tag{3-6}$$

引入负反馈后,放大器的闭环放大倍数降低了,(1 + AF) 反映了反馈的强弱程度,称为反馈放大器的反馈深度。

当 (1 + AF) ≫ 1 时,

$$A_F = \frac{A}{1+AF} \approx \frac{A}{AF} = \frac{1}{F} \tag{3-7}$$

式 (3-7) 说明闭环深度反馈时,增益仅与反馈系数有关,与开环增益无关。由于反馈环节一般都是由线性元器件构成的,其性能稳定,因此闭环放大倍数稳定。电压负反馈将稳定输出电压,电流负反馈将稳定输出电流。

2. 减小非线性失真以及抑制干扰和噪声

由于构成放大器的核心元器件(BJT 或 FET)特性是非线性的,或是由电路内部其他原因产生干扰和噪声(可看作与非线性失真类似的谐波),输出信号常产生非线性失真。在负反馈放大电路中,净输入信号 u_d 是输入信号 u_i 与失真输出信号的反馈量 u_f 相减的结果,净输入信号 u_d 的波形与原输出失真信号的畸变方向相反,从而使放大器的输出信号波形得以改善,如图 3-12 所示。

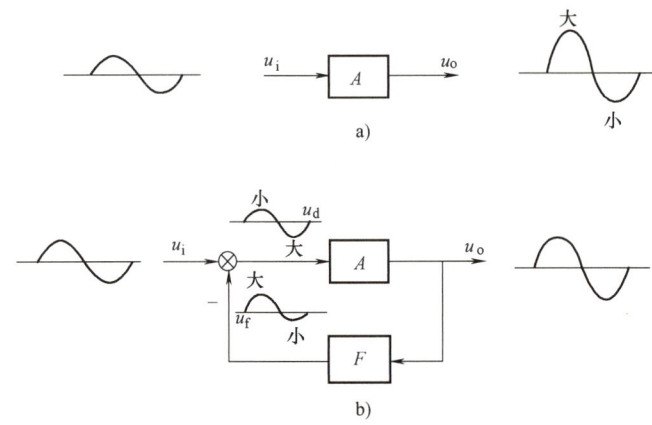

图 3-12 负反馈放大电路减小非线性失真

注意:负反馈只能改善由放大器引起的非线性失真,抑制反馈环内的干扰和噪声,不能改善输入信号本身存在的非线性失真,因此,对混入输入信号的干扰和噪声是无能为力的。

3. 扩展通频带

通频带用于衡量放大电路对不同频率信号的放大能力。由于放大电路中电容、电感及半导体器件结电容等电抗元件的存在,当输入信号频率过低或过高时,放大倍数的数值会下降并产生相移。通常情况下,放大电路只适用于放大某一个特定频率范围内的信号。

当电路放大倍数随输入信号频率的变化而下降到 70.7% 时,对应上、下限截止频率之差称为频带宽度 (BW)。放大器引入负反馈后,在中频区,放大器的放大倍数下降较多;在高、低频区,放大倍数下降得少,结果是放大器的幅频特性变得平坦,上限截止频率由 f_H 增大至 f_{Hf},下限频率由 f_L 降低至 f_{Lf},频带宽度增大到 BW_f,如图 3-13 所示。

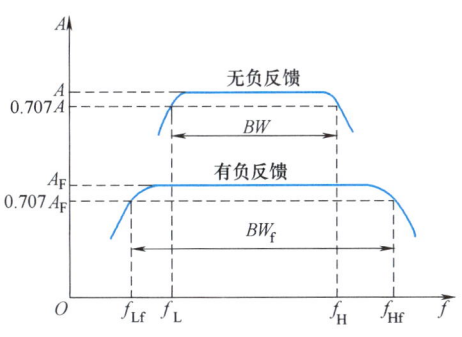

图 3-13　幅频特性

4. 改变放大器的输入电阻和输出电阻

放大器加入负反馈后，其输入电阻变化情况取决于输入端的反馈连接方式（串联反馈或并联反馈），而与输出端的反馈连接方式无关。串联负反馈使放大器输入电阻增大，其输入电阻的大小变为

$$r_{if} = (1 + AF) r_i \tag{3-8}$$

并联负反馈使放大器输入电阻减小，其输入电阻大小变为

$$r_{if} = \frac{r_i}{1 + AF} \tag{3-9}$$

放大器加入负反馈后，其输出电阻变化情况取决于反馈信号的取得方式（电压反馈或电流反馈），而与输入端的反馈连接方式无直接关系。电压负反馈使放大器的输出电阻减小，其输出电阻变为

$$r_{of} = \frac{r_o}{1 + AF} \tag{3-10}$$

电流负反馈使放大器的输出电阻增大，其输出电阻变为

$$r_{of} = (1 + AF) r_o \tag{3-11}$$

总体来说，电压负反馈能稳定输出电压，使输出电阻减小，提高带负载能力；电流负反馈能稳定输出电流，使输出电阻增大；串联负反馈使输入电阻增大，减小向信号源索取的电流；并联负反馈使输入电阻减小。

3.3　运算放大器的线性应用

由运算放大器组成的电路可实现比例、积分、微分、对数及加/减/乘/除等运算。对此，电路都要引入深度负反馈使运算放大器工作在线性区。

3.3.1　反相输入运算放大电路

1. 反相比例放大器

（1）电路组成　反相比例放大器电路如图 3-14 所示。

输入信号 u_i 通过 R_1 送到运算放大器的反相输入端，输出信号 u_o 经 R_f 反馈至反相输入端，同相输入端通过平衡电阻 R_2 接地，且 $R_2 = R_1 /\!/ R_f$。接入平衡电阻的目的是消除实际运算放大器因输入偏置电流不平衡而影响输出信号，使它更接近于理想运算放大器，以便于计算。

（2）电压放大倍数　根据理想运算放大器的"虚短"和"虚断"概念可知，$i_+ \approx 0$，$u_- \approx u_+ \approx 0$，所以

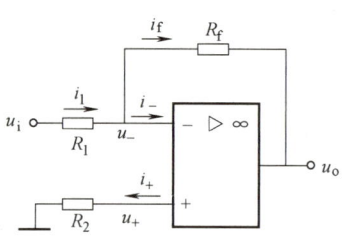

$$i_1 = \frac{u_i - u_-}{R_1} \approx \frac{u_i}{R_1}$$

$$i_f = \frac{u_- - u_o}{R_f} \approx -\frac{u_o}{R_f}$$

M3-8 微课/反相比例运算放大电路

根据理想运算放大器的"虚断"的概念，$i_- \approx 0$，可知 $i_1 \approx i_f$，得

图 3-14　反相比例放大器电路

$$u_o = -\frac{R_f}{R_1} u_i \tag{3-12}$$

则闭环电压放大倍数为

$$\dot{A}_u = \frac{u_o}{u_i} \approx -\frac{R_f}{R_1} \tag{3-13}$$

由式（3-13）可以看出，闭环电压放大倍数 $\dot{A}_u$ 为负值，u_o 与 u_i 反相，$\dot{A}_u$ 的大小仅与 R_1 和 R_f 有关，故称为反相比例放大器。选取阻值稳定、精度高的电阻 R_1 和 R_f，是提高电压放大倍数精度的重要途径。当 $R_1 = R_f$ 时，$u_o = -u_i$，把这种放大电路称为反相器或倒相器。反相比例放大器输入阻抗较小，约等于 R_1；输出阻抗也较小。

例 3-4　有一电阻式压力传感器，其输出阻抗为 500Ω，测量范围是 $0 \sim 10\text{MPa}$，其灵敏度是 $+1\text{mV}/0.1\text{MPa}$，现在要用一个输入为 $0 \sim 5\text{V}$ 的标准表显示这个压力传感器测量的压力值变化，即需要一个放大器把压力传感器输出的信号放大到标准表输入所需要的状态。试设计这个放大器并确定各元件参数。

解：因为压力传感器的输出阻抗较低，所以可采用由输入阻抗较小的反相比例放大器构成的放大器。压力传感器测得最大压力 10MPa 时的输出电压为 100mV，对应标准表的最高测量电压 5V。作为中间放大环节，放大器最高输入电压 100mV 时，最高输出电压为 5V，所以放大器的电压放大倍数 $\frac{5\text{V}}{100\text{mV}} = 50$。由于反相比例放大器具有反相作用，所以在第一级放大器后再接一级反相器，使相位符合要求。根据这些条件便可确定电路的参数。

电路原理图如图 3-15 所示。

1）取放大器的输入阻抗为信号源内阻的 20 倍（可满足工程要求），即 $R_1 = 10\text{k}\Omega$。
2）$R_{f1} = 50R_1 = 500\text{k}\Omega$。
3）$R' = R_1 /\!/ R_{f1} = (10 /\!/ 500)\text{ k}\Omega = 9.8\text{k}\Omega$。
4）运算放大器均采用 LM741。
5）采用对称电源供电，电源电压可采用 10V（因为放大器最大输出电压是 5V）。
6）考虑一级运算放大器电阻数量级及其他因素，可取 $R_{f2} = R_{12} = 50\text{k}\Omega$。
7）$R'_2 = R_{12} /\!/ R_{f2} = (50 /\!/ 50)\text{k}\Omega = 25\text{k}\Omega$。

2. 反相加法器

若反相比例放大器中的反相输入端有两路及以上信号输入，则可组成反相加法器，如图 3-16 所示。

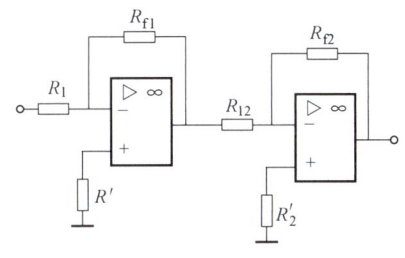

图 3-15 例 3-4 图

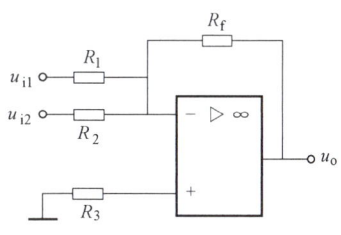

图 3-16 反相加法器

电路输出电压为

$$u_o = -\left(\frac{R_f}{R_1}u_{i1} + \frac{R_f}{R_2}u_{i2}\right) \qquad (3\text{-}14)$$

可见，输出电压与输入电压反相，且 u_o 是两输入信号加权后的负值相加，故称为反相加法器。

若取 $R_1 = R_2$，则 $\qquad u_o = -\dfrac{R_f}{R_1}(u_{i1} + u_{i2})$

若取 $R_f = R_1 = R_2$，则 $\qquad u_o = -(u_{i1} + u_{i2}) \qquad (3\text{-}15)$

3. 反相积分器

若将反相比例放大器的反馈电阻换成电容器，则可组成反相积分器，如图 3-17 所示。

由"虚短"和"虚断"特性可得，$i_C = i_1 = u_i/R_1$

$$u_o = 0 - u_C = -\frac{1}{C}\int i_C \mathrm{d}t = -\frac{1}{C}\int \frac{u_i}{R_1}\mathrm{d}t = -\frac{1}{R_1 C}\int u_i \mathrm{d}t$$

即 $\qquad u_o = -\dfrac{1}{R_1 C}\int u_i \mathrm{d}t \qquad (3\text{-}16)$

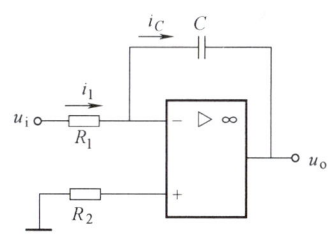

图 3-17 反相积分器

输出电压正比于输入电压对时间的积分，负号表示输出电压与输入电压反相。当输入直流信号时，输出信号电压将随时间线性增长。设电容上的初始电压等于零（即 $t=0$ 时，$u_C=0$），且输入电压为恒定直流信号 U，则

$$u_o = -\frac{U}{R_1 C}t$$

其电路输出波形如图 3-18 所示。

在实际自动控制系统中，积分电路常用来实现延时、定时和产生各种波形，在测量仪表中应用广泛。例如，针对一个来自速度传感器的正比于加速度的信号，通过对加速度信号进行积分，得到一个正比于速度的信号。时间常数 $\tau = R_1 C$ 取值越大，延时和定时时间越长，电路的抗干扰性能越强。一般地，τ 要大于 10 倍

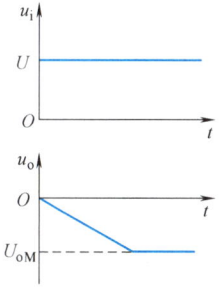

图 3-18 反相积分器输入与输出波形

的输入脉冲宽度。

例 3-5　利用图 3-19a 所示的积分电路将方波变成三角波，对应的仿真电路如图 3-20b 所示。计算三角波的峰、谷值，仿真输出电压与输入电压波形。

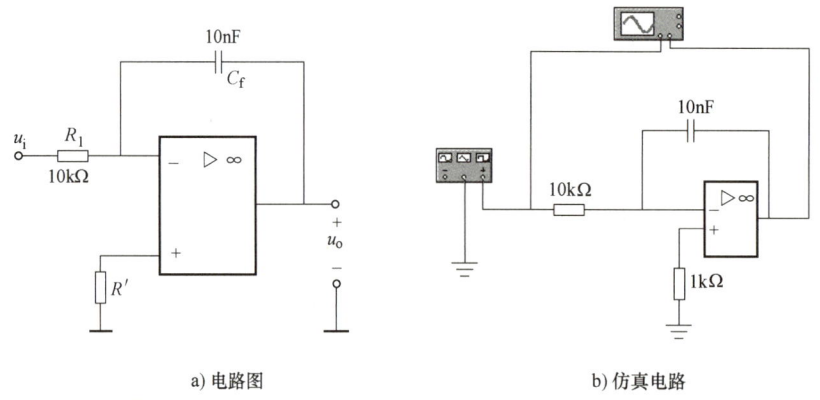

a) 电路图　　　　　　　　　　　　　　b) 仿真电路

图 3-19　例 3-5 图

M3-9 微课/反相积分器

解： 时间常数： $\tau = R_1 C_f = 0.1\text{ms}$

$$u_o = -\frac{1}{R_1 C_f}\int_{t_1}^{t_2} u_i dt + u_o(t_1)$$

设 $u_c(0) = 0$，则 $u_o(0) = 0$，有

$$u_o\big|_{t=0.1\text{ms}} = -\frac{1}{0.1}\int_0^{0.1} 5\text{V}dt = -5\text{V}$$

$$u_o\big|_{t=0.3\text{ms}} = -\frac{1}{0.1}\int_{0.1}^{0.3}(-5\text{V})dt - 5\text{V} = 5\text{V}$$

理论波形如图 3-20a 所示，仿真输入电压与输出电压波形如图 3-20b 所示。

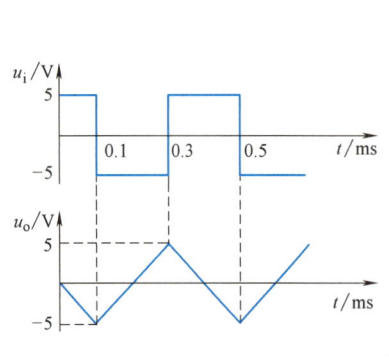

a) 理论波形

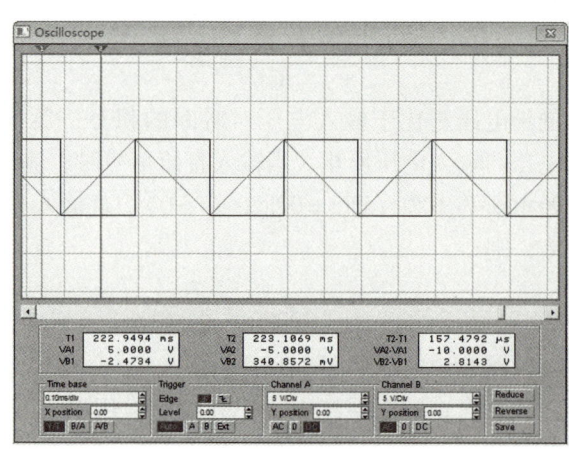

b) 仿真波形

图 3-20　积分电路输入与输出电压波形

4. 反相微分器

若将反相积分器中的电阻与电容器位置互换,则可构成反相微分器,如图3-21所示。

根据理想运算放大器的"虚短"和"虚断"特性可得

$$i_1 = i_C = i_f, \quad u_+ = u_- = 0$$

$$u_o = -i_f R_f = -i_C R_f = -R_f C \frac{du_C}{dt} = -R_f C \frac{du_i}{dt}$$

即

$$u_o = -R_f C \frac{du_i}{dt} \quad (3-17)$$

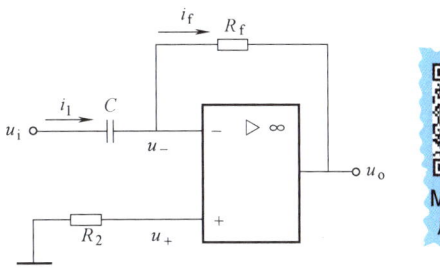

图3-21 反相微分器

由式(3-17)可知,输出电压与输入电压的微分成正比,负号表示输出电压与输入电压反相。若输入信号波形如图3-22a所示,则输出波形为尖脉冲,如图3-22b所示。

在输入信号突变时,输出为一尖脉冲,在输入信号无变化的平坦区域,电路无输出电压。显然,微分电路对突变信号反应特别敏感。

在自动控制系统中,常用微分电路来提高系统的调节灵敏度。时间常数 $I = R_f C$,常取小于0.1倍的输入脉冲宽度。

在实际应用的自动控制系统中,常将比例(P)、积分(I)和微分(D)三部分电路组合起来,组成PID(比例-积分-微分电路)调节器。比例用于常规(主)调节,并作用于调节过程的始终;积分用于抑制干扰;微分用于快速反应变化趋势并加以抑制。图3-23所示为PID调节器。

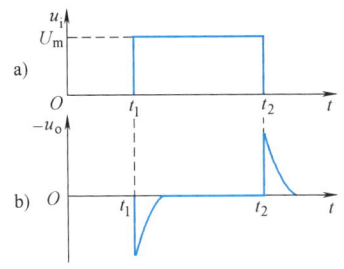

图3-22 反相微分器输入、出波形

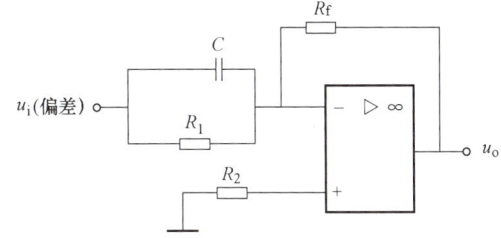

图3-23 PID调节器

3.3.2 同相输入运算放大电路

1. 同相比例放大器

(1) 电路组成 同相比例放大器如图3-24所示。

输入信号 u_i 通过 R_2 馈送到运算放大器的同相输入端,输出信号 u_o 经 R_f 反馈至反相输入端。

(2) 闭环电压放大倍数 根据理想运放的"虚短""虚断"特性可知,$u_- \approx u_+ \approx u_i$,

在信号输入支路上，可得

$$i_1 = \frac{0 - u_-}{R_1} = -\frac{u_i}{R_1}$$

在反馈支路上可得

$$i_f = \frac{u_- - u_o}{R_f} = \frac{u_i - u_o}{R_f}$$

根据理想运放的"虚断"概念可知，$i_1 \approx i_f$，即

$$-\frac{u_i}{R_1} = \frac{u_i - u_o}{R_f} \Rightarrow u_o = \left(1 + \frac{R_f}{R_1}\right)u_i \quad (3-18)$$

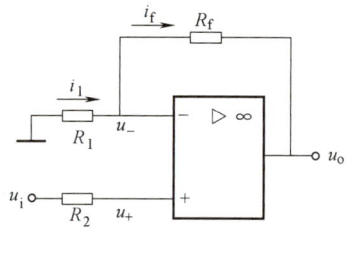

图 3-24　同相比例放大器

则闭环电压放大倍数为

$$\dot{A}_u = \frac{u_o}{u_i} = 1 + \frac{R_f}{R_1}$$

可见，闭环电压放大倍数 $\dot{A}_u$ 为正值，输出电压 u_o 与输入电压 u_i 同相，故称之为同相比例放大器。同相比例放大器的输入阻抗较大，约等于 r_{id}，输出阻抗较小，存在共模输入信号。

当 $R_f = 0$，$R_1 = \infty$ 时，电压放大倍数 $\dot{A}_u = 1$，即输出与输入相同，$u_o = u_i$，电路就成为电压跟随器，如图 3-25 所示。

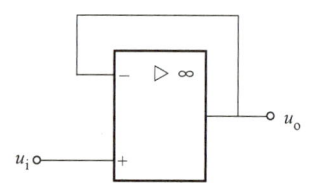

图 3-25　电压跟随器

例 3-6　有一电容式压力传感器，其输出阻抗为 1MΩ，测量范围是 0~10MPa，其灵敏度是 +1mV/0.1MPa，现在要用一个输入为 0~5V 的标准表显示这个压力传感器测量的压力值变化，即需要一个放大器把压力传感器输出的信号放大到标准表输入所需要的状态。试设计这个放大器并确定各元件参数。

解：因为压力传感器的输出阻抗很高，所以不能采用输入阻抗较小的反相比例放大器构成放大器，而需要采用高输入阻抗的同相比例放大器。因为标准表的最高输入电压对应压力传感器 10MPa 时的输出电压值，而压力传感器这时的输出电压为 100mV，也就是放大器的最高输入电压，即这时放大器的输出电压应是 5V，所以放大器的电压放大倍数是 $\frac{5V}{100mV}$ = 50。根据这些条件便可确定电路的参数。

1) 取 $R_1 = 10\text{k}\Omega$。

2) $R_f = (50-1)R_1 = 49 \times 10\text{k}\Omega = 490\text{k}\Omega$。

3) $R_2 = R_1 // R_f = \frac{10\text{k}\Omega \times 490\text{k}\Omega}{10\text{k}\Omega + 490\text{k}\Omega} = 9.8\text{k}\Omega$。

4) 运算放大器采用高输入阻抗的 CA3140。

5) 采用对称电源供电，电源电压可采用 10V（因为放大器最大输出电压是 5V）。电路原理图如图 3-24 所示。

2. 同相加法器

同相端若有两个及以上信号输入，则称为同相加法器，如图 3-26 所示。

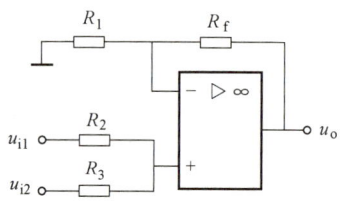

图 3-26　同相加法器

u_{i1} 单独作用时，输出电压　　　$u'_o = \left(1 + \dfrac{R_f}{R_1}\right)\dfrac{R_3}{R_2 + R_3} u_{i1}$

u_{i2} 单独作用时，输出电压　　　$u''_o = \left(1 + \dfrac{R_f}{R_1}\right)\dfrac{R_2}{R_2 + R_3} u_{i2}$

则 u_{i1}、u_{i2} 共同作用时，输出电压

$$u_o = \left(1 + \dfrac{R_f}{R_1}\right)\left(\dfrac{R_3}{R_2 + R_3} u_{i1} + \dfrac{R_2}{R_2 + R_3} u_{i2}\right) \tag{3-19}$$

若取 $R_2 = R_3$、$R_f = R_1$，则

$$u_o = u_{i1} + u_{i2}$$

*3.3.3　差分电路

当运算放大器的同相输入端和反相输入端都接有输入信号时，输出电压与输入信号的加权相减值成比例，称为差分电路，如图 3-27 所示。

电路输出信号 u_o 与两输入信号 u_{i1}、u_{i2} 加权相减值成比例，即

$$u_o = \dfrac{u_{i2} R_3}{R_2 + R_3}\left(1 + \dfrac{R_f}{R_1}\right) - \dfrac{R_f}{R_1} u_{i1} \tag{3-20}$$

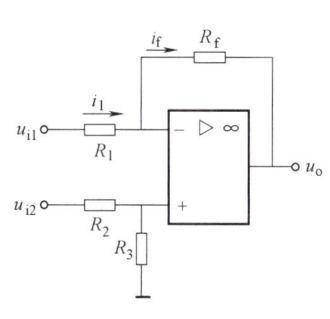

图 3-27　差分电路

若取 $R_1 = R_2$、$R_3 = R_f$，则

$$u_o = \dfrac{R_f}{R_1}(u_{i2} - u_{i1})$$

若取 $R_1 = R_2 = R_3 = R_f$，则

$$u_o = u_{i2} - u_{i1}$$

例 3-7　试写出图 3-28 所示电路的运算关系，已知 $R_1 = R_2 = R_{f1} = R_{f2}$。

解： 第一运放为同相比例电路，因此有

$$u_{o1} = \left(1 + \dfrac{R_{f1}}{R_1}\right) u_{i1} = 2 u_{i1}$$

第二运放为差分电路，运用叠加原理。

当 u_{i1} 单独作用时，$u'_o = -\dfrac{R_{f2}}{R_2} u_{o1} = -2 u_{i1}$

当 u_{i2} 单独作用时，$u''_o = \left(1 + \dfrac{R_{f2}}{R_2}\right) u_{i2} = 2 u_{i2}$

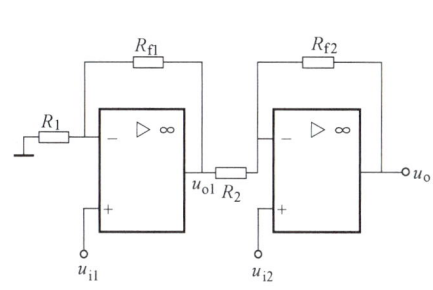

图 3-28　例 3-7 图

所以

$$u_o = u'_o + u''_o = 2 u_{i2} - 2 u_{i1} = 2(u_{i2} - u_{i1})$$

例 3-8　试根据下列运算关系的要求设计运放电路，并选择合适的参数，同时画出电路图。
（1） $u_o = 5(u_{i2} - u_{i1})$；（2） $u_o = 5(u_{i2} + u_{i1})$；（3） $u_o = -5(u_{i2} + u_{i1})$。

解：

（1）由 $u_o = 5(u_{i2} - u_{i1})$ 可知，两个输入信号 u_{i1}、u_{i2} 是做减法运算的，可采用差分电路，并取 $R_1 = R_2$、$R_3 = R_f$，$R_f = 5R_1$，即可符合要求，电路如图 3-27 所示。

（2）由 $u_o = 5(u_{i2} + u_{i1})$ 可知，两个输入信号 u_{i1}、u_{i2} 是做加法运算的，采用同相加法器，并取 $R_2 = R_3$，$R_f = 9R_1$，即可满足要求，电路如图 3-26 所示。

（3）由 $u_o = -5(u_{i2} + u_{i1})$ 可知，两个输入信号 u_{i2}、u_{i1} 是做加法运算的，采用反相加法电路连接，并取 $R_2 = R_1$，$R_f = 5R_1$，即可满足要求，电路如图 3-16 所示。

*3.4 电压比较器及滞回比较器

运算放大器引入深度负反馈后可以工作在线性区，实现比例、加法等运算。若运算放大器工作于开环或正反馈工作状态，则进入非线性工作区域，此时，可以实现电压比较功能。

3.4.1 电压比较器

1. 电路组成

电压比较器如图 3-29 所示。

$U_R(U_{REF})$：参考电压或基准电压，加在运算放大器的同相输入端。

u_i：被比较的对象，加在运算放大器的反相输入端。

u_o：输出电压，反映比较的结果，为高电平或低电平，以满足后面连接的数字电路对 1 和 0 两种逻辑电平的要求。

2. 工作原理

运算放大器工作于开环状态，其开环增益很高，两个输入端电压有微小的差别，就会使输出处于饱和状态。

当 $u_i < U_R$ 时，则有净输入电压 $u_{id} = u_i - U_R = u_- - u_+ < 0$，运算放大器输出正向饱和电压 U_{o+}。

当 $u_i > U_R$ 时，则有净输入电压 $u_{id} = u_i - U_R = u_- - u_+ > 0$，运算放大器输出负向饱和电压 U_{o-}。

电压比较器的电压传输特性如图 3-30 所示，即输出与输入的关系。

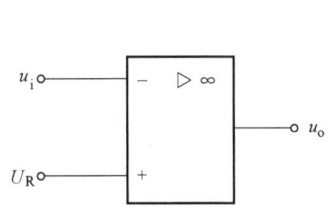

图 3-29 电压比较器

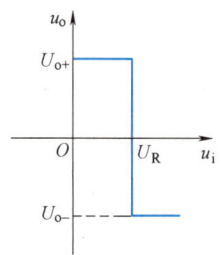

图 3-30 电压传输特性

如果输入信号 u_i 为正弦波信号，且 u_i 最大值 U_{im} 大于 U_R，则比较器将输出同频率的矩形波信号 u_o，如图 3-31 所示。

若取参考电压 $U_R=0$，则输入电压 u_i 每次过零时，输出电压 u_o 就要产生跃变（反转），这种比较器称为过零比较器（称过零检测器），其电压传输特性如图 3-32 所示。

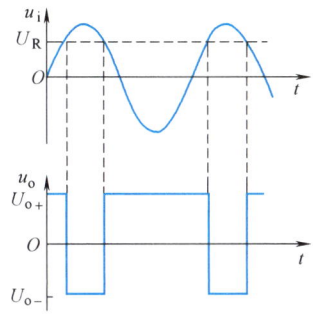

图 3-31　电压比较器波形变换

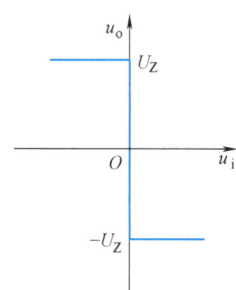

图 3-32　过零检测器的电压传输特性

有时为了将输出电压限制在某一特定值，以便与接在输出端的数字电路的电平配合，可在比较器的输出端与反相输入端之间跨接一个双向稳压管，作双向限幅用。双向稳压管的稳定电压为 U_Z，其电路和传输特性如图 3-33 所示。

当 $u_i>0$ 时，VS_1 正向导通，VS_2 反向击穿，工作于稳压状态，输出电压 $u_o=-(0.7V+U_Z)\approx -U_Z$；当 $u_i<0$ 时，VS_1 反向击穿，工作于稳压状态，VS_2 正向导通，输出电压 $u_o=0.7V+U_Z\approx U_Z$，输出电压被限制在 $+U_Z$ 和 $-U_Z$ 之间。

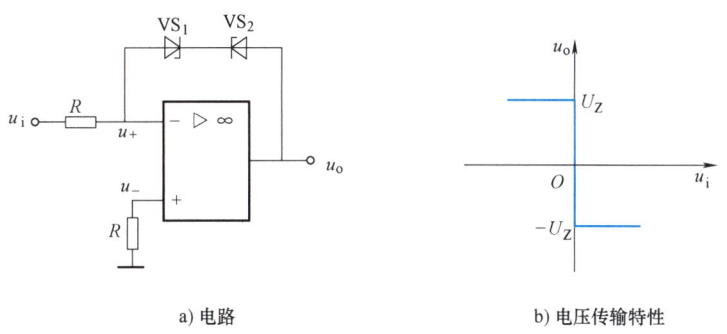

a) 电路　　　　　　　　　　b) 电压传输特性

图 3-33　带双向稳压管的电压比较器

实用电路小案例：采用运算放大器的超温报警电路

在图 3-34 中，控制对象为报警器（扬声器 B）。控制目的为超温报警。A 为电压比较器。工作原理如下。

由电阻 R_2、R_3 和电位器 R_{P1} 提供基准电位，正常时，调节 R_{P1} 使 A 点电位小于 B 点电位，即 $V_A<V_B$，运算放大器 A 的 6 脚输出低电平（约 0V），晶体管 VT 无基极偏压而截止，扬声器 B 不响。

当温度超过设定值时，负电阻系数热敏电阻 R_1 阻值变小，使 $V_A > V_B$，运算放大器 A 的 6 脚输出高电平（约为 12V），晶体管 VT 得到基极偏压而导通，扬声器 B 发出超温报警声。

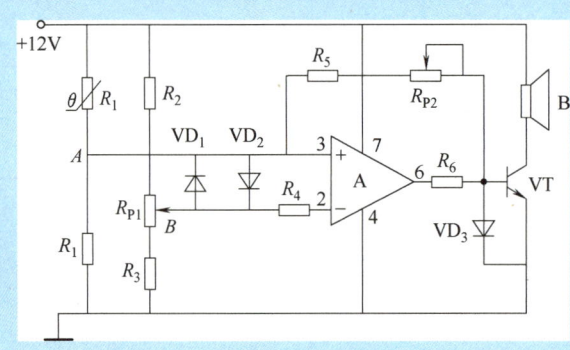

图 3-34　采用运算放大器超温报警电路

3.4.2　滞回比较器

在自动控制系统中经常要用到一种比较器，例如，对电冰箱进行温度控制的电子温度控制器。假设对它的要求是当冰箱内温度达到 10℃ 时接通电源使压缩机工作，当冰箱内温度下降到 0℃ 时切断电源使压缩机停止工作。温度变化用热敏电阻检测，通过检测电路把温度变化转换成相应的电压变化，若该电压变化与温度的变化呈线性关系，即温度上升电压增大。那么，实现这种控制能否采用前面介绍的电压比较器呢？

由于电压比较器在反相输入端的电压等于同相输入端的参考电压时，放大器的输出状态就要发生变化，也就是说，这种电路输出电压状态的变化仅取决于输入电压的某一点，若把其用于温度控制器，则压缩机将会在 0℃ 停止工作，当温度高于 0℃ 时就开始工作，显然，这不能达到上述的要求。但若采用图 3-35a 所示的滞回比较器，则能满足上述要求。滞回比较器是一种能判断出两种状态的开关电路，被广泛应用于自动控制电路中。

1. 反相滞回比较器

过零比较器的抗干扰能力差，在阈值附近，只要有很小的干扰信号都可能使电路误动作。为了解决这个问题，将输出电压通过反馈电阻 R_f 引向同相输入端，形成正反馈，将参考电压 U_R 通过 R_2 接于同相输入端，输入信号通过 R_1 接于反相输入端，这样就构成了图 3-35a 所示的反相滞回比较器。图 3-35b、c 分别是它的电压传输特性曲线和输入/输出波形。

2. 同相滞回比较器

同相滞回比较器的电路与电压传输特性曲线分别如图 3-36a、b 所示。

与反相滞回比较器相区别，同相滞回比较器的比较电压只有一个，即反相输入端的 U_R，而电路的输出有两个不同值。当 u_i 由比较小的值开始增大，且 $u_i \leq U_{TH}$ 时，输出 $u_o = -U_Z$，U_{TH} 称为上门限电压：

$$U_{TH} = \frac{R_f + R_2}{R_f} \cdot U_R + \frac{R_2}{R_f} \cdot U_Z$$

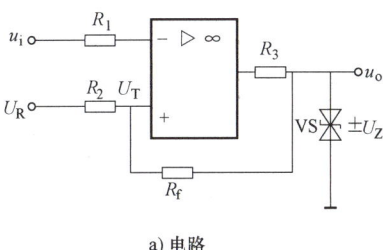

a) 电路

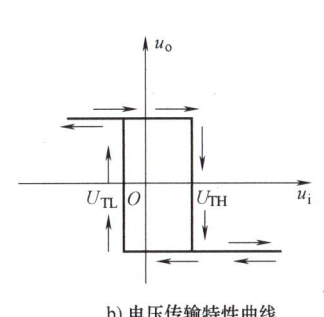

b) 电压传输特性曲线

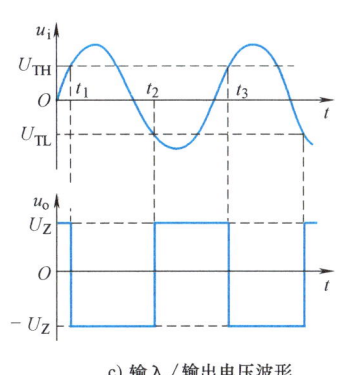

c) 输入/输出电压波形

图 3-35　反相滞回比较器

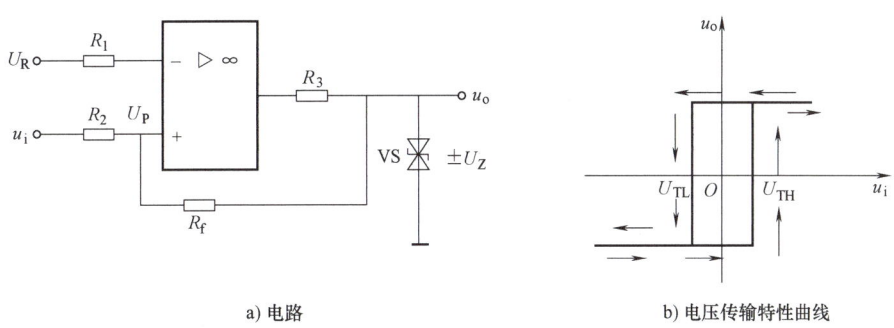

a) 电路　　　　　　　　　　　　　b) 电压传输特性曲线

图 3-36　同相滞回比较器

当 u_i 由比较大的值开始减小，且 $u_i \geqslant U_{TL}$ 时，输出 $u_o = U_Z$，U_{TL} 称为下门限电压：

$$U_{TL} = \frac{R_f + R_2}{R_f} \cdot U_R - \frac{R_2}{R_f} \cdot U_Z$$

*3.5　信号发生器电路设计

1. 任务要求

现有一设备需要用到频率为 10kHz、幅值为 6.5V 的方波信号驱动电路工作，试设计方波发生器电路。

2. 任务分析

要产生一个方波信号，首先就必须用到比较器，利用运算放大器（作比较器）的特点产生一个方波信号；其次是要能持续产生一个方波信号，在运算放大器电路中就必须加一个振荡电路，可以是一个正弦波振荡电路，产生正弦波信号，也可以采用积分电路，产生三角波信号，以此来作为比较器的输入信号；再次是要使输出的方波信号稳定而不失真，最好采用反相滞回比较器；最后是要使得输出电压恒定在某一数值，则可以在输出端接入并联型稳压电路。

3. 电路原理图

方波产生电路如图 3-37a 所示。

工作过程：在电源通电瞬间，电容 C 两端的电压为零，输出高电平 $u_o = U_Z$，这个高电平通过 R_f 向 C 充电，电容两端的电压 u_C 逐渐上升，当 u_C 上升到超过阈值电压 U_{TH} $\left(U_{TH} = \dfrac{R_1}{R_1 + R_2} U_Z\right)$ 时，电路就会发生翻转，输出电压 $u_o = -U_Z$，此时电容上的电压通过反馈电阻开始向输出端放电，使得电容两端的电压逐渐降低，当电容两端电压降低到 U_{TL} $\left(U_{TL} = -\dfrac{R_1}{R_1 + R_2} U_Z\right)$ 以下时，电路就会再次发生翻转，周而复始，形成振荡，电路就会输出一个方波信号，如图 3-37b 所示。

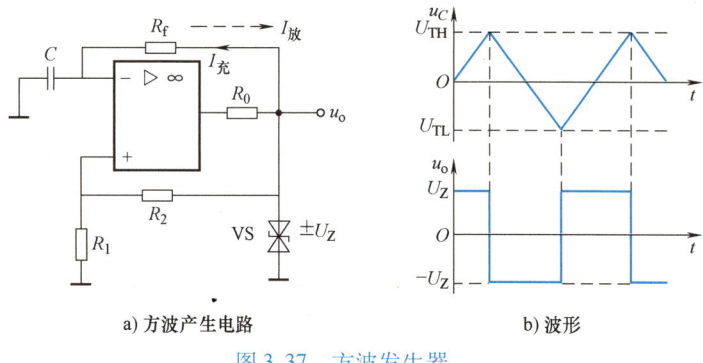

a) 方波产生电路　　　　b) 波形

图 3-37　方波发生器

4. 参数选择

根据电路原理分析可知，电路的振荡频率 $f = \dfrac{1}{2R_f C \ln(1 + 2R_1/R_2)} = 10\text{kHz}$；如果取 $R_1 = R_2 = 10\text{k}\Omega$，电容 $C = 4.7\text{pF}$，则反馈电阻 $R_f = 10^4 \text{k}\Omega$；运算放大器采用双运放的 uA741。所选元器件清单见表 3-1。

表 3-1　元器件清单

序号	名称	型号	数量	备注
1	电阻 R_0	10kΩ	1 只	
2	电阻 R_1	10kΩ	1 只	
3	电阻 R_2	10kΩ	1 只	
4	电阻 R_f	10^4kΩ	1 只	
5	电容 C	4.7pF	1 只	
6	双向稳压二极管 VS	DW231	1 只	
7	运算放大器 U	uA741	1 块	

科学家与科学故事：王守武在大规模集成电路芯片成品率上的研究

王守武（1919—2014，见图3-38），江苏苏州人，半导体器件物理学家，中国半导体科学技术的开拓人和奠基人之一。1941年毕业于同济大学。1946年获美国普渡大学硕士学位，1949年获博士学位。1950年秋，王守武回国，在中科院应用物理研究所工作，以半导体为研究方向。1958年筹建了我国第一个晶体管工厂。1963年起致力于砷化镓激光器的研究工作，创造了简易的光学定晶向的方法，促进了我国第一个砷化镓激光器的研制成功。1973年起，在领导研究砷化镓中高场畴的动力学以及PNPN负阻激光器的瞬态和光电特性的过程中，提出了一些很有创见的学术观点。1978年带领科技人员进行提高大规模集成电路芯片成品率的研究，解决了一系列技术难题，使我国大规模集成电路芯片的成品率有显著提高，成本大为降低。1980年当选为中国科学院院士（学部委员）。

图3-38　王守武

3.6　任务实施

3.6.1　理想运算放大器"虚短"和"虚断"特性的测量

场地：机房或多媒体教室。

器材：计算机、Multisim仿真软件。

知识点复习：理想运算放大器的条件与特性。

实施过程：观察反相比例放大电路中运算放大器两输入端的电压值和电流值，理解运算放大器的"虚短"和"虚断"概念。

1）在Multisim中搭建图3-39所示电路，设置好元器件性能与参数。

2）按下仿真开关，观察电压表、电流表读数的显示值，分析原因。

3）重新搭建一个同相比例运算放大器，按上述仿真步骤，继续观察电流表、电流表读数的显示值等，并分析原因。

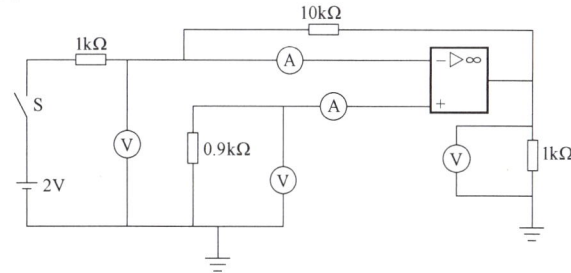

图3-39　反相比例放大电路"虚短"和"虚断"特性测量

3.6.2　运算放大电路带负反馈时电压放大倍数和通频带的测量

1. 电压放大倍数的测量

（1）在 Multisim 仿真平台上搭建反相比例放大电路　设置好电路参数，如图 3-40 所示。

M3-11 微课/运算放大电路电压放大倍数和通频带测量

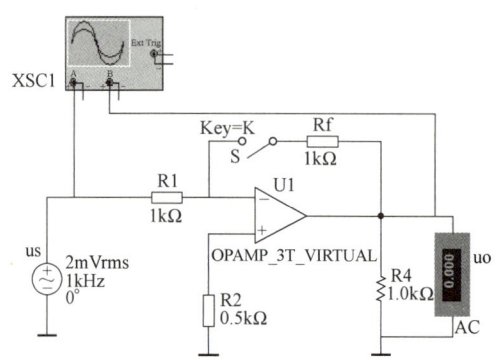

图 3-40　反相比例放大电路

（2）测量无反馈时，输出电压的大小与波形　打开反馈网络上的开关 S，当输入信号为 2mV、1kHz 的正弦波时，测量输出电压的波形与大小；改变输入信号的大小与频率，重复上面的步骤。

（3）测量带负反馈时，输出电压的大小与波形　将反馈电阻分别设置为 1kΩ、10kΩ、50kΩ、100kΩ，分别测量输出电压的大小与波形。

注意： 平衡电阻为 $R_2 = R_1 \mathbin{/\mkern-6mu/} R_f$，当 R_f 改变时，R_2 也要跟着改变。

根据测量值算出不同反馈电阻时的电压放大倍数，填入表 3-2。

表 3-2　不同反馈电阻对电压放大倍数的影响

测试条件	开关 S 断开	开关 S 闭合			
	∞	$R_f = 1\text{k}\Omega$	$R_f = 10\text{k}\Omega$	$R_f = 50\text{k}\Omega$	$R_f = 100\text{k}\Omega$
测量输入电压 U_o					
根据测量值计算电压放大倍数 U_o/U_i					

（4）分析负反馈对运算放大电路放大倍数的影响　通过观察、比较表 3-2 的数据，分析负反馈对运算放大电路放大倍数的影响，并分析与放大倍数有关的因素。

2. 通频带的测量

（1）计算电压增益　先计算前面的电压放大倍数下降到原先的 70.7% 时的电压增益 G'_u，填入表 3-3。

（2）测量通频带

1）连接、设置伯德图仪。

将前面电路中的示波器换为伯德图仪，测量幅频特性，其余电路结构、参数均不变。设置伯德图仪面板上频率测量范围从 1μHz ~ 1GHz，电压增益的范围从 -100 ~ 120dB。

表 3-3 通频带测试

反馈电阻	电压放大倍数 A_u（倍）	电压增益 $G_u = 20\log|A_u|$（dB）	$A_u' = 0.707A_u$（倍）	$G_u' = 20\log|A_u'|$（dB）	BW/Hz
$R_f = 1\text{k}\Omega$					
$R_f = 10\text{k}\Omega$					
$R_f = 50\text{k}\Omega$					
$R_f = 100\text{k}\Omega$					
不接负反馈					

2）测量。

① 设置反馈电阻。分别设置为 $R_f = 1\text{k}\Omega$、$10\text{k}\Omega$、$50\text{k}\Omega$、$100\text{k}\Omega$，测量与计算对应的通频带，填入表 3-3。

② 断开反馈网络上的开关 S，测量此时的通频带。**注意**：先测量此时的电压增益 G_u，然后换算成电压放大倍数 A_u，再计算出 A_u'、G_u'，最后测量此时的通频带。填入表 3-3。

（3）分析　分析上面的电压放大倍数与通频带大小关系，可以得出哪些结论？

3.6.3　运算放大器微分、积分电路输入和输出电压的测量

场地：机房或多媒体教室。

器材：计算机、Multisim 仿真软件。

知识点复习：运算放大器的线性应用。

实施过程：观察运算放大器积分电路的输入信号与输出信号波形，理解运算放大器积分电路的工作原理。

1）在 Multisim 中搭建图 3-41 所示电路，设置好元器件性能与参数，信号发生器选频率为 2.5kHz、幅值为 5V 的方波信号作为输入信号。

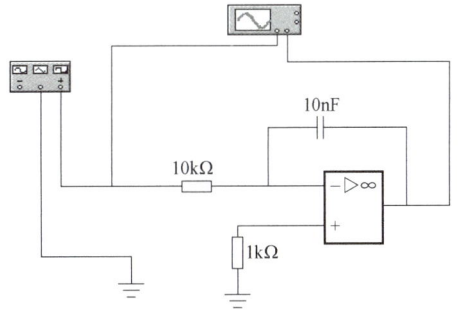

图 3-41　积分电路

2）按下仿真开关，利用双踪示波器的两个通道显示输入、输出信号波形，比较两者的频率和幅值，分析原因。

3）故障设置与检修：断开平衡电阻、运算放大器反相输入端的引脚，断开或短路反馈电容等，使用示波器、万用表等仪表检测电路输出情况，观察与正常输出相比有何不同，试分析原因。

4）重新搭建一个电路（微分电路），如图 3-42 所示。按上述仿真步骤，利用双踪示波器的两个通道比较输入和输出信号的波形、频率、幅值，并分析。

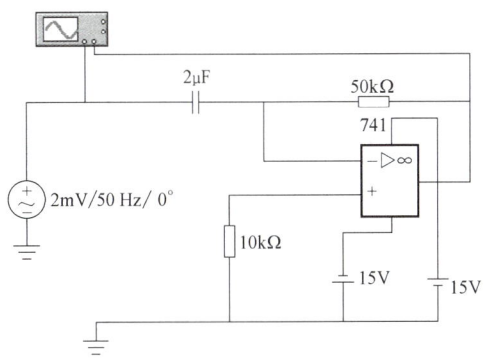

图 3-42　微分电路

本章小结

1. 运算放大器简介

集成运算放大器是把多个晶体管组成的直接耦合的、具有高放大倍数的电路集成在一块微小的硅片上的电子器件,包含差分输入级、中间放大级、互补输出级及偏置电路四部分。

2. 运算放大器的主要特性

①开环电压放大倍数很高;②开环输入电阻很高;③输出电阻很低;④共模抑制比很大。

3. 负反馈的四种基本类型

有电压串联负反馈、电压并联负反馈、电流串联负反馈和电流并联负反馈。

负反馈对放大器的性能的影响:①降低放大器的放大倍数,提高放大器增益的稳定性;②减小非线性失真以及抑制干扰和噪声;③扩展通频带;④影响输入电阻和输出电阻。

4. 运算放大器的线性应用

运算放大器外部电路接上负反馈网络后,可构成各种实用的运算电路:比例运算放大器、积分器、微分器及比较器等。

思考与习题

3-1 集成电路的概念是什么?运算放大器的概念、作用是什么?

3-2 运算放大器的组成部分和结构是什么?各组成部分采用的电路及功能是什么?

3-3 运算放大器的电路符号是什么?举例说明几种常用的运算放大器型号。

3-4 直流放大器产生零点漂移的原因有哪些?

3-5 名词解释:共模信号、差模信号、共模放大倍数、差模放大倍数、共模抑制比。

3-6 理想运算放大器应满足哪些条件?有哪两个特性?

3-7 什么是负反馈?负反馈对放大器性能有何影响?负反馈有哪几种类型?如何判断负反馈的类型?

3-8 电路如图 3-43 所示,运算放大器输出电压的最大幅值为 ±14V,当输入电压 u_i = 0.1V 时,试计算两电路输出电压值和平衡电阻 R_2。

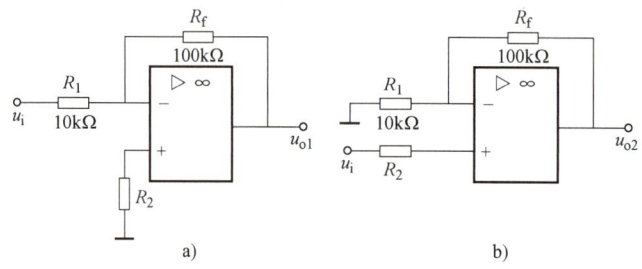

图 3-43 题 3-8 图

3-9 试求图 3-44 所示电路的输出电压 u_o。

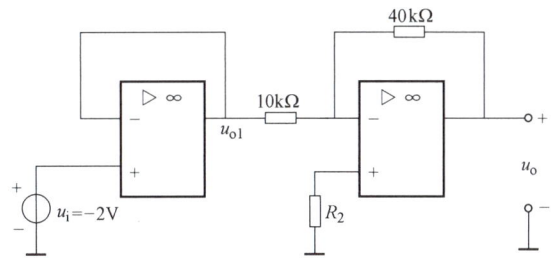

图 3-44　题 3-9 图

3-10 试求图 3-45 所示电路的输出电压 u_o 和 R_2，并判断其反馈类型。已知 $u_i = 0.2\text{V}$，$R_1 = 2\text{k}\Omega$，$R_f = 10\text{k}\Omega$，$R_1' = R_f' = 10\text{k}\Omega$。

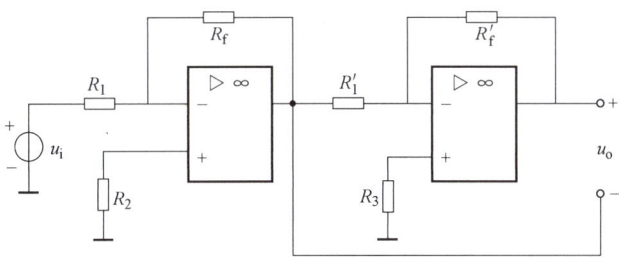

图 3-45　题 3-10 图

3-11 在图 3-46a 所示的反相积分电路中，已知 $R_1 = 50\text{k}\Omega$，$C = 1\mu\text{F}$，u_i 波形如图 3-46b 所示。试画出下列两种情况下的 u_o 波形，并在波形图上说明 u_o 的幅值。

（1） $u_C(0) = 0$；（2） $u_C(0) = -0.5\text{V}$

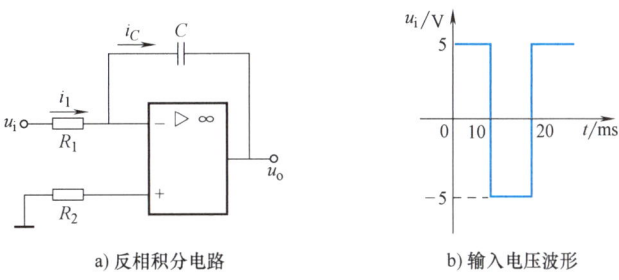

a) 反相积分电路　　　　b) 输入电压波形

图 3-46　题 3-11 图

3-12 按下列各运算关系画出运算电路，并计算各电阻值。括号中的反馈电阻 R_f 和电容 C_f 是已给出的。

（1） $u_o = -3u_i$　　（$R_f = 50\text{k}\Omega$）

（2） $u_o = -(u_{i1} + 0.2u_{i2})$　　（$R_f = 100\text{k}\Omega$）

（3） $u_o = 5u_i$　　（$R_f = 20\text{k}\Omega$）

（4） $u_o = (2u_{i2} - u_{i1})$　　（$R_f = 10\text{k}\Omega$）

(5) $u_o = -200 \int u_i dt$ （$C_f = 0.1 \mu F$）

3-13 写出图 3-47 所示电路中 u_o 与 U_Z 的关系式，并说明其功能。当负载电阻 R_L 改变时，输出电压 u_o 有无变化？调节 R_f 起何作用？

3-14 写出图 3-48 所示电路中 i_o 与 U_S 的关系式，并说明其功能。当负载电阻 R_L 改变时，输出电流 i_o 有无变化？

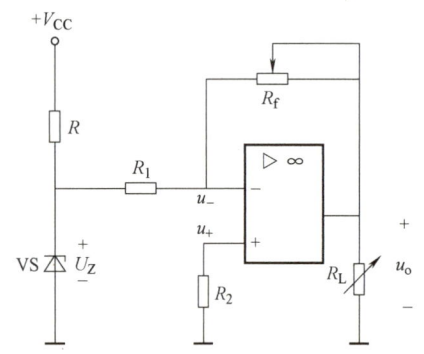

图 3-47　题 3-13 图

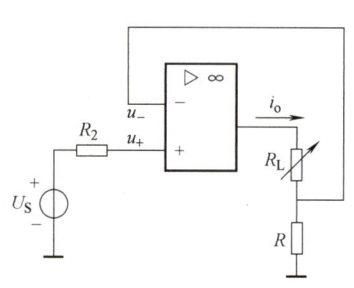

图 3-48　题 3-14 图

3-15 图 3-49 是应用运算放大器测量小电流的原理电路，通过测量电压可得电流值。试计算测量各档电流时反馈电阻 $R_{f1} \sim R_{f5}$ 的阻值。输出端有量程为 5V（500μA）的电压表。

3-16 电路如图 3-50 所示。试问：若以稳压管的稳定电压 U_Z 作为输入电压，则当 R_2（总阻值 $= R_1 = R_3$）的滑动端位置变化时，输出电压的调节范围如何变化？

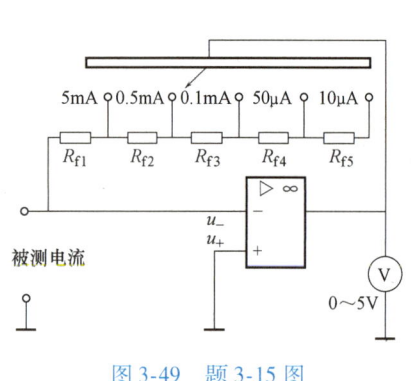

图 3-49　题 3-15 图

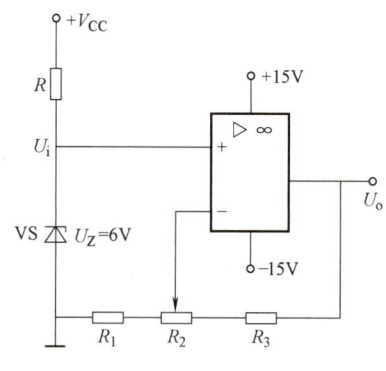

图 3-50　题 3-16 图

3-17 设计一个频率为 1~5kHz 可调、幅值为 7.5V 的方波信号发生器电路。

3-18 设计一个频率为 2kHz 左右可调、幅值为 3V 的三角波信号发生器电路。

第4章

组合逻辑电路

▲ 典型问题

在工作中,经常有议案表决、民主评议、人事选举、测评打分等表决需求,传统的方式是采用举手表决或人工填写纸质表格,存在填写选票或统计选票费时费力的弊端。现大多采用电子表决系统。图4-1a所示为TD3000M有线表决器,图4-1b是一个简化的三人表决逻辑电路,两人及以上同意则表决通过,属于数字电路中的组合逻辑电路,电路组成单元为具有"与非"逻辑运算关系的逻辑门电路。那么,什么是"与非"逻辑关系呢?逻辑门电路还有哪些呢?组合逻辑电路应如何分析及设计呢?

a) TD3000M有线表决器

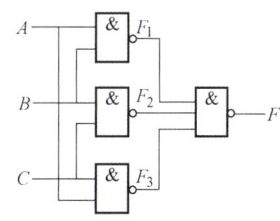

b) 三人表决逻辑电路

图4-1 数字表决器

▲ 学习目标

1)理解数字信号和数字电路的概念,掌握数制间、数制与码制间的相互转换。

2)掌握逻辑函数的表示方法、逻辑代数的常用运算,知道逻辑代数的基本定律和规则,会对逻辑函数进行化简。

3)理解组合逻辑电路的特点,了解组合逻辑电路的分析、设计方法,知道编码器、译码器的逻辑功能和主要用途。

▲ 任务实施

1)探索逻辑函数的真值表、逻辑函数表达式和逻辑电路图互换。

2)实践组合逻辑电路的设计。

4.1 数字信号和数字电路

4.1.1 数字信号

生活中存在着许多物理量,分析它们的信号波形会发现,可以归类为模拟信号和数字信号两种,如图4-2所示。

1. 模拟信号

模拟信号的特点是信号幅值在时间和数值上都是连续变化的。它的优点是形象直观,且容易实现,缺点是保密性差、抗干扰能力弱。

模拟信号通常用于反映光线、温度、位置、压力或其他物理量的变化。在音频、图像处理,通信及日常生活中都有广泛应用。

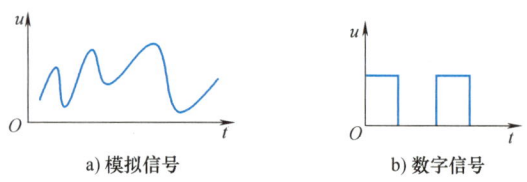

图4-2 模拟信号和数字信号

2. 数字信号

数字信号的特点是信号参数在时间和数值上都是断续变化的,即幅值或频率或相位的取值是离散的,被限制在有限个数值之内。二进制码就是一种数字信号,只有两种状态:有和无或高电平状态和低电平状态,通常用1和0来表示。

数字信号在传输与交换时具有保密性好、抗干扰能力强等优点,因此在通信领域得到了广泛应用。其主要优势如下。

(1)加强了通信的保密性 语音信号经A-D变换成数字信号后,可以先进行加密处理再进行传输,在接收端解密后再经D-A变换还原成模拟信号。

(2)提高了抗干扰能力 数字信号在传输过程中如混入杂音,可以利用电子电路构成的门限电压(称为阈值)衡量输入信号电压,只有达到某一电压幅值,电路才会有输出值,并自动生成一整齐的脉冲(称整形或再生)。较小的杂音电压到达时,由于低于阈值而被过滤掉,不会引起电路动作。因而数字信号传输适用于较远距离的传输,也能适用于性能较差的线路。

(3)可构建综合数字通信网 采用时分交换后,传输和交换统一起来,可以形成综合数字通信网。但数字化通信存在占用频带宽、技术要求复杂等缺点。

4.1.2 数字电路

1. 模拟电路与数字电路

模拟电路是用于传递、加工和处理模拟信号的电子电路,输入信号、输出信号都为模拟信号。模拟电路已经渗透到各个领域,如无线电通信、工业自动控制、电子仪器仪表、家用电器中。

数字电路是用于传递、加工和处理数字信号的电子电路。其主要研究输出与输入信号之间的对应逻辑关系，因此数字电路也称为逻辑电路。数字电路被广泛地应用于数字电子计算机、数字通信系统、数字式仪表、数字控制装置及工业逻辑系统等领域。

2. 数字电路的优点

（1）便于高度集成化生产，通用性强　由于数字信号只有两种状态，因此基本单元电路的结构简单，允许数字电路参数有较大的离散性，有利于将众多的基本单元电路集成在同一块硅片上进行批量生产。

（2）工作可靠性高、抗干扰能力强　数字信号的两种状态用 1 和 0 来表示，这点数字电路很容易做到，从而大大提高了电路工作的可靠性。同时，数字信号不易受到噪声干扰，因此抗干扰能力很强。

（3）数字信息便于长期保存，保密性好　借助某种介质（如磁盘、光盘等）可将数字信息长期保存下来。同时，数字信息容易进行加密处理，不易被窃取。

3. 数字电路的分类

（1）按制作工艺分类　按制作工艺的不同，数字电路可分为分立元器件电路和集成电路。分立元器件电路是将晶体管、电阻、电容等元器件用导线在电路板上连接起来的电路。集成电路则是将上述元器件和导线通过半导体制造工艺做在一块硅芯片上成为一个不可分割的整体电路。

按集成密度的不同，集成电路可分为小规模（SSI，含有 10～100 个元器件）、中规模（MSI，含有 100～1000 个元器件）、大规模（LSI，含有 1000～100000 个元器件）和超大规模集成电路（VLSI，含有超过 10 万个元器件）。

（2）按半导体导电类型分类　按半导体导电类型的不同，数字电路可分为双极型电路和单极型电路。双极型电路即 TTL 型，主要由双极晶体管作为基本器件组成。单极型电路即 MOS 型，主要由单极场效应晶体管作为基本器件组成。

（3）按结构及功能特点分类　按结构及功能特点的不同，数字电路可分为组合逻辑电路和时序逻辑电路。组合逻辑电路在任何时刻的输出状态只取决于当时的输入信号状态，与电路前一时刻的输出状态无关，由逻辑门电路构成。而时序逻辑电路在某一时刻的输出状态不仅取决于当时的输入信号状态，还与电路前一时刻的输出状态有关，其中必不可少的器件是触发器。

4.2 数制与码制

4.2.1 数制

数制就是计数的方法。日常生活中最常用的是十进制，由 0、1、2、3、4、5、6、7、8、9 十个数码组成不同的数。在数字电路中经常采用二进制、八进制、十六进制，并分别以下标字母 B、O、H 或数字 2、8、16 标注区分。不同数制间可以相互转换。

1. 二进制

二进制有 0 和 1 两个数码，可以代表电路开关的开与关，信号的高电平和低电平，事物的有与无等状态。

二进制以 2 为基数，整数部分第 N 位（从右向左数）上数字（0 或 1）的位权是 2^{N-1}，各数码乘以对应的位权后相加，即得到该二进制数对应的十进制数。二进制数的加减运算规律是"逢二进一，借一当二"。

例 4-1 试将二进制数 $(1001011)_2$ 转换为十进制数。

解： $(1001011)_2 = 1 \times 2^6 + 1 \times 2^3 + 1 \times 2^1 + 1 \times 2^0 = 64 + 8 + 2 + 1 = 75$

注意： 十进制数可以不用加下标 10，如上面的 $(75)_{10} = 75$。

将十进制数转换成二进制数，可采用整数部分"除 2 取余数"、小数部分"乘 2 取整数"的办法进行转换，具体见例 4-2。

例 4-2 试将十进制数 $(106.375)_{10}$ 转换为二进制数。

解：（1）整数部分转换　　　　　余数

$106 \div 2$　　　　　0　↑　最低位（二进制）
$53 \div 2$　　　　　　1
$26 \div 2$　　　　　　0
$13 \div 2$　　　　　　1
$6 \div 2$　　　　　　 0
$3 \div 2$　　　　　　 1
$1 \div 2$　　　　　　 1　　最高位（二进制）
0

所以 $(106)_{10} = (1101010)_2$

（2）小数部分转换　　　　　整数部分

$0.375 \times 2 = 0.75$　　　0　　最高位（二进制）
$0.75 \times 2 = 1.5$　　　　1
$0.5 \times 2 = 1.0$　　　　 1　↓　最低位（二进制）

所以 $(0.375)_{10} = (0.011)_2$

将整数和小数部分合起来，得到对应的二进制数为 1101010.011，即 $(106.375)_{10} = (1101010.011)_2$。

2. 十六进制

十六进制有 0、1、2、3、4、5、6、7、8、9、A、B、C、D、E、F 十六个数码，其中，A～F 分别代表十进制的 10～15。

十六进制以 16 为基数，整数部分第 N 位（从右向左数）上数字的位权是 16^{N-1}，各数码乘以对应的位权后相加，即得到该十六进制数对应的十进制数。十六进制数的加减运算规律是"逢十六进一，借一当十六"。

例 4-3 试将十六进制数 $(4B0)_{16}$ 转换为十进制数。

解： $(4B0)_{16} = 4 \times 16^2 + 11 \times 16^1 = 1024 + 176 = 1200$

如要将十进制数转换成十六进制数，只要将整数与小数部分分别采用"除 16 取余数""乘 16 取整数"的办法进行转换即可。也可以先将十进制数转换成二进制数，再由二进制数转换为十六进制数。因为每一个十六进制数码都可以用 4 位二进制来表示，如 $(1101)_2$ 表示十六进制的 D，因此，可以将整数部分的二进制数从低位开始每 4 位（高位不足 4 位在高位补 0）为一组写出其对应的十六进制值，即得其对应的十六进制数，如

$$(75)_{10} = (1001011)_2 = (4B)_{16}$$

表 4-1 列出了十进制 15 以内的数与二进制、十六进制的对应关系。

表 4-1 十进制与二进制、十六进制的对应关系

十进制	二进制	十六进制	十进制	二进制	十六进制
0	0000	0	8	1000	8
1	0001	1	9	1001	9
2	0010	2	10	1010	A
3	0011	3	11	1011	B
4	0100	4	12	1100	C
5	0101	5	13	1101	D
6	0110	6	14	1110	E
7	0111	7	15	1111	F

4.2.2 码制

码制就是编码的方法，用数字、某种文字或符号来表示某一对象或信号的过程，称为编码。十进制数码、某种文字或符号的编码用模拟电路实现较难，在数字电路中可以采用二进制数替代。用二进制数表示十进制数的编码称为二-十进制编码，又称为 BCD 码，是将十进制中 0~9 十个数码分别用 4 位二进制数表示的代码。

常用的 BCD 码有 8421 码、5421 码和 2421 码等编码方式。表 4-2 列出了十进制数码与常用 BCD 码的对应关系。

表 4-2 常用编码表

十进制数码	8421BCD 码	5421BCD 码	2421BCD 码	余 3 码	格雷码
0	0000	0000	0000	0011	0000
1	0001	0001	0001	0100	0001
2	0010	0010	0010	0101	0011
3	0011	0011	0011	0110	0010
4	0100	0100	0100	0111	0110
5	0101	1000	1011	1000	0111
6	0110	1001	1100	1001	0101
7	0111	1010	1101	1010	0100
8	1000	1011	1110	1011	1100
9	1001	1100	1111	1100	1101

能实现编码功能的电路称为编码器。

例 4-4 试将十进制数 $(241.86)_{10}$ 转换为 8421BCD 码。

解：$(241.86)_{10} = (1001000001.1000011)_{8421BCD}$

M4-1 测试/
数制与码制

4.3 逻辑函数

逻辑代数又称为布尔代数，是英国科学家乔治·布尔于1847年首先提出并用于描述客观事物逻辑关系的一种数学方法，是分析和设计数字逻辑电路的主要工具。

在逻辑代数中，任何一个或几个逻辑变量用算子"·""+""-"进行有限次逻辑运算及括号、符号等构成的逻辑表达式，称为这几个逻辑变量的逻辑函数。它和普通代数中函数的区别在于：普通代数中的变量可以是任意值，因此其函数取值也可以是任意值；而逻辑变量的取值只有"0"和"1"两种，因而逻辑变量构成的逻辑函数取值也只有"0"和"1"两种。

4.3.1 基本逻辑函数和复合逻辑函数

1. 基本逻辑函数

在数字电路中，常常只需要知道电平是高还是低，晶体管是导通还是截止，脉冲信号是有还是无等两种对立的状态，因此可以用逻辑代数值1和0表示。数字电路主要研究电路的输出变量与输入变量之间的逻辑对应关系，可以用逻辑函数式来表示为

$$F = f(A, B, C\cdots)$$

式中，A、B、C等代表输入变量；F代表输出变量。下面介绍几种基本逻辑函数。

（1）与逻辑运算　与逻辑运算又称为逻辑乘。二输入与逻辑函数表达式为

$$Y = A \cdot B \tag{4-1}$$

式中，"·"表示逻辑乘，在不需要特别强调的地方可以省略，简写成$Y=AB$。二输入与逻辑运算符号如图4-3a所示。

与逻辑运算的意义是当决定事件发生的所有条件都成立时，事件才能发生。例如，要使二极管要导通（$Y=1$），须加正向电压（$A=1$），且正向电压要大于死区电压（$B=1$），这两个条件都成立时二极管才能导通。

逻辑体制有正逻辑和负逻辑，常用正逻辑，用1表示高电平、灯亮或成立等事物状态，0表示低电平、灯灭或不成立等事物状态；负逻辑则相反。因此，与逻辑的运算规律：有0出0，全1出1。其真值表见表4-3。真值表是逻辑函数的另一种表示形式，是根据逻辑关系把各逻辑变量的取值组合和对应的输出逻辑函数值排列成的表格。

多输入变量的与逻辑表达式为$Y = ABCD\cdots\cdots$

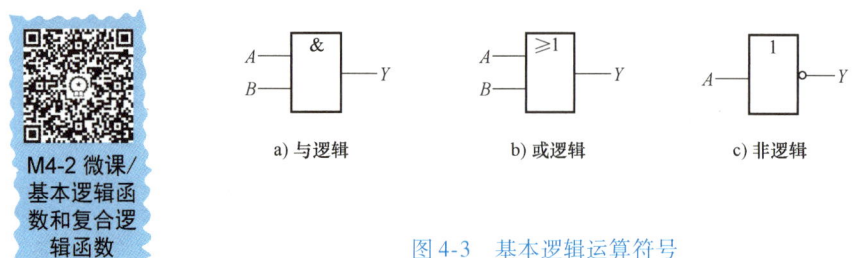

a) 与逻辑　　b) 或逻辑　　c) 非逻辑

图4-3　基本逻辑运算符号

M4-2 微课/基本逻辑函数和复合逻辑函数

（2）或逻辑运算　或逻辑运算又称为逻辑加。二输入或逻辑函数表达式为

$$Y = A + B \tag{4-2}$$

式中，"+"表示逻辑加。二输入或逻辑运算符号如图4-3b所示。

或逻辑运算的意义是当决定事件发生的条件中只要有一个及以上成立，事件就发生。例如，单管放大电路输出信号失真（$Y=1$）这个结果可以有多种原因，如静态工作点不合适（$A=1$）或输入信号太大（$B=1$）等，只要有一种原因存在，失真这个结果就会发生。

或逻辑运算规律：有 1 出 1，全 0 出 0。其真值表见表 4-3。

多输入变量的或逻辑表达式为 $Y=A+B+C+D+\cdots\cdots$

表 4-3　与逻辑、或逻辑和非逻辑的真值表

A	B	$Y=A\cdot B$	$Y=A+B$	$Y=\overline{A}$
0	0	0	0	1
0	1	0	1	—
1	0	0	1	0
1	1	1	1	—

（3）非逻辑运算　对逻辑变量 A 进行非逻辑运算的逻辑函数表达式为

$$Y=\overline{A} \tag{4-3}$$

式中，变量上方的"－"为非号，也称为反号。有"－"的输入变量称为反变量，如"$\overline{A}$""$\overline{B}$"，无"－"的输入变量称为原变量，如"A""B"。非逻辑运算符号如图 4-3c 所示。

非逻辑运算的意义是当条件为真时，结果为假。例如，在灯的两端并联一个开关，当开关闭合（$A=1$）时，灯被短路而不亮（$Y=0$），即灯亮这个结果为假。

非逻辑运算规律：输出与输入状态相反。其真值表见表 4-3。

2. 常用复合逻辑函数

将与、或、非三种基本逻辑组合起来，可以得到复合逻辑，即复合逻辑函数，如本章开始提出的典型问题——图 4-1b 所示电路的组成单元（与非门），就是一种复合逻辑。下面介绍常见的几种复合逻辑函数。

（1）与非运算、或非运算　与非运算为先与运算后非运算；或非运算为先或运算后非运算。当输入二逻辑变量为 A、B，输出逻辑函数为 Y 时，相应的逻辑函数表达式为

$$\begin{cases} Y=\overline{A\cdot B} \\ Y=\overline{A+B} \end{cases} \tag{4-4}$$

与非、或非运算的逻辑运算符号分别如图 4-4a、b 所示。

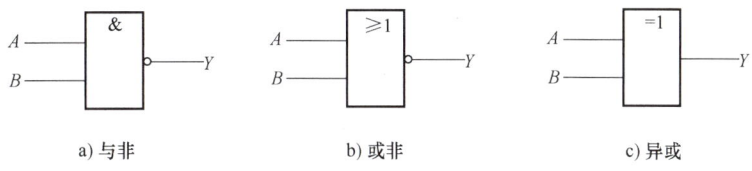

a) 与非　　　　　　b) 或非　　　　　　c) 异或

图 4-4　复合逻辑运算符号

（2）异或运算　设输入逻辑变量为 A、B，输出逻辑函数为 Y，异或运算实现的逻辑关系：当输入变量 A、B 状态相异时，Y 输出 1；当输入变量 A、B 状态相同时，Y 输出 0。相

应的逻辑函数表达式为

$$Y = A \oplus B = \bar{A}B + A\bar{B} \tag{4-5}$$

式中,"⊕"表示异或运算。逻辑运算符号如图4-4c所示。

4.3.2 逻辑函数的运算法则及代数化简

1. 基本定律

逻辑函数表示的是逻辑关系,而不是数量关系,这是它与普通函数的本质区别。进行逻辑运算时,必须遵循其基本定律和规则,它们是化简和变换逻辑函数的基本依据。逻辑函数的基本运算定律见表4-4。

表4-4 逻辑函数的基本运算定律

0-1律	$A \cdot 0 = 0; A \cdot 1 = A$	$A + 1 = 1; A + 0 = A$
重叠律	$A \cdot A = A$	$A + A = A$
互补律	$A \cdot \bar{A} = 0$	$A + \bar{A} = 1$
还原律	$\bar{\bar{A}} = A$	
交换律	$A \cdot B = B \cdot A$	$A + B = B + A$
结合律	$A \cdot B \cdot C = (A \cdot B) \cdot C = A \cdot (B \cdot C)$	$A + B + C = (A + B) + C = A + (B + C)$
分配律	$A \cdot (B + C) = A \cdot B + A \cdot C$	$(A + B) \cdot (A + C) = A + B \cdot C$
吸收律	$A + A \cdot B = A;$ $A + \bar{A} \cdot B = A + B$	$A \cdot B + \bar{A} \cdot C + B \cdot C = A \cdot B + \bar{A} \cdot C$
反演律 (摩根定理)	$\overline{A \cdot B} = \bar{A} + \bar{B}$	$\overline{A + B} = \bar{A} \cdot \bar{B}$

2. 代入规则

对于任意一个含有变量A的逻辑等式,可以将等式两边的所有A变量用一个逻辑函数替代,替代后等式仍然成立,这个规则称为代入规则。如基本定律$A + \bar{A} \cdot B = A + B$,用$\bar{A}$替代$A$后,则有$\bar{A} + AB = \bar{A} + B$。这可以看成是原定律的一种变形。

利用代入规则,可将逻辑函数的基本定律加以推广。

3. 逻辑函数的代数化简方法

运用逻辑函数的基本定律和规则把复杂的逻辑函数式化成简单的逻辑式的方法称为代数化简法。通常采用以下几种方法。

(1)并项法 利用互补律$A + \bar{A} = 1$将两项合并为一项,同时消去一个变量。

例 4-5 化简函数 $Y = A\bar{B}C + A\bar{B}\bar{C}$。

解: $Y = A\bar{B}C + A\bar{B}\bar{C} = A\bar{B}(C + \bar{C}) = A\bar{B}$

(2)吸收法 利用0-1律$A + 1 = 1$及吸收律$AB + \bar{A}C + BC = AB + \bar{A}C$消去多余项。

例 4-6 化简函数 $Y = A\bar{B} + A\bar{B}C + A\bar{B}D$。

解: $Y = A\bar{B} + A\bar{B}C + A\bar{B}D = A\bar{B}(1 + C + D) = A\bar{B}$

(3)消去法 利用吸收律$A + \bar{A}B = A + B$消去多余因子。

例 4-7 化简函数 $Y = AB + \bar{A}C + \bar{B}C$。

解：$Y = AB + \bar{A}C + \bar{B}C = AB + (\bar{A} + \bar{B})C = AB + \overline{AB}C = AB + C$

（4）配项法 在不能直接利用逻辑代数的基本定律化简时，可通过乘 $(A + \bar{A})$ 或加 $(A \cdot \bar{A})$ 进行配项再化简。

例 4-8 证明吸收律 $AB + \bar{A}C + BC = AB + \bar{A}C$ 成立。

证明：

$$AB + \bar{A}C + BC = AB + \bar{A}C + BC(A + \bar{A}) = AB + \bar{A}C + ABC + \bar{A}BC$$
$$= AB(1 + C) + \bar{A}C(1 + B) = AB + \bar{A}C$$

在实际化简逻辑函数时，往往需要灵活运用上述几种方法，才能得到最简表达式。

4.3.3 卡诺图

如前所述，逻辑函数表达式可以通过代数方法来化简，但是，用于化简的基本运算定律较多，初学者不易灵活掌握。下面再介绍一种化简方法，称为<u>卡诺图（Karnaugh Map）</u>，即将逻辑函数中输入变量在真值表中的排列方式由表格变成方格图。

1. 卡诺图与逻辑函数的关系

<u>卡诺图由多个方格构成矩形阵列，每个方格代表真值表中的一种输入组合，也即逻辑函数的一个最小项。</u>逻辑函数输入变量字母分别标在卡诺图的左边和上边。

图4-5 卡诺图与真值表关系

例如，逻辑函数 $Y = A\bar{B}$ 有两个输入变量。它的输入与输出关系可以用真值表表示（见图4-5a），也可以用卡诺图表示（见图4-5b），在图4-5b 的左下方格中填了数字1，这个方格对应变量 A 取1、B 取0，即表示输入为 $A\bar{B}$。

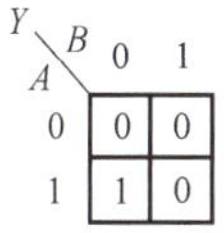

<u>卡诺图中的一个方格代表一个函数最小项。</u>

图4-6所示为两变量、三变量和四变量的卡诺图，图中标出了一些方格代表的函数最小项。

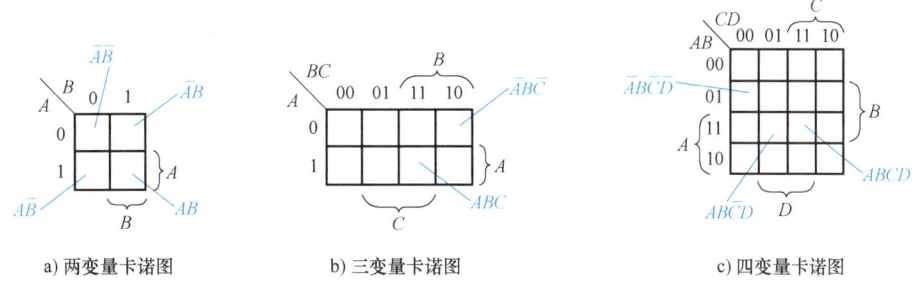

a）两变量卡诺图　　b）三变量卡诺图　　c）四变量卡诺图

图4-6 两、三、四变量卡诺图

例如，在三变量卡诺图中，右上角的方格对应真值表中的输入变量组合是010，即对应逻辑函数最小项 $\bar{A}B\bar{C}$。在四变量卡诺图中，与真值表中输入变量为1101相对应的是图中第3

行、第2列的方格，即对应逻辑函数最小项 $A\overline{B}CD$。这样便可以很容易地在卡诺图上找到与任一函数最小项（或真值表中任一输入行）对应的方格。

例 4-9 写出下列方格对应的真值表输入组合和函数最小项：（1）图 4-6b 中的左下角的方格；（2）图 4-6c 中右上角的方格。

解：（1）100，$A\overline{B}\,\overline{C}$。（2）0010，$\overline{A}\,\overline{B}C\overline{D}$

注意： 在图 4-6 三变量、四变量卡诺图的上方，位组合不是按照自然二进制数的顺序排列的，而是按照两位格雷码的顺序排列的，即 00、01、11、10。这样，任何两个相邻小方格之间只有一个变量不同，从而使相邻的最小项集合在一起。例如，在图 4-6c 中，包含 A（不是 $\overline{A}$）的最小项在卡诺图的下半部分；包含 B 的最小项在卡诺图的中间两行；包含 AB 的最小项在图中的第三行等。

2. 利用卡诺图化简逻辑函数

在卡诺图中，在含有逻辑函数最小项的方格中标记 1。将标有 1 的几个（二个、四个或八个）相邻方格归入一个矩形框中。有一个共同边的两个方格的矩形框被称为 2 矩形框，包含四个方格的矩形框被称为 4 矩形框，8 矩形框同理，如图 4-7 所示。在选定矩形框时，卡诺图的上边与下边、左边与右边被看作相邻。因此，在卡诺图的四个角上的四个方格如果都是 1，就形成一个 4 矩形框。

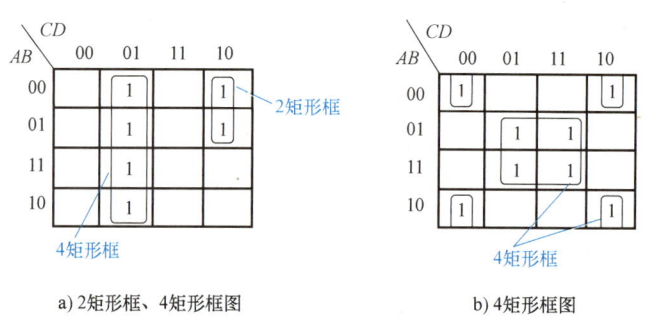

a) 2矩形框、4矩形框图　　　b) 4矩形框图

图 4-7　卡诺图中的矩形框

一个矩形框中无论包含几个（两个、四个或八个）逻辑最小项，都可以化简为一个逻辑最小项。

在三变量卡诺图中，一个 2 矩形框可以化简为两变量与项，一个 4 矩形框可以化简为单个逻辑变量或其反变量。

在四变量卡诺图中，一个 2 矩形框可以化简为三变量与项，一个 4 矩形框可以化简为两变量与项（如 AB），一个 8 矩形框可以化简为单个逻辑变量或其反变量。

五变量卡诺图依次类推。

例如，在图 4-8 所示的四变量卡诺图中，图 4-8a、b、c 分别含有一个 2 矩形框、4 矩形框、8 矩形框，化简后的最简逻辑最小项分别是 $\overline{A}B\overline{D}$、$\overline{B}\,\overline{D}$、$\overline{B}$。

注意： 矩形框只能是 2、4、8 矩形框，没有 3、5、6、7 矩形框，因为后者不能化简为一个逻辑最小项。

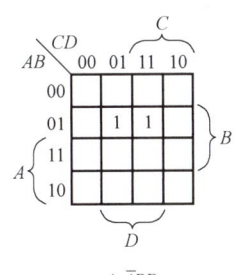 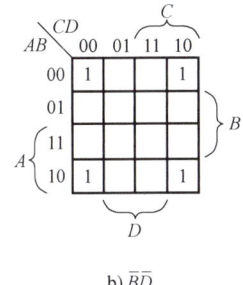 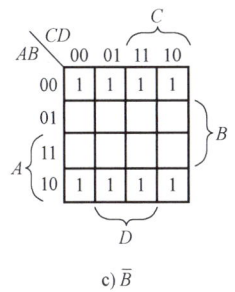

图 4-8 四种矩形框表示的逻辑最小项

3. 与或式（SOP）

将卡诺图中几个矩形框的逻辑最小项加起来，即为化简后的逻辑函数。将逻辑函数写为几个变量的与项之和，称为与或式（SOP）。

例如，图 4-9a、b、c、d 分别含有 2 矩形框、8 矩形框，化简后的最简逻辑最小项分别如图所示。则化简后 SOP 分别为 a) $G = B\bar{C}\bar{D} + \bar{A}CD + A\bar{B}C$；b) $H = AB\bar{D} + \bar{B}CD + \bar{B}C\bar{D}$；c) $E = D$；d) $F = \bar{B}$。

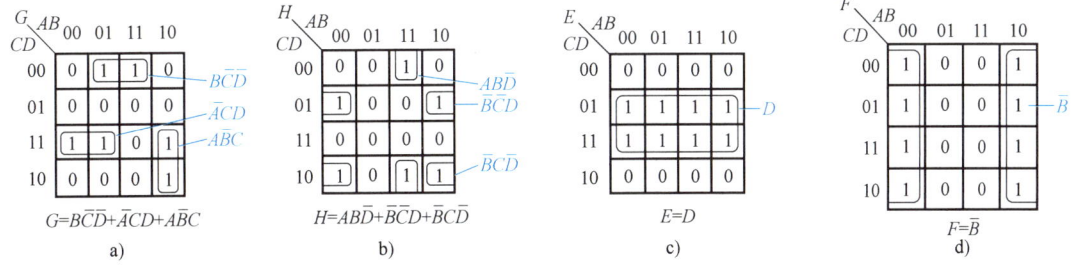

图 4-9 2 矩形框、8 矩形框化简后的 SOP

例 4-10 求逻辑函数的最简 SOP。已知一个逻辑电路有 A、B、C 和 D 四个输入变量，其输出变量为

$$Y = \sum m(1,3,4,5,7,10,12,13)$$

求 Y 的最简 SOP。

解：首先画出四变量卡诺图。由于有四个输入变量，因此，卡诺图由 16 个方格组成，如图 4-10 所示。将输出函数 Y 表达式中的最小项转换为二进制数，得到 0001、0011、0100、0101、0111、1010、1100、1101。在卡诺图中，将代表这些二进制数的方格标为 1，如图 4-10 所示。

然后，确定图中可包含标 1 方格的最大矩形框，并使这样的矩形框数量最少，写出每个矩形框的逻辑函数最小项，将它们相加，所得结果即为逻辑函数的最简形式。

为了将所有标为 1 的方格包含到矩形框中，需要两个 4 矩形框和一个 1 矩形框（即由一个单独的方格构成的矩形框），如图 4-10 所示。最后，得到该函数的最简 SOP 为

$$Y = \bar{A}D + B\bar{C} + A\bar{B}C\bar{D}$$

使用卡诺图化简逻辑函数，简捷直观、灵活方便，且容易确定是否已得到最简结果。但

当逻辑函数的变量数多于 6 个以后，使用就不很方便了。这时，用 Multisim 仿真软件中的逻辑转换器化简十分方便。图 4-11 是逻辑转换器图标，使用方法可以查阅相关资料。

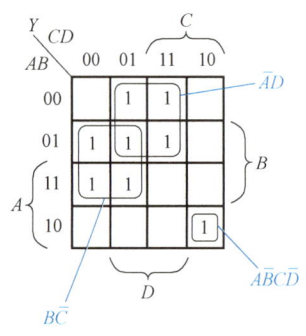

图 4-10 例 4-10 的卡诺图

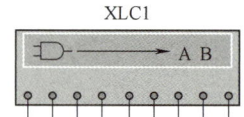

图 4-11 逻辑转换器图标

4.3.4 逻辑电路图

由逻辑运算符号组成的对应于某一逻辑功能的电路图，称为逻辑电路图，简称逻辑图。大多数情况下，由逻辑问题归纳出的逻辑函数式往往不是最简的，且可以有不同的形式，由此画出的逻辑电路图也会不同且比较复杂。对逻辑函数进行化简和变换，可以设计出最简洁的逻辑电路，从而减少所用元器件，降低成本和提高电路的可靠性。

例 4-11 已知逻辑函数的真值表见表 4-5。试写出其逻辑函数式，并画出逻辑图。

表 4-5 例 4-11 的真值表

输入逻辑变量			输出逻辑函数	输入逻辑变量			输出逻辑函数
A	B	C	Y	A	B	C	Y
0	0	0	1	1	0	0	0
0	0	1	0	1	0	1	0
0	1	0	0	1	1	0	0
0	1	1	0	1	1	1	1

解：(1) 写逻辑函数式。在真值表中，Y 为 1 的变量取值只有 000 和 111 两种，将其中取值为 0 的输入用反变量表示，取值为 1 的输入用原变量表示，得到两组变量的与组合为 $\overline{A}\,\overline{B}\,\overline{C}$ 和 ABC，把它们进行逻辑加就可得到逻辑函数式，即

$$Y = \overline{A}\,\overline{B}\,\overline{C} + ABC$$

(2) 根据逻辑函数式画出逻辑图，如图 4-12 所示。

根据逻辑函数式中的逻辑运算顺序，逐级画出相应门电路的逻辑运算符号，就可得到和逻辑函数式相对应的逻辑图。基本逻辑运算的先后顺序是：反变量—与—或。

逻辑函数的真值表具有唯一性。若两个逻辑函数具有相同的真值表，则这两个逻辑函数必然相等。

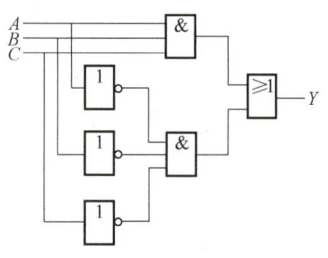

图 4-12 例 4-11 的逻辑图

4.4 基本逻辑门电路

用以实现各种逻辑关系的电子电路称为逻辑门电路，简称门电路或逻辑元件。门电路通常有一个或多个输入端，输入与输出之间满足一定的逻辑关系。实现基本逻辑关系（与逻辑、或逻辑、非逻辑）的电子电路称为基本逻辑门电路，如与门、或门、非门，是组成其他功能数字电路的基础。

目前所使用的门电路一般是集成门电路，但首先应了解分立元器件门电路的工作原理，以助于后续学习和掌握集成门电路。

4.4.1 二极管门电路

1. 二极管与门电路

图 4-13a 所示为二输入端的二极管与门电路。输入信号 A、B 皆为数字信号，只有高电平、低电平两种状态。设输入高电平时电位 $V_{IH}=3V$，输入低电平时电位 $V_{IL}=0V$，二极管的正向导通压降 $U_D=0.7V$。电路功能分析如下。

1) 当 $A=B=0$ 时，二极管 VD_1 和 VD_2 同时导通，输出信号 $Y=0.7V$，输出低电平。

2) 当 $A=0$、$B=3V$ 时，二极管 VD_1 优先导通，输出信号 $Y=0.7V$，输出低电平，并使 VD_2 反偏截止。

3) 当 $A=3V$、$B=0$ 时，二极管 VD_2 优先导通，输出信号 $Y=0.7V$，输出低电平，并使 VD_1 反偏截止。

4) 当 $A=B=3V$ 时，二极管 VD_1 和 VD_2 同时导通，输出信号 $Y=3.7V$，输出高电平。

可见，与门电路实现的逻辑功能是：只要有一个输入信号为低电平状态，输出就是低电平；必须所有输入信号都是高电平状态，输出才是高电平，即电路输出 Y 与输入 A、B 之间是与逻辑关系：$Y=AB$。

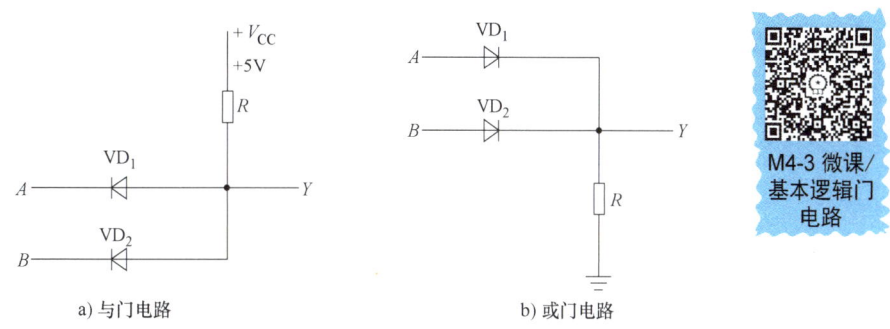

图 4-13 二极管门电路

2. 二极管或门电路

图 4-13b 所示为二输入端的二极管或门电路。工作原理及逻辑功能分析如下。

1) 当 $A=B=0$ 时，二极管 VD_1 和 VD_2 都截止，输出信号 $Y=0$，输出低电平。

2) 当 $A=0$、$B=3V$ 时，二极管 VD_2 正偏导通，二极管 VD_1 截止，输出信号 $Y=2.3V$，输出高电平。

3) 当 $A=3V$、$B=0$ 时，二极管 VD_1 正偏导通，二极管 VD_2 截止，输出信号 $Y=2.3V$，输出高电平。

4) 当 $A=B=3V$ 时，二极管 VD_1 和 VD_2 同时导通，输出信号 $Y=2.3V$，输出高电平。

可见，或门电路实现的逻辑功能是：只要有一个输入信号为高电平状态，输出就是高电平；必须所有输入信号都是低电平状态，输出才是低电平，即电路输出 Y 与输入 A、B 之间是或逻辑关系：$Y=A+B$。

4.4.2 晶体管门电路

1. 晶体管非门电路

在数字电路中，晶体管是作为一个开关来使用的，它只能工作在饱和导通或截止状态。图 4-14a 所示为晶体管非门电路，是只有一个输入端的电路。假设图中晶体管为硅管，可知：

当输入 $A=0$ 时，晶体管 VT 截止，输出 $Y=V_{CC}=5V$，输出高电平。

当输入 $A=5V$ 时，晶体管 VT 饱和导通，输出 $Y \leq 0.3V$，输出低电平。因此，该电路输出与输入之间是非逻辑关系，即 $Y=\overline{A}$。

非门电路的输出信号与输入信号是反相关系，又称为反相器，用以实现非逻辑运算。

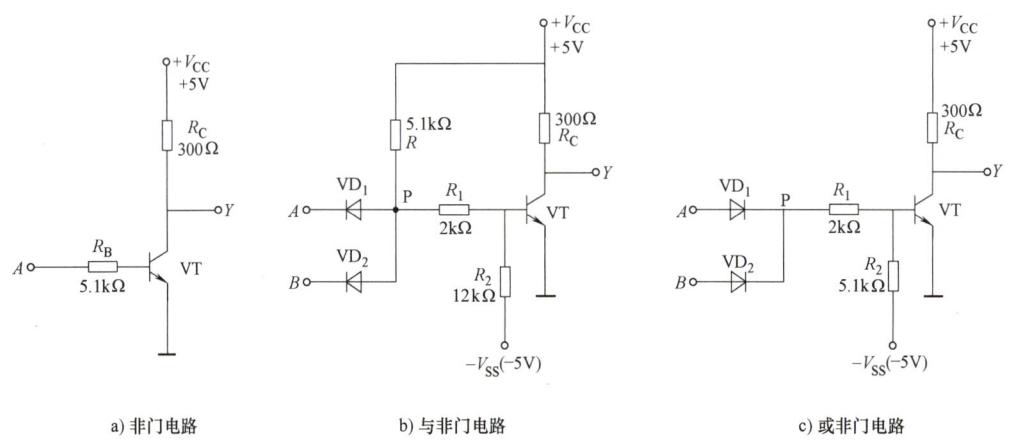

a) 非门电路　　　　b) 与非门电路　　　　c) 或非门电路

图 4-14　晶体管门电路

2. 晶体管与非门电路

图 4-14b 所示为晶体管与非门电路。假设图中晶体管为硅管，可知：

当输入 A、B 都为高电平 5V 时，二极管 VD_1 和 VD_2 都截止，而晶体管 VT 为饱和导通状态，输出 $Y \leq 0.3V$，输出低电平。

当输入 A、B 中有 1 个或都为低电平 0.3V 时，P 点电位 $V_P \approx 1V$，使晶体管截止，输出 $Y=V_{CC}=5V$，输出高电平。因此，该电路输出与输入之间是与非逻辑关系，即 $Y=\overline{AB}$。

3. 晶体管或非门电路

图 4-14c 所示为晶体管或非门电路。假设图中晶体管为硅管，可知：

当输入 A、B 都为低电平 0.3V 时，二极管 VD_1 和 VD_2 都截止，而 V_{CC}、V_{SS} 经电阻 R_C、R_1、R_2，使 P 点电位 $V_P \approx 1V$，晶体管截止，输出 $Y = V_{CC} = 5V$，输出高电平。

当输入 A、B 都为高电平 5V 时，二极管 VD_1 和 VD_2 都导通，使 P 点电位 $V_P \approx 4.3V$，晶体管处于饱和导通状态，输出 $Y \leq 0.3V$，输出低电平。

当输入 A、B 中有 1 个为高电平 5V 时，则接对应输入高电平的二极管导通，P 点电位 $V_P \approx 4.3V$，晶体管处于饱和导通状态，输出 $Y \leq 0.3V$，输出低电平。

因此，该电路输出与输入之间是或非逻辑关系，即 $Y = \overline{A + B}$。

例 4-12 基于图 4-15a 所示输入信号 A、B 的波形，试分别画出图 4-15b 所示门电路的输出波形。

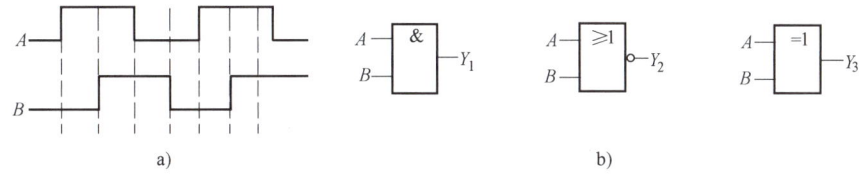

图 4-15 例 4-12 门电路

解： 图 4-15 所示门电路分别是与门、或非门、异或门，根据它们实现的逻辑功能画出的输出波形如图 4-16 所示。

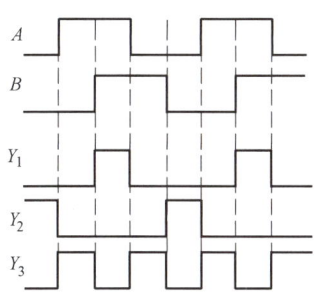

M4-4 测试/逻辑函数与逻辑门电路

图 4-16 输出波形

4.5 集成逻辑门电路

前面所述几种逻辑门电路是由二极管、晶体管、电阻等分立元器件构成的，所以称为分立元器件门电路。由于分立元器件门电路存在许多固有的缺点，如体积大、可靠性差等，因此，随着电子技术的迅速发展，在绝大部分实际应用中已被集成逻辑门电路所取代。

把一个逻辑门电路的一切元器件及连接导线制造在同一块半导体芯片上，便构成了集成逻辑门电路。集成逻辑门电路和分立元器件门电路相比，具有高可靠性、微型化等特点。根据开关元器件的不同，集成逻辑门电路可分为双极型（晶体管）和单极型（MOS 管）两大类。双极型集成逻辑门电路的输入/输出级都采用晶体管构成，所以称为晶体管—晶体管集成逻辑门电路，简称 TTL 门电路。单极型集成逻辑门电路以 MOS 管作为开关元器件，称为 MOS 门电路。

4.5.1 TTL 门电路

集成逻辑门芯片有与门、或门、反相器（非门）芯片、还有与非门、或非门、与或非门、异或门等具有不同逻辑功能的产品，通常型号中以 CT 开头的是 TTL 集成芯片，其产品参数稳定、工作可靠、开关速度高，至今仍广泛应用于各种数字电路和系统中。

1. 普通 TTL 门电路

在 TTL 门电路各系列中，74LS 系列是目前广泛应用的产品，下面以 74LS 系列为例，介绍部分常用的 TTL 集成门芯片。

（1）与非门　在集成门电路中，应用较多的是集成与非门。图 4-17 为四 2 输入与非门 74LS00 实物及引脚排列图，其逻辑表达式是 $Y = \overline{AB}$。

图 4-17　74LS00 实物及引脚排列图

在不同系列的 TTL 门电路中，当器件型号后面的几位数字相同时，其逻辑功能、外形尺寸、引脚排列都相同，只是工作速度和平均功耗有所不同。如 7400、74S00、74H00 等集成芯片，都是四 2 输入与非门。

（2）与门　图 4-18a 所示为三 3 输入与门 74LS11 的引脚排列图，其逻辑表达式为 $Y = ABC$。

（3）非门　图 4-18b 所示为六反相器 74LS04 的引脚排列图，其逻辑表达式为 $Y = \overline{A}$。

（4）或非门　图 4-18c 所示为四 2 输入或非门 74LS02 的引脚排列图，其逻辑表达式为 $Y = \overline{A + B}$。

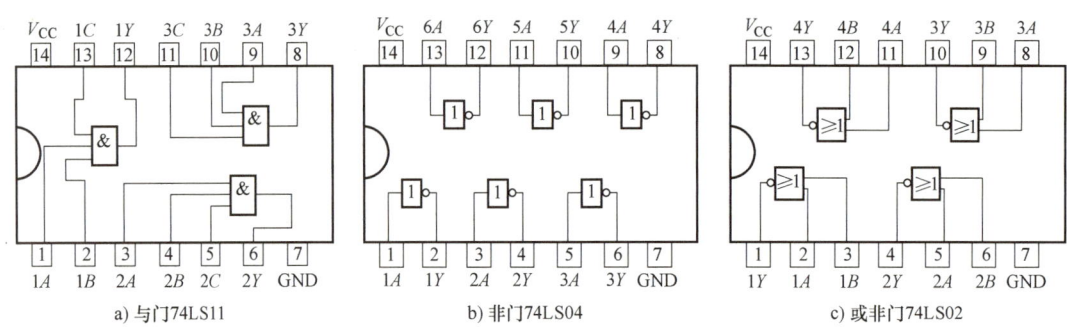

图 4-18　与门、非门、或非门的引脚排列图

四2输入或门74LS32、四2输入异或门74LS86芯片及其他TTL门芯片的逻辑功能、具体型号、封装方式及引脚功能，可查阅半导体手册获知。

注意：在一块集成逻辑门芯片里，芯片内的各个门电路互相独立，可以单独使用，但它们共用一根电源引线和一根地线。不管使用其中的哪个门电路，都必须将 V_{CC} 脚接5V电源，地线引脚接公共地线。

2. 特殊结构的TTL门电路

(1) 集电极开路门（OC门） 在实际电路中，往往需要将两个或两个以上门电路的输出端并接使用，这种连接方式称为线与。但普通TTL门采用这种连接方式的话，可能会损坏门电路，且输出端会呈现不高不低的电平。OC门是为了克服以上局限性而设计的一种TTL门电路。

芯片内输出级晶体管集电极开路（即输出端悬空）的门电路都称为OC门。图4-19a所示为集电极开路2输入与非OC门的逻辑运算符号，可实现 $Y=\overline{AB}$。图4-19b是集成OC门芯片74LS01的引脚排列图。

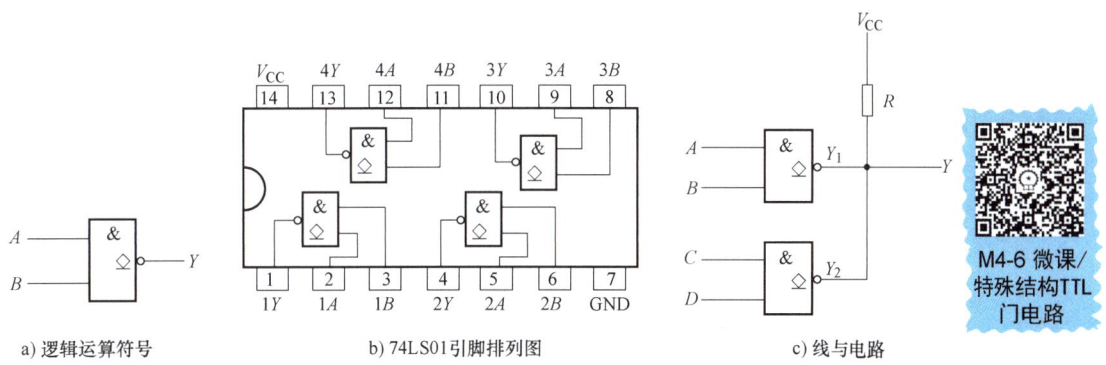

a) 逻辑运算符号　　b) 74LS01引脚排列图　　c) 线与电路

图4-19　2输入与非OC门逻辑符号、引脚图及构成线与电路

多个OC门输出端并接到公共输出端，可实现线与功能。如图4-19c所示，Y 和 Y_1、Y_2 是与逻辑的关系，即

$$Y = Y_1 \cdot Y_2 = \overline{AB} \cdot \overline{CD} = \overline{AB+CD}$$

OC门芯片还有反相器（如74LS05）、与门（如74LS15）等。使用时，要查清楚其逻辑功能和引脚排列。

注意：OC门的输出引脚在芯片内悬空，输出端必须通过一外接电阻（称为上拉电阻）连接至直流电压源 V_{CC}，才能实现其逻辑功能。

(2) 三态输出门（TS门） 三态输出门是在普通TTL门电路的基础上附加控制电路而构成的一种门电路，简称三态门、TS门。其输入端除输入信号端外，还有一个控制端 EN 或 $\overline{EN}$，并具有高电平、低电平和高阻抗三种输出状态。

1) 控制端低电平有效的三态输出与非门：$\overline{EN}=0$，输出 $Y=\overline{AB}$，实现与非逻辑运算；当控制端 $\overline{EN}=1$，输出端 Y 对接地端呈高阻状态。其逻辑运算符号如图4-20a所示。

2) 控制端高电平有效的三态输出与非门：$EN=1$，输出 $Y=\overline{AB}$；$EN=0$，输出 Y 呈高阻状态。其逻辑运算符号如图 4-20b 所示。

三态输出门广泛应用于信号传输中。将多个三态门输出端接到同一根导线上,可以实现用同一根导线轮流传送几个不同的数据或控制信号,通常这根导线称为母线或总线,如图 4-21 所示。图中皆为控制端高电平有效三态输出与

图 4-20 三态输出与非门的逻辑运算符号

非门,只要保证在同一时刻只有一个三态门的控制端为高电平,就可以将各三态门的输出信号互不干扰地轮流送到公共的传输线(数据总线)上。

这种用总线传送数据或信号的方法在计算机和各种数字系统中应用极为广泛。三态门是一种重要的接口电路。

3. TTL 门电路的主要参数

选择和使用集成逻辑门芯片时,必须了解它的外特性及参数。下面通过集成与非门介绍 TTL 门电路的主要参数。

(1) 电压传输特性曲线　输出电压 u_O 随输入电压 u_I 变化而变化的关系曲线称为电压传输特性曲线。将 2 输入与非门按图 4-22a 所示进行连接测试(A 输入端始终为高电平状态),可得与非门的电压传输特性曲线如图 4-22b 所示。

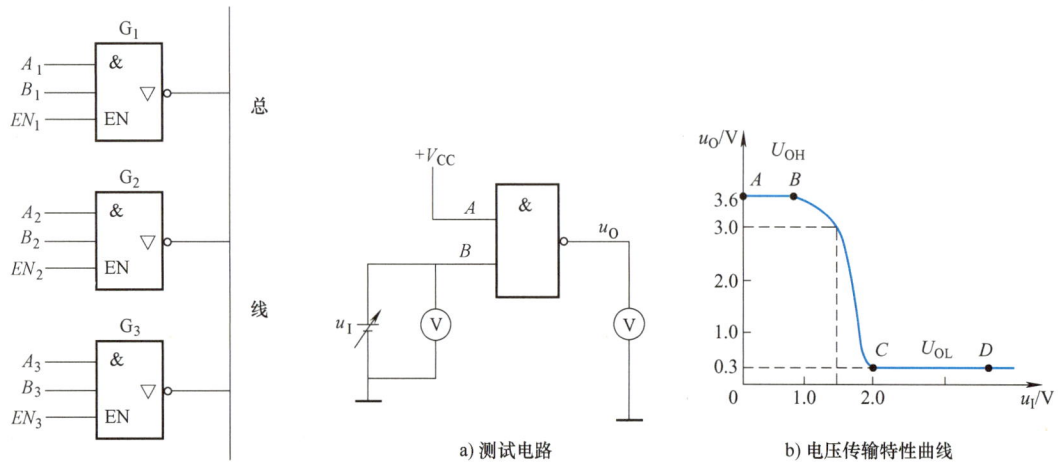

图 4-21 三态与非门实现总线传输　　图 4-22 与非门的电压传输特性测试电路及曲线

1)截止区。当 B 输入为低电平时,输出为高电平,如图 4-22b 中的 AB 段,这一段称为特性曲线的截止区,门电路处于关门状态。

2)饱和区。当 B 输入为高电平时,输出为低电平,如图 4-22b 中的 CD 段,这一段称为特性曲线的饱和区,门电路处于开门状态。

3)转折区。在 B 输入由低电平向高电平过渡的过程中,输出也由高电平向低电平转换,如图 4-22b 中的 BC 段,这一段称为特性曲线的转折区。

(2) 输入负载特性曲线　逻辑门输入端与地之间接一电阻 R_I,则 R_I 两端的电压 u_I 在一定范围内随 R_I 阻值变化而变化的关系曲线称为输入负载特性曲线。将 2 输入与非门按图 4-23a 所

示进行连接测试（A 输入端始终为高电平状态），可得与非门的输入负载特性曲线如图 4-23b 所示。

由曲线可看出：

1）在图 4-23b 所示曲线的 OF 段，R_1 较小，输入电压 u_1 属于低电平。此时，门电路处于关门状态，输出为高电平。

2）在图 4-23b 所示曲线的 FN 段，电阻 R_1 不大不小，门电路工作在转折区。

3）在图 4-23b 所示曲线的 NP 段，电阻 R_1 的接入相当于该输入端为高电平。此时，门电路处于开门状态，输出为低电平。

(3) **主要参数** 下面结合电压传输特性曲线及输入负载特性曲线介绍 TTL 门电路的主要参数。

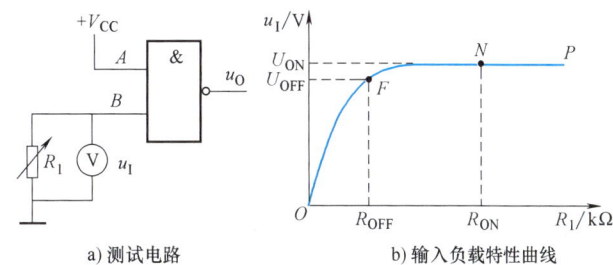

图 4-23 与非门的输入负载特性测试电路及曲线

1）输出高电平 U_{OH} 和输出低电平 U_{OL}。电压传输特性曲线截止区的输出电平称为 TTL 门电路的输出高电平，用 U_{OH} 表示，如图 4-22b 中 AB 段所示。电压传输特性曲线饱和区的输出电平称为 TTL 门电路的输出低电平，用 U_{OL} 表示，如图 4-22b 中 CD 段所示。

对 TTL 与非门，输出高电平 U_{OH} 理论值为 3.6V，输出低电平 U_{OL} 为 0.3V，规定 $U_{OH} \geq 2.4V$，$U_{OL} \leq 0.4V$。

2）开门电平 U_{ON} 和关门电平 U_{OFF}。开门电平 U_{ON} 是指输入高电平的最小值，即图 4-22b 中 C 点及图 4-23b 中 N 点对应的输入电压值。一般要求 $U_{ON} \geq 2.0V$。

关门电平 U_{OFF} 是指输入低电平的最大值，即图 4-22b 中 B 点及图 4-23b 中 F 点对应的输入电压值。一般要求 $U_{OFF} \leq 0.8V$。

3）阈值电压 U_{TH}。电压传输特性曲线转折区中点所对应的输入电压值称为阈值电压，又称为门槛电压，用 U_{TH} 表示。一般 TTL 与非门的 $U_{TH} \approx 1.4V$。

4）关门电阻 R_{OFF} 和开门电阻 R_{ON}。保证输入为低电平时输入端允许接的最大电阻值称为关门电阻，用 R_{OFF} 表示，如图 4-23b 中的 F 点对应的电阻值，即当 $R_1 \leq R_{OFF}$ 时，输入端接收低电平输入。

从输入负载特性曲线已知，输入端接大电阻时相当于输入高电平。保证输入为高电平时该大电阻的最小值称为开门电阻，用 R_{ON} 表示，如图 4-23b 中的 N 点对应的电阻值，即当 $R_1 \geq R_{ON}$ 时，输入端接收高电平输入。

对于不同系列的 TTL 门电路，R_{OFF} 和 R_{ON} 的数值有所不同。一般可以认为 $R_1 \geq 2k\Omega$，为高电平输入；$R_1 \leq 500\Omega$，为低电平输入。

5）扇出系数 N_{OL}。实际中，常用扇出系数 N_{OL} 表示电路带负载能力。扇出系数指门电路输出低电平时允许带同类门电路的个数。对于 TTL 与非门，N_{OL} 一般为 8~10。

4. TTL 门电路的使用注意事项

选用集成逻辑门电路时，可从产品手册上查出其封装方式、外引脚排列、逻辑功能、参数等资料，同时还要注意以下几点。

1）应用电路中的最高工作频率 f_m 应不大于所选用逻辑门最高工作频率 f_{max} 的一半。

2）74 系列的电源电压应满足 5V±5%，54 系列应满足 5V±10%。

3）实际使用时，高速门芯片可以替换低速门芯片；反之则不行。

4）输出端不允许直接接电源 V_{CC} 或接地；普通 TTL 门电路输出端不允许直接并接。

5）TTL 电路输入端悬空时相当于输入高电平，但使用中多余或暂时不用的输入端一般不悬空，以防止干扰。

6）多余或暂时不用的输入端可按照电路功能要求接电源或接地。如与门、与非门的多余输入端接电源，如图 4-24a 所示；或门、或非门的多余输入端接地，如图 4-24b 所示。

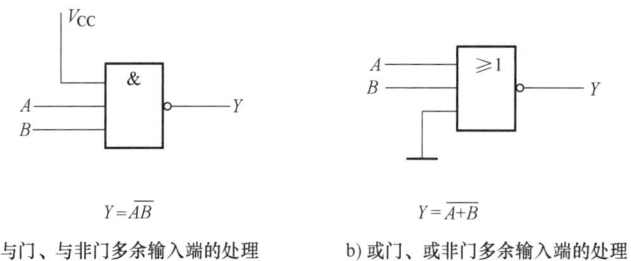

a）与门、与非门多余输入端的处理　　b）或门、或非门多余输入端的处理

图 4-24　门电路多余输入端的处理

例 4-13　用下列电路实现非运算，即 $Y=\overline{A}$。对于不能实现非功能的电路，试对其进行纠正。设关门电阻 $R_{OFF}=700\Omega$，开门电阻 $R_{ON}=2.1\mathrm{k}\Omega$。

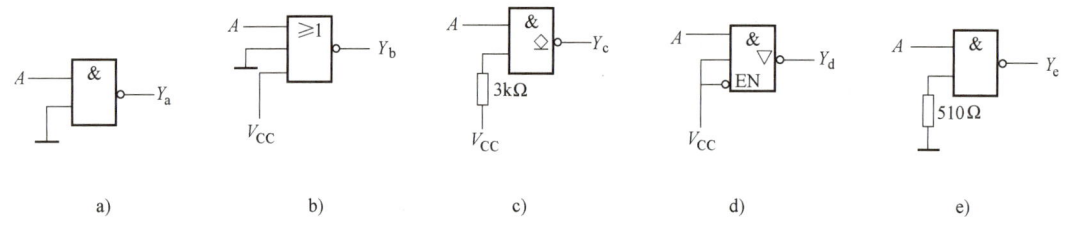

图 4-25　例 4-13 图

解：图 4-25a 电路因接地引脚始终为低电平状态，与非运算规律是输入有 0、输出为 1；则 $Y_a=\overline{A\cdot 0}=1$。该电路不能实现输入 A 的非运算。

改错：将接地脚改接电源 V_{CC} 正极，为高电平、逻辑 1 状态。

图 4-25b 所示电路为或非门，或非运算规律是输入有 1、输出为 0；则 $Y_b=\overline{A+0+1}=0$。该电路不能实现输入 A 的非运算。

改错：将接电源的 V_{CC} 脚改接地，为低电平、逻辑 0 状态。

图 4-25c 所示电路为集电极开路与非门（OC 门），输入端连接无错，但输出端有错，电路不能正常工作。正确的连接如图 4-26 所示。

图 4-25d 所示电路为控制端低电平有效的三态与非门，电路中因控制端 $\overline{EN}=1$，输出端呈高阻状态，不能实现输入 A 的

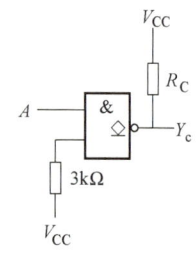

图 4-26　例 4-13 集电极开路与非门

非运算。

改错：将控制端改接地。

在图 4-25e 所示电路中，多余的输入引脚外接电阻 510Ω（$<R_{OFF}$），该输入端为低电平。则 $Y_e = \overline{A \cdot 0} = 1$。该电路不能实现输入 A 的非运算。

改错：将外接电阻值改为 $5.0k\Omega$（$>R_{ON}$），使该多余的输入端始终为高电平。

4.5.2 CMOS 门电路

就逻辑功能而言，MOS 门电路和 TTL 门电路并无区别。MOS 门电路分为 PMOS、NMOS 和 CMOS 三种。其中，CMOS 门电路因具有构造简单、抗干扰能力强、功耗低等特点，得到了迅速发展，特别是大规模集成电路中应用更为广泛。

1. CMOS 反相器、与非门

CMOS 集成门芯片型号很多。通常，型号中以 CC 或 CD 开头的是 CMOS 集成芯片。图 4-27 为 CMOS 六反相器 CC4069 引脚排列图，第 14 脚为外接电源正极脚，第 7 脚为外接电源负极脚，也是接地脚。当输入 A 为高电平 1 时，输出 Y 为低电平 0；反之，当输入 A 为低电平 0 时，输出 Y 为高电平，其逻辑表达式为 $Y = \overline{A}$。

常用的 CMOS 与非门有 CC4011 等，其引脚排列如图 4-28 所示。该芯片内含 4 个独立的 2 输入与非门，实现 $Y = \overline{AB}$ 的逻辑运算。

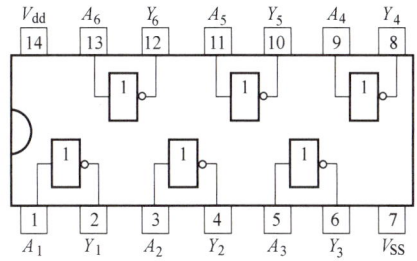

图 4-27　CC4069 引脚排列图

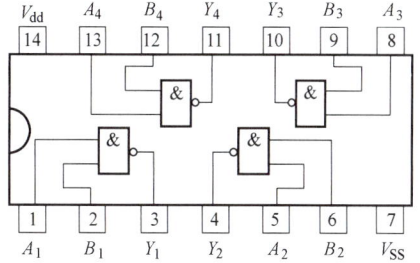

图 4-28　CC4011 与非门引脚图

注意：使用 CMOS 门集成芯片时，各门电路可独立使用，但没通电是无法工作的，所以要将 V_{DD} 脚接电源正极，V_{SS} 脚接电源负极（通常接地）。

2. CMOS 传输门

CMOS 传输门是各种逻辑电路中常用的一种 CMOS 门电路。CMOS 传输门可以传输模拟信号，也可以传输数字信号，具有控制端、信号输入端、输出端，但其输入端和输出端可以互换，故又称为双向开关。CMOS 传输门逻辑运算符号如图 4-29 所示，C 及 $\overline{C}$ 为控制端，其逻辑功能如下。

1）当 $C = 1$，$\overline{C} = 0$ 时，传输门打开，$u_o = u_i$。

2）$C = 0$，$\overline{C} = 1$ 时，传输门关闭，输入信号不能传输到输出端。

图 4-30 是 CMOS 双向开关（传输门）CC4016 的引脚排列图，具有 4 个可独立控制的双向开关，控制信号接收高电平时传输门打开。

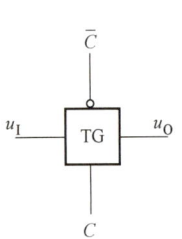

图 4-29 CMOS 传输门逻辑运算符号

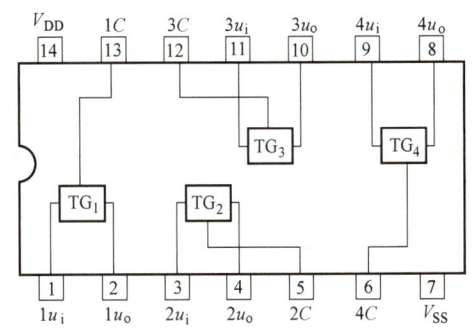

图 4-30 四联双向开关 CC4016 的引脚排列图

传输门的应用十分广泛,通常在数字电路、模拟电路及混合信号电路中用来实现信号的选择、切换和传输。

3. CMOS 门电路的特点及使用注意事项

CMOS 数字集成电路主要有 4000 系列和 74HC 及 74HCT 系列。4000 系列工作速度低、负载能力差,但功耗极低、抗干扰能力强,电源电压范围宽,因此,在工作频率不高的情况下应用广泛。与 TTL 集成电路相比,CMOS 电路具有以下特点。

1) 制造工艺较简单,集成度和成品率较高。
2) 功耗低。
3) 电源电压范围宽。
4) 输入阻抗高。
5) 抗干扰能力强。
6) 开关速度较慢。

表 4-6 列出了 TTL 电路和 CMOS 电路的性能比较。

表 4-6 TTL 电路和 CMOS 电路性能比较

参数	类型	
	TTL	CMOS
电源电压/V	5	3~18
每门功耗/mV	2~22	50×10^{-8}
每门传输延迟/ns	3~40	60
扇出系数	8	>50
抗干扰能力	一般	好

在使用 CMOS 门电路时应注意以下几点。

1) 输入电路的静电保护。由于 CMOS 电路的输入阻抗高,极易产生感应较高的静电电压,从而击穿 MOS 管栅极极薄的绝缘层,造成元器件的永久损坏。为避免静电损坏,应注意以下几点。

① 所有与 CMOS 电路直接接触的工具、仪表等必须可靠接地。
② 存储和运输 CMOS 电路,最好采用带有金属屏蔽层的包装材料。

2) CMOS 电路允许的电源电压范围,一般采用 5V。

3）多余或暂时不用的输入端禁止悬空，否则易造成元器件的永久损坏。

4）对多余或暂时不用的输入端，按照电路功能要求接电源或接地。如与门、与非门的多余输入端接电源，如图4-31a所示；或门、或非门的多余输入端接地，如图4-31b所示。

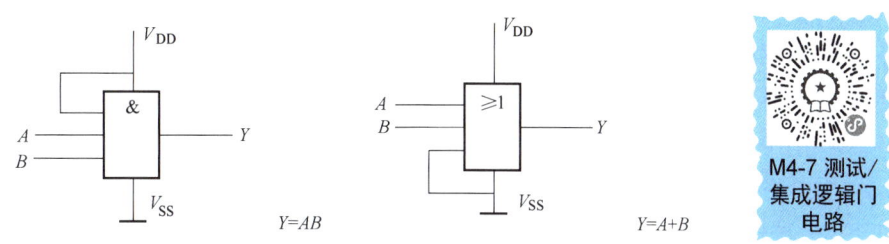

a）与门、与非门多余输入端处理　　　b）或门、或非门多余输入端处理

图4-31　多余输入端的处理方法

4.6　组合逻辑电路的分析与设计

组合逻辑电路在结构上是由逻辑门电路构成的，没有记忆单元，不存在把输出状态反馈到电路输入端的回路，只有从输入到输出的通路。项目典型问题中提到的三人表决电路（见图4-1b）就是一个组合逻辑电路。

4.6.1　组合逻辑电路的分析

对组合逻辑电路进行分析，就是根据给定的逻辑电路找出其输出信号和输入信号之间的逻辑关系，确定电路的逻辑功能。

通常采用的分析方法是从电路的输入到输出逐级写出门电路的逻辑函数式，最后得到表示输出与输入关系的逻辑函数式。这时的逻辑函数式往往较复杂，逻辑功能不明了，需要对其进行化简或变换，使逻辑关系明了。有时为了使电路的逻辑功能更加直观，还可以把逻辑函数式转换为真值表的形式。

例4-14　试分析本项目典型问题中图4-1b所示电路的逻辑功能。

解： 根据给出的逻辑电路图逐级写出逻辑函数式：

$$F_1 = \overline{AB}; \quad F_2 = \overline{BC}; \quad F_3 = \overline{AC}$$

$$F = \overline{F_1 F_2 F_3} = \overline{\overline{F_1}} + \overline{\overline{F_2}} + \overline{\overline{F_3}} = AB + BC + AC$$

转换为真值表的形式，见表4-7。

表4-7　例4-14的真值表

输入			输出	输入			输出
A	B	C	F	A	B	C	F
0	0	0	0	1	0	0	0
0	0	1	0	1	0	1	1
0	1	0	0	1	1	0	1
0	1	1	1	1	1	1	1

由表4-7可知，当输入A、B、C中有两个及两个以上为逻辑1时，输出F为逻辑1；否则，输出F为逻辑0。可见，这个电路是一种三人表决电路：两人及以上同意时，提案通过。

4.6.2 组合逻辑电路的设计

项目典型问题中提到的三人表决电路是根据给出的实际逻辑问题画出实现这一逻辑功能的最简逻辑电路，这是设计组合逻辑电路时要完成的工作。设计的目的是根据功能要求设计出最佳电路。

组合逻辑电路的设计步骤可分为4步。

1）根据问题确定输入变量、输出函数的个数，并对它们进行逻辑赋值，即确定0和1代表的含义。

2）根据逻辑功能要求列出真值表。

3）写出逻辑函数表达式，并化简得到符合要求的最简式。

4）画出逻辑电路图。

例 4-15 用与非门设计一个交通报警控制电路。交通信号灯有红、绿、黄三种，三种灯分别单独工作或黄、绿灯同时工作时属于正常状态，其他情况均属于故障状态。出现故障时，输出报警信号。

解：1）设红、绿、黄灯分别用A、B、C表示，灯亮时，其值为1；灯灭时，其值为0。输出报警信号用Y表示，正常工作时，Y值为0；出现故障时，Y值为1。可得真值表见表4-8。

表4-8 例4-15的真值表

输入			输出	输入			输出
A	B	C	Y	A	B	C	Y
0	0	0	1	1	0	0	0
0	0	1	0	1	0	1	1
0	1	0	0	1	1	0	0
0	1	1	0	1	1	1	1

2）写出逻辑函数式，并化简为最简的与非形式。在真值表中，找出Y为1的输入变量组合，将其中取值为0的输入用反变量表示，取值为1的输入用原变量表示；同一组输入变量、反变量间为"与逻辑"关系，不同组间为"或逻辑"关系，由此可得到逻辑函数式：

$$Y = \overline{A}\,\overline{B}\,\overline{C} + A\overline{B}C + AB\overline{C} + ABC$$
$$= \overline{A}\,\overline{B}\,\overline{C} + AC + AB$$
$$= \overline{\overline{A}\,\overline{B}\,\overline{C} \cdot \overline{AC} \cdot \overline{AB}}$$

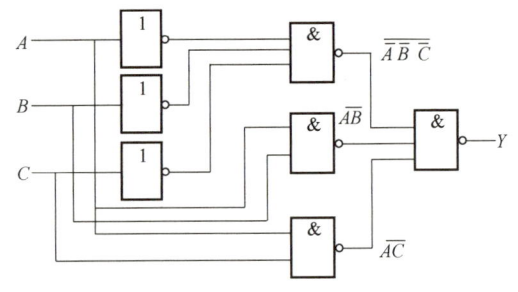

图4-32 例4-15的电路图

3）画出逻辑电路图。根据逻辑函数式中的逻辑运算顺序，逐级画出相应门电路的逻辑符号，就可得到和逻辑函数式相对应的逻辑图，如图4-32所示。

4.7　常用组合逻辑器件

在数字集成产品中有许多具有特定组合逻辑功能的数字集成器件，称为组合逻辑器件。常用的组合逻辑器件有编码器、译码器、数值比较器、加法器等，这里主要介绍编码器、译码器的有关知识。

4.7.1　编码器

1. 编码器的类型

编码器可分为普通编码器和优先编码器。在普通编码器中，任何时刻只允许一个有效信号输入；在优先编码器中，对每一位输入都设置了优先权，当同时有两个以上的有效信号输入时，它只对其中优先权高的信号进行编码，保证编码器的有序工作。

目前常用的编码器都是优先编码器，如二进制优先编码器、二-十进制优先编码器。下面讨论二-十进制优先编码器。

2. 二-十进制优先编码器

将十进制数的 0~9 编成二进制代码的电路就是二-十进制编码器。普通编码器在任何时刻只允许一个输入端请求编码，否则输出将发生混乱。图 4-33 所示为二-十进制优先编码器 CT74LS147 的逻辑符号，输入端引脚符号上的横线表示低电平有效。

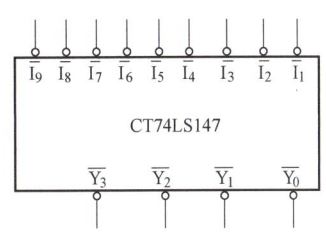

图 4-33　CT74LS147 的逻辑符号

1）$\overline{I_1} \sim \overline{I_9}$ 是编码信号输入端，其下标数越大，优先权就越高，即 $\overline{I_9}$ 优先权最高，$\overline{I_1}$ 优先权最低。

2）信号输入端低电平有效，当某些信号输入端为低电平时，输出与优先权最高的有效信号输入端相对应的 4 位二进制代码。

3）$\overline{Y_0} \sim \overline{Y_3}$ 是代码输出端，以 8421BCD 码的反码形式输出。

4）在 9 个输入端都接收无效信号，即为高电平、逻辑 1 状态时，实现将十进制数 0 转换为 4 位二进制数反码，即输出 $\overline{Y_3}\,\overline{Y_2}\,\overline{Y_1}\,\overline{Y_0} = 1111$。

CT74LS147 又称为 10 线—4 线优先编码器，其真值表见表 4-9。

表 4-9　CT74LS147 的功能真值表

输入									输出			
$\overline{I_1}$	$\overline{I_2}$	$\overline{I_3}$	$\overline{I_4}$	$\overline{I_5}$	$\overline{I_6}$	$\overline{I_7}$	$\overline{I_8}$	$\overline{I_9}$	$\overline{Y_3}$	$\overline{Y_2}$	$\overline{Y_1}$	$\overline{Y_0}$
1	1	1	1	1	1	1	1	1	1	1	1	1
×	×	×	×	×	×	×	×	0	0	1	1	0
×	×	×	×	×	×	×	0	1	0	1	1	1
×	×	×	×	×	×	0	1	1	1	0	0	0
×	×	×	×	×	0	1	1	1	1	0	0	1
×	×	×	×	0	1	1	1	1	1	0	1	0
×	×	×	0	1	1	1	1	1	1	0	1	1
×	×	0	1	1	1	1	1	1	1	1	0	0
×	0	1	1	1	1	1	1	1	1	1	0	1
0	1	1	1	1	1	1	1	1	1	1	1	0

4.7.2 译码器

1. 译码

(1) 译码的含义 译码是编码的逆过程，是将编码时二进制代码中所含的原意翻译出来。能实现译码功能的电路称为译码器。译码器是多输入、多输出的组合逻辑电路。

(2) 译码器的类型 按功能分，译码器可分为通用译码器和显示译码器两大类。通用译码器又包括变量译码器和代码变换译码器。

2. 通用译码器

通用译码器的输出信号有效状态有低电平有效和高电平有效两种。如通用译码器是输出低电平有效的，则在任一时刻接收到一组二进制代码后，只有一个对应的输出端是以低电平 0 的形式输出有效信号，其余输出端都是高电平状态。

(1) 变量译码器 变量译码器也称为二进制译码器，是 n 线 -2^n 线译码器，即代码输入端有 n 个时，可接收 n 位二进制代码的 2^n 个不同的组合状态，同时有 2^n 个译码输出端与之对应。常用的有 3 线-8 线、4 线-16 线译码器，如 CT74LS138、CT74LS154 等。

图 4-34 所示为集成 3 线-8 线译码器 CT74LS138 的逻辑符号。图中，A_2、A_1、A_0 为二进制代码输入端，A_2 端接收最高位代码；$\overline{Y_0} \sim \overline{Y_7}$ 为输出端，低电平有效；ST_A、$\overline{ST_B}$、$\overline{ST_C}$ 为三个选通控制端。CT74LS138 的功能真值表见表 4-10。

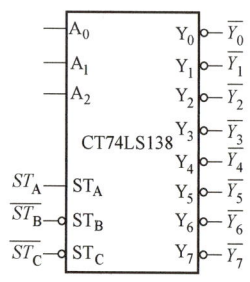

图 4-34 CT74LS138 逻辑符号

表 4-10 CT74LS138 功能真值表

输入					输出							
ST_A	$\overline{ST_B}+\overline{ST_C}$	A_2	A_1	A_0	$\overline{Y_0}$	$\overline{Y_1}$	$\overline{Y_2}$	$\overline{Y_3}$	$\overline{Y_4}$	$\overline{Y_5}$	$\overline{Y_6}$	$\overline{Y_7}$
×	1	×	×	×	1	1	1	1	1	1	1	1
0	×	×	×	×	1	1	1	1	1	1	1	1
1	0	0	0	0	0	1	1	1	1	1	1	1
1	0	0	0	1	1	0	1	1	1	1	1	1
1	0	0	1	0	1	1	0	1	1	1	1	1
1	0	0	1	1	1	1	1	0	1	1	1	1
1	0	1	0	0	1	1	1	1	0	1	1	1
1	0	1	0	1	1	1	1	1	1	0	1	1
1	0	1	1	0	1	1	1	1	1	1	0	1
1	0	1	1	1	1	1	1	1	1	1	1	0

由功能真值表可得 74LS138 各输出端的函数式为

$\overline{Y_0}=\overline{\overline{A_2}\cdot\overline{A_1}\cdot\overline{A_0}}$ $\overline{Y_1}=\overline{\overline{A_2}\cdot\overline{A_1}\cdot A_0}$ $\overline{Y_2}=\overline{\overline{A_2}\cdot A_1\cdot\overline{A_0}}$ $\overline{Y_3}=\overline{\overline{A_2}\cdot A_1\cdot A_0}$

$\overline{Y_4}=\overline{A_2\cdot\overline{A_1}\cdot\overline{A_0}}$ $\overline{Y_5}=\overline{A_2\cdot\overline{A_1}\cdot A_0}$ $\overline{Y_6}=\overline{A_2\cdot A_1\cdot\overline{A_0}}$ $\overline{Y_7}=\overline{A_2\cdot A_1\cdot A_0}$

可见，二进制译码器的输出端包含了全部 n 位输入代码最小项的非，所以可以用来实现其他组合逻辑函数。图 4-35 所示电路就是应用集成 3 线-8 线译码器 CT74LS138 实现逻辑函数的电路。

实现的逻辑函数为 $Y = \overline{A}\,\overline{B}\,\overline{C} + \overline{A}BC + A\overline{B}C + ABC$

（2）代码变换译码器　代码变换译码器就是二-十进制译码器，其代码输入端有 4 个，译码输出端有 10 个，也称为 4 线-10 线译码器，其功能是将输入的 BCD 码翻译成 0 ~ 9 十个对应的输出信号，如 CT74LS42、CC4028 等集成芯片。代码变换译码器的

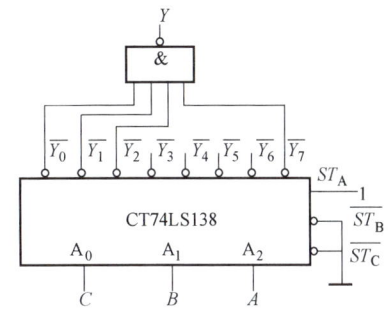

图 4-35　CT74LS138 实现逻辑函数的电路

原理与 3 线-8 线译码器类似，只是 4 位输入代码组成的 16 个组合状态中有 6 个组合（1010 ~ 1111）没有对应的输出端，这 6 组代码称为伪码。当输入伪码时，10 个输出端均处于无效状态。

3. 显示译码器

以 BCD 七段显示译码器为例，其输入信号一般是 8421BCD 码，其输出信号用以驱动显示器件，直接显示出对应的十进制字符 0 ~ 9，其代码输入端有 4 个，译码输出端有 7 个，常用于各种数字电路和单片机系统的显示系统中。

（1）七段半导体数码管　七段显示器件是通过控制七段笔画亮灭的不同组合实现对 0 ~ 9 十个十进制字符的显示。常用的 BCD 七段显示器件有七段半导体数码管（LED）、液晶显示器（LCD）等。

七段半导体数码管由七只发光二极管组成，内部接法有两种：共阳极连接和共阴极连接。图 4-36a 是共阳极连接，图 4-36b 是共阴极连接。带显示小数点的半导体数码管为八段数码管，图 4-36c 是半导体数码管的外形及笔画编号。半导体数码管除以上介绍的单体形式外，还有二位一体、三位一体、四位一体等不同组态，二位一体数码管如图 4-36d 所示。

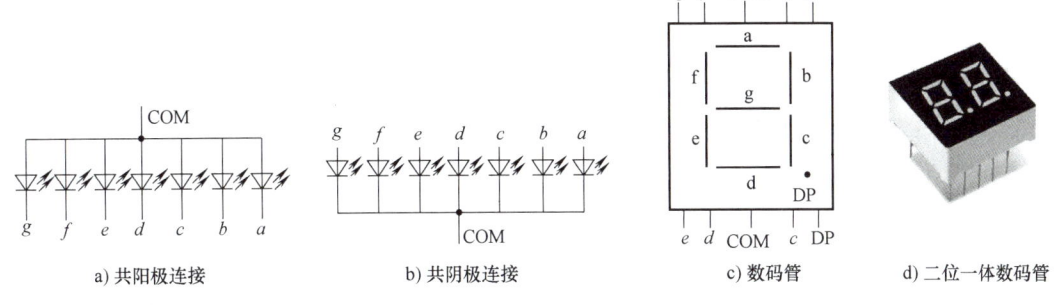

图 4-36　半导体数码管

（2）BCD 七段显示译码器　七段显示器件前面往往需要接 BCD 七段显示译码器。常用的 BCD 七段显示译码器有 74LS47（输出低电平有效）、74LS48（输出高电平有效）等。输出低电平有效的七段译码器须选用共阳极接法的数码管，而输出高电平有效的七段译码器须选用共阴极接法的数码管。

74LS48 的逻辑运算符号如图 4-37 所示，A、B、C、D 为代码输入端，A 端接收代码最低位，D 端接收代码最高位；$\overline{LT}$ 为灯测试输入端；$\overline{RBI}$ 为动态灭零输入端；$\overline{BI}/\overline{RBO}$ 具有输入/输出双重功能，为消隐控制端/动态灭零输出端；$Y_a \sim Y_g$ 为译码输出端，高电平有效。译码使用时，将 74LS48 的 $Y_a \sim Y_g$ 引脚分别与共阴数码管的 $a \sim g$ 引脚对应连接，74LS48 的代码输入端 A、B、C、D 接收 8421BCD 码，$\overline{LT}$ 端、$\overline{RBI}$ 端、$\overline{BI}/\overline{RBO}$ 端都接高电平，数码管就能显示相应的十进制数码。

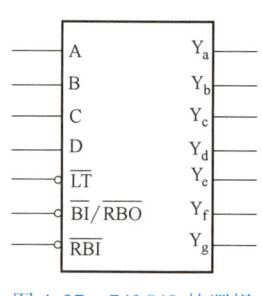

图 4-37　74LS48 的逻辑运算符号

> **科学家与科学故事：5G 技术**
>
> 　　5G 技术，即第五代移动通信技术，是新一代蜂窝移动通信技术，是 4G、3G 和 2G 系统后的延伸。5G 的性能目标是高数据速率、减少延迟、节省能源、降低成本、提高系统容量和大规模设备连接。
>
> 　　2021 年，美国商业资讯网站发布了一则报道，报道称，中国的 5G 技术在世界上处于领先地位，目前中国 5G 基站数在全球中的占比高达 70%。

4.8　任务实施

4.8.1　探索逻辑函数的真值表、逻辑函数表达式和逻辑电路图互换

场地：机房或多媒体教室。

器材：计算机、Multisim 电路仿真软件。

知识点复习：Multisim 电路仿真软件知识与逻辑函数。

实施过程：

1. 逻辑函数表达式转换为逻辑电路图

1）画出与逻辑关系式 $Y = AB + AC + BC$ 对应的逻辑电路图。

2）画出用与非门实现逻辑关系 $Y = AB + AC + BC$ 的逻辑电路图。

3）用逻辑转换器进行探索、验证，如有错误分析原因。

① 单击 Multisim 仪器库，把逻辑转换器图标拖到工作区，双击逻辑转换器图标，出现图 4-38 所示界面。

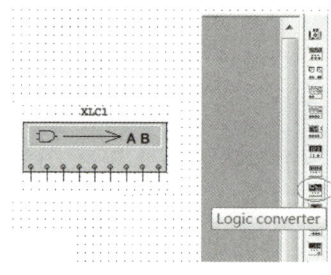
a) 仪器库及逻辑转换器图标

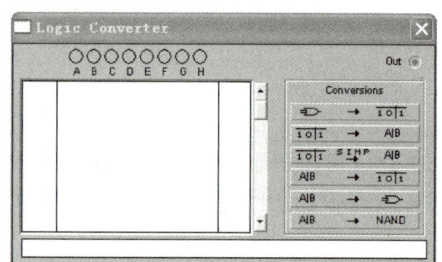
b) 逻辑转换器工作界面

图 4-38　逻辑转换器

② 在图 4-38b 所示界面下侧的逻辑函数表达式区输入函数式 "AB + AC + BC"。

③ 单击功能按钮 [AIB → ⊅]，即可得到与函数式对应的逻辑电路图。

④ 单击功能按钮 [AIB → NAND]，可以得到只由"与非门"组成的逻辑电路图。

2. 逻辑电路图转换为逻辑函数表达式

1）分析图 4-39a 所示逻辑电路图，写出其对应的最简逻辑函数表达式。

2）用逻辑转换器进行探索、验证，如有错误则分析原因。

① 在 Multisim 工作区内搭建好逻辑电路图；单击 Multisim 仪器库，把逻辑转换器图标拖到工作区，按图 4-39b 将搭建好的逻辑电路图与逻辑转换器进行连接。

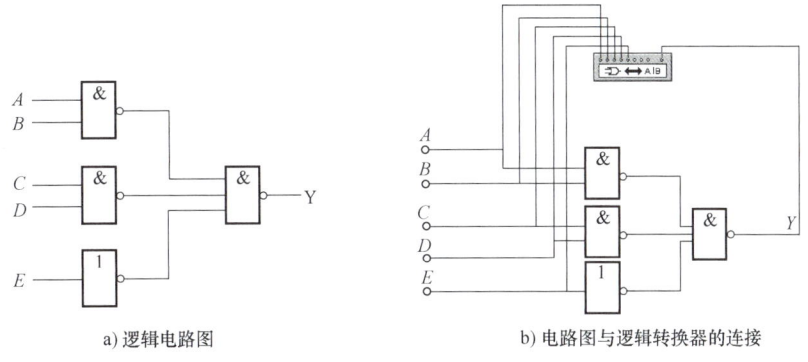

a) 逻辑电路图　　　　　　　　b) 电路图与逻辑转换器的连接

图 4-39　探索逻辑电路图的逻辑函数表示

② 双击逻辑转换器图标，出现图 4-38 所示界面，单击功能按钮 [⊅ → 101]，即可在真值表区得到对应的真值表。

③ 单击功能按钮 [101 → AIB]，则会在逻辑函数表达式区得到没化简的、与真值表对应的逻辑函数表达式。

④ 单击功能按钮 [101 SIMP AIB]，则会在逻辑函数表达式区中得到最简的、与真值表对应的逻辑函数表达式。

3. 真值表转换为逻辑函数最简表达式

1）已知某逻辑函数的真值表见表 4-11，写出其对应的逻辑函数表达式。

2）对逻辑函数表达式进行化简，写出其最简与或式。

表 4-11　真值表

输入			输出	输入			输出
A	B	C	Y	A	B	C	Y
0	0	0	0	1	0	0	0
0	0	1	0	1	0	1	1
0	1	0	0	1	1	0	1
0	1	1	0	1	1	1	1

3）用逻辑转换器进行探索、验证，如有错误则分析原因。

① 单击 Multisim 仪器库，把逻辑转换器图标拖到工作区，再双击逻辑转换器图标，出现图 4-38 所示界面。

② 选中图 4-38 所示界面左上方的输入端子 A、B、C，界面上将会自动列出输入变量的所有状态组合，但对应输出都是"0"或"?"（Multisim 版本不同，显示也不同）。

③ 选中真值表编辑窗口中第一个输出的"0"或"?"，按表 4-11 键入函数值。在完成第一个函数值输入后，光标会自动顺序下移，按表 4-11 依次键入函数值。

④ 单击功能按钮 ，可在逻辑函数表达式区得到没化简的、与真值表一一对应的逻辑函数表达式。

⑤ 单击功能按钮 ，可在图 4-38b 所示界面的逻辑函数表达式区得到最简的逻辑函数表达式。

4.8.2 实践组合逻辑电路的设计

场地：机房或多媒体教室。

器材：数字电子实验装置或计算机、Multisim 电路仿真软件。

知识点复习：Multisim 电路仿真软件知识，TTL 集成与非门，组合逻辑电路的分析和设计。

实施过程：设计一个 A、B、C 三人表决电路。当表决某个提案时，多数人同意，则提案通过，但 A 具有否决权。要求用与非门实现，并进行调试验证。

1）复习四 2 输入与非门 74LS00 芯片知识，上网查阅 74LS10 芯片，明确该芯片的引脚排列及功能。

2）复习组合逻辑电路的设计知识，写出设计步骤，画出逻辑电路图，用仿真软件或数字电子实验装置搭建电路，并测试验证。

3）将训练中测得的数据记入表 4-12 中。

表 4-12 实验数据记录

输入			输出	输入			输出
A	B	C	Y	A	B	C	Y
0	0	0		1	0	0	
0	0	1		1	0	1	
0	1	0		1	1	0	
0	1	1		1	1	1	

本章小结

1. 数字信号和数字电路

数字信号是由 1 和 0 分别表示两种相反状态的信号。数字电路是传送、加工和处理数字信号的电子电路。数字电路分为组合逻辑电路和时序逻辑电路两大类。组合逻辑电路没有记忆功能，而时序逻辑电路有记忆功能。

2. 数制与码制

常用的数制有十进制、二进制、十六进制，不同数制间可以相互转换。BCD 码指用 4 位二进制数表示 0～9 十个十进制数码的二进制代码。

3. 逻辑运算

基本的逻辑运算有与、或、非，常用的复合逻辑运算有与非、或非、异或，它们是组成各种复杂逻辑电路的基础。逻辑运算可以根据需要选择分立逻辑门电路、集成逻辑门电路实现。

4. 逻辑函数的表示形式

逻辑函数常用的表示形式有逻辑函数表达式、真值表、逻辑电路图等，它们可以相互转换。逻辑代数是分析和设计数字逻辑电路的主要工具，运用逻辑代数的基本定律和规则或卡诺图可以简化复杂的逻辑函数。

5. 组合逻辑电路的分析与设计

组合逻辑电路的分析步骤：写出最简逻辑函数式→列真值表→确定电路的逻辑功能。组合逻辑电路的设计步骤：列真值表→写出逻辑函数式并进行化简、转换→画出逻辑电路图。

6. 编码器与译码器

编码器是将输入的电平信号编成二进制代码，而译码器的功能正好相反。优先编码器允许同时有两个以上的有效信号输入，但它只对其中优先权最高的信号进行编码。输出高电平有效的显示译码器要配接共阴极接法的数码管，输出低电平有效的显示译码器要配接共阳极接法的数码管。

思考与习题

4-1 将下列十进制数转换为二进制数。
(1) 12　　　　(2) 51　　　　(3) 100　　　　(4) 174

4-2 将下列各进制数转换为十进制数。
(1) $(1011)_2$　　(2) $(1001010)_2$　　(3) $(EC)_{16}$　　(4) $(16)_{16}$

4-3 请给出下列 8421BCD 码对应的十进制数。
(1) 1000111000　　(2) 100100100001100100　　(3) 111100101010011

4-4 图 4-40 所示为门电路 A、B 两输入端的输入电压波形，试分别画出对应与门、与非门、或非门、异或门电路的输出波形。

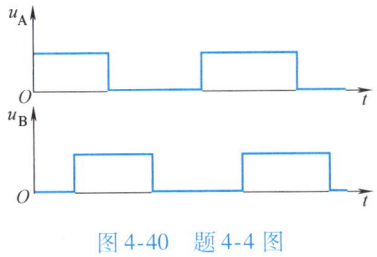

图 4-40　题 4-4 图

4-5 试确定图 4-41 所示各门的输出 Y 的逻辑表达式。

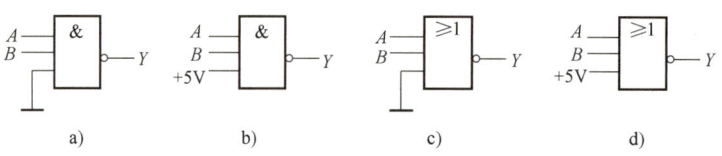

图 4-41 题 4-5 图

4-6 列出下列函数的真值表。
$$F = BC + A\overline{C} + \overline{A}B$$

4-7 试用与非门和非门实现下列函数。
$$Y = A \cdot \overline{C} + \overline{A \cdot \overline{C}} + \overline{\overline{A} \cdot C} + \overline{BD}$$

4-8 化简下列逻辑函数。

(1) $Y = A\overline{B}C + \overline{A} + B + \overline{C}$

(2) $Y = (A \oplus B) \cdot (\overline{AB + \overline{A}\ \overline{B}}) + \overline{A}\ \overline{B}$

(3) $Y = \overline{AC + \overline{A}BC} + \overline{BC + AB\overline{C}}$

(4) $Y = A + \overline{A}BC + \overline{A}BCD + BC + \overline{B}C$

(5) $Y = ABC + \overline{A} + \overline{B} + \overline{C}$

(6) $Y = A(BC + \overline{B} \cdot \overline{C}) + A(\overline{B}C + B\overline{C})$

4-9 写出图 4-42 所示逻辑电路的最简与非表达式。

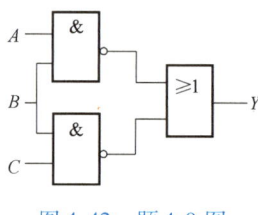

图 4-42 题 4-9 图

4-10 绘制下列逻辑函数的卡诺图并求出其最简逻辑表达式。

(1) $Z = \overline{W}\ \overline{X}\ \overline{Y} + \overline{W}X\overline{Y} + W\overline{X}Y + WXY$

(2) $D = \overline{A}\ \overline{B}C + A\overline{B}\ \overline{C} + \overline{A}\ \overline{B}\ \overline{C} + A\overline{B}C + \overline{A}BC$

(3) $E = \overline{A}BC\overline{D} + AB\overline{C}\ \overline{D} + AB\overline{C}D + ABCD$

4-11 指出图 4-43 中各 TTL 门电路的输出与输入之间的逻辑关系是否能实现,不能实现的应怎样纠错。

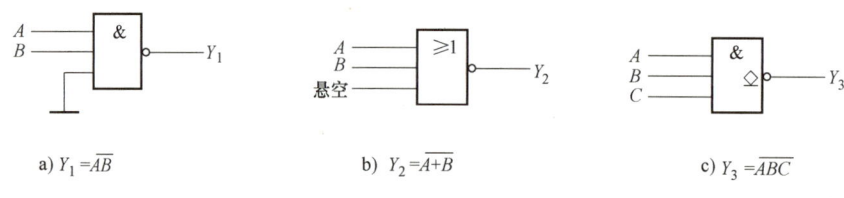

图 4-43 题 4-11 图

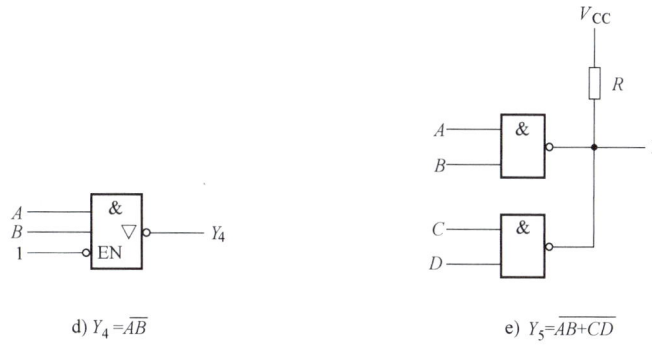

d) $Y_4=\overline{AB}$ e) $Y_5=\overline{AB+CD}$

图 4-43　题 4-11 图（续）

4-12　图 4-44 为用与非 OC 门驱动发光二极管 LED 的显示电路。已知该 OC 门输出低电平 $U_{OL}=0.3V$，LED 的正向导通压降 $U_F=2V$，正向工作电流 $I_F=10\ mA$。为保证电路正常工作，试确定 R_C 的阻值。

4-13　某逻辑电路有 A、B、C 三个变量，当变量组合中出现偶数个 1 时，输出为 1，反之为 0。列出此逻辑事件的真值表，写出逻辑表达式。

4-14　分析图 4-45 所示电路的逻辑功能。

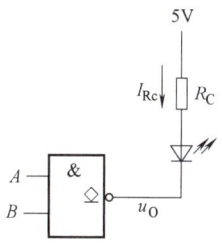

图 4-44　题 4-12 图

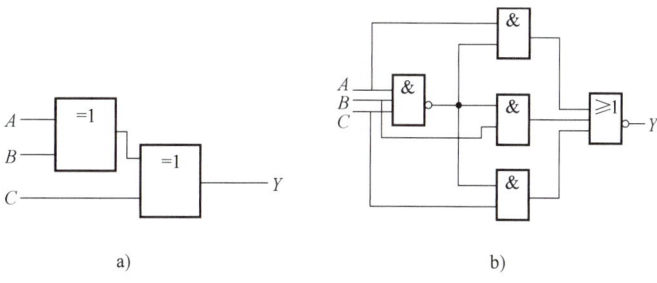

a)　　　　　　b)

图 4-45　题 4-14 图

4-15　试设计一个火灾报警系统，有烟感、温感和紫外光感三种不同类型的火灾探测器。为了防止误报警，要求只有在其中两种或三种探测器发出探测信号时，报警系统才能产生报警信号，试用与非门实现。要求写出设计过程，画出电路图。

4-16　图 4-46 所示为由 74LS138 译码器和与非门组成的电路。试写出该电路的输出函数 F_0 和 F_1 的最简与或表达式。

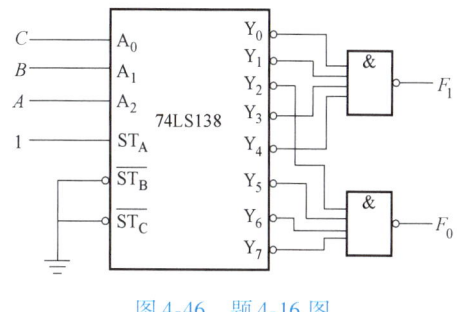

图 4-46　题 4-16 图

第5章

时序逻辑电路

▲ 典型问题

计数是一种基本的数学运算,电子计数器就是实现这种运算的逻辑电路,是数字化仪器的基础,在工业生产、科学实验和日常生活中有着广泛应用,如企业产品计件、车站客流量统计、运动健身计步、体育比赛中的计时等都需要用到计数器电路。图 5-1a 所示为 74LS161 集成计数器引脚排列图,图 5-1b 所示为某型号跑步健身计步器实物,能根据走路时腰部上下运动而自动测量,实现计步并显示。

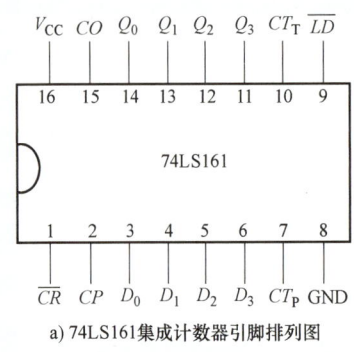 

a) 74LS161集成计数器引脚排列图　　b) 计步器实物

图 5-1　电子计数器

计数器作为常用的时序逻辑器件之一,具有什么特点?应如何设计?其基本组成单元也是门电路吗?

▲ 学习目标

1)掌握时序逻辑电路、计数器、寄存器的基本概念,理解时序逻辑电路的特征。

2)熟悉基本 RS 触发器、同步 RS 触发器、边沿 D 触发器和边沿 JK 触发器的触发方式及逻辑功能。

3)掌握常用集成二进制计数器和十进制计数器的功能及应用,掌握 N 进制计数器的设计方法。

▲ 任务实施

1）探索基本 RS 触发器的真值表。
2）探索边沿 JK 触发器的逻辑功能。
3）探索 N 进制（任意进制）计数器的设计。

5.1 时序逻辑电路的概念

时序逻辑电路又称为时序电路，主要由存储电路（由触发器组成）和组合逻辑电路（由逻辑门电路组成）两部分组成，如图 5-2 所示。其中，存储电路部分是必不可少的，组合逻辑电路部分在有些时序逻辑电路中可以没有。时序逻辑电路的状态根据电路中各触发器的状态变化情况来描绘。

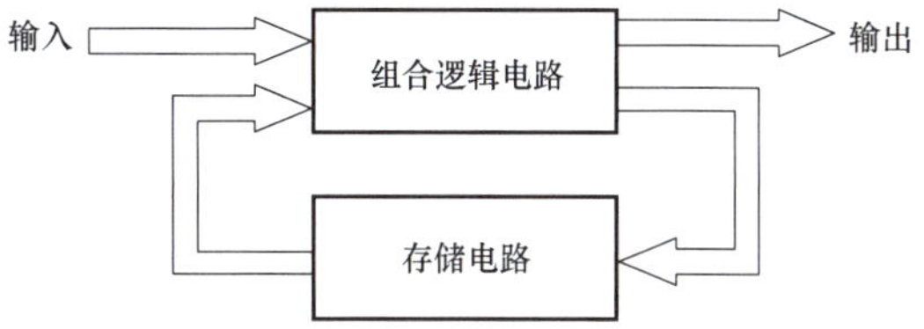

与组合逻辑电路不同，时序逻辑电路在任何时刻的输出状态不仅取决于当时的输入信号，还取决于电路前一时刻的输出状态，即具有记忆功能。

图 5-2 时序逻辑电路的结构框图

根据电路状态转换情况的不同，时序逻辑电路可分为同步时序逻辑电路和异步时序逻辑电路两大类。在同步时序逻辑电路中，所有触发器的时钟输入端 CP 都连在一起。在同一时钟脉冲 CP 的作用下，触发器根据接收到的输入信号更新状态，也就是说，触发器状态的更新和时钟 CP 是同步的。在异步时序逻辑电路中，时钟脉冲 CP 只触发部分触发器，其余触发器则由电路内部信号触发，因此触发器的状态更新有先有后，并不都与时钟输入脉冲 CP 同步。

5.2 常用集成触发器

触发器是具有记忆功能的基本逻辑单元，常用作二进制信息的存储单元，应用十分广泛，如典型问题提到的计数器电路就包含触发器。触发器有两个稳定状态 0 和 1，在信号的作用下，两个稳态可以相互转换。

根据逻辑功能的不同，触发器可分为 RS 触发器、D 触发器、JK 触发器、T 触发器等；根据电路结构的不同，触发器可分为基本 RS 触发器、同步 RS 触发器、边沿触发器、主从触发器；按触发方式的不同，常用触发器可分为电平触发器、钟控触发器等。

5.2.1 基本 RS 触发器

1. 电路组成和逻辑符号

基本 RS 触发器可以由两个与非门的输入和输出交叉耦合组成（称为与非门基本 RS 触发器），也可以由两个或非门的输入和输出交叉耦合组成（称为或非门基本 RS 触发器）。与非门 RS 触发器的电路结构和逻辑运算符号如图 5-3 所示。

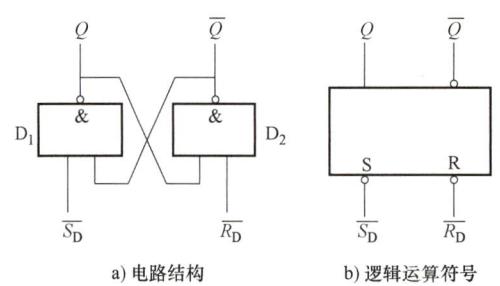

a) 电路结构   b) 逻辑运算符号

图 5-3 与非门 RS 触发器

图中，$\overline{R_D}$ 与 $\overline{S_D}$ 是信号输入端，通常称 $\overline{R_D}$ 为直接复位端或直接置 0 端，称 $\overline{S_D}$ 为直接置位端或直接置 1 端。Q 和 $\overline{Q}$ 是触发器的两个互补输出端，在触发器处于稳定状态时，两者的逻辑状态相反。输入端框内的 R 和 S 为置 0 和置 1 的限定符号。

2. 特性方程

触发器的状态通常用 Q 端的输出状态来表示，当 $Q=1$，$\overline{Q}=0$ 时，称为触发器的 1 状态；当 $Q=0$，$\overline{Q}=1$ 时，称为触发器的 0 状态。触发器接收新输入信号前的状态称为现态，又称为原状态，用 Q^n 表示；触发器接收新输入信号后的状态称为次态，又称为新状态，用 Q^{n+1} 表示。

触发器的次态 Q^{n+1} 与输入信号及现态 Q^n 之间关系的逻辑表达式称为触发器的特性方程。与非门基本 RS 触发器的特性方程为

$$\begin{cases} Q^{n+1} = S_D + \overline{R_D} \cdot Q^n \\ \overline{R_D} + \overline{S_D} = 1 \end{cases} \tag{5-1}$$

3. 逻辑功能分析

假设触发器原处于 Q^n、$\overline{Q^n}$ 的状态，根据与非门 RS 触发器的电路结构和特性方程分析其逻辑功能。

1) 当 $\overline{R_D}=0$、$\overline{S_D}=1$ 时，触发器置 0。这时，$Q^{n+1} = S_D + \overline{R_D} \cdot Q^n = 0 + 0 \cdot Q^n = 0$，即与非门 D_2 输出端 $\overline{Q^{n+1}}$ 一定是 1；与非门 D_1 的两个输入端都是 1，其输出端 Q^{n+1} 必定为 0。触发器实现置 0 功能。

2) 当 $\overline{R_D}=1$、$\overline{S_D}=0$ 时，触发器置 1。这时，$Q^{n+1} = S_D + \overline{R_D} \cdot Q^n = 1 + 1 \cdot Q^n = 1$，即与非门 D_1 输出端 Q^{n+1} 为 1；与非门 D_2 的两个输入端都是 1，其输出端 $\overline{Q^{n+1}}$ 必定为 0。触发器实现置 1 功能。

3) 当 $\overline{R_D}=1$、$\overline{S_D}=1$ 时，触发器保持原状态不变。这时，与非门 D_1 的输出为 $Q^{n+1} = S_D + \overline{R_D} \cdot Q^n = 0 + 1 \cdot Q^n = Q^n$，与非门 D_2 的输出为 $\overline{Q^{n+1}} = \overline{R_D} \cdot Q^n = \overline{1 \cdot Q^n} = \overline{Q^n}$。触发器实现保持功能。

4) 当 $\overline{R_D}=0$、$\overline{S_D}=0$ 时，触发器两个输出端状态都是 1，触发器输出状态不定。这时，与非门 D_2 输出 $\overline{Q^{n+1}} = \overline{R_D} \cdot Q^n = \overline{0 \cdot Q^n} = 1$，与非门 D_1 输出 $Q^{n+1} = S_D + \overline{R_D} \cdot Q^n = 1 + 0 \cdot Q^n = 1$，

此状态不是触发器的定义状态，称为不定状态，要避免。因此，基本 RS 触发器对输入信号有约束条件：$\overline{R_D} + \overline{S_D} = 1$。

根据以上分析，把触发器状态与输入信号的逻辑对应关系列成真值表（也称为触发器的功能表或特性表），见表 5-1。读者也可以根据对其电路结构分析得到以下结果。

表 5-1 与非门基本 RS 触发器功能表

$\overline{S_D}$ $\overline{R_D}$	Q^n	Q^{n+1}	说　明
0　　0	0	$Q^{n+1} = \overline{Q^{n+1}} = 1$	触发器不定状态(禁用)
0　　0	1	$Q^{n+1} = \overline{Q^{n+1}} = 1$	
1　　0	0	0	触发器置 0
1　　0	1	0	
0　　1	0	1	触发器置 1
0　　1	1	1	
1　　1	0	0	触发器保持原状态不变
1　　1	1	1	

基本 RS 触发器常在数字系统中用来消除机械开关的抖动影响。在按压按键时，由于机械开关的接触抖动，往往在几十毫秒内电压会出现多次抖动，相当于连续出现几个脉冲信号。显然，用这样的开关产生的信号直接作为电路的驱动信号可能导致电路产生错误动作，这在有些情况下是绝对不允许的。为了消除开关的接触抖动，可在机械开关与被驱动电路间接入一个基本 RS 触发器。

例 5-1 图 5-4 是某数字系统中由 RS 触发器组成的消除机械抖动电路原理图，试分析其工作原理。

解：在图 5-4 电路中，$\overline{S} = 0$，$\overline{R} = 1$，可得出 $A = 1$，$\overline{A} = 0$。

当按压按键，开关接到位置 2 时，$\overline{S} = 1$，$\overline{R} = 0$，可得出 $A = 0$，$\overline{A} = 1$。若由于机械开关的接触抖动，$\overline{R}$ 的状态会在 0 和 1 之间变化多次，但因 $\overline{S} = 1$，$\overline{R} = 1$ 时，D_1、D_2 门输出状态不变，还是输出 $A = 0$，$\overline{A} = 1$，不会对后级电路造成影响。

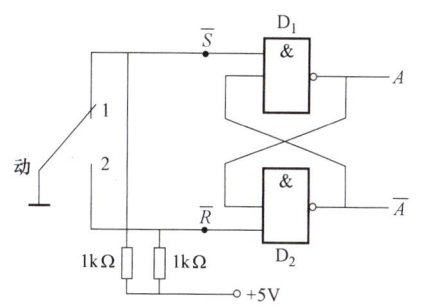

图 5-4 消除机械抖动的 RS 触发器电路

同理，当松开按键时，$\overline{S}$ 端出现的接触抖动亦不会影响输出状态。因此，在图 5-4 所示电路中，开关每按压一次，输出端 A 仅发生一次变化。

5.2.2 同步 RS 触发器

1. 电路组成和逻辑运算符号

在数字系统中，为协调各部分的工作状态，会要求触发器按一定节拍同步动作，需要加入一个时钟控制端 CP。具有时钟脉冲 CP 控制的触发器称为时钟触发器。时钟触发器可分为同步触发器、边沿触发器和主从触发器。

同步 RS 触发器是在与非门 D_1、D_2 组成的基本 RS 触发器的基础上增加两个控制门 D_3、D_4 及一个控制信号 CP，让输入信号经过控制门传送，如图 5-5 所示。图中 CP 为时钟脉冲输入端，简称钟控端或 CP 端，R、S 为信号输入端，Q、$\overline{Q}$ 为输出端。

2. 逻辑功能分析

1）当 $CP = 0$ 时，无论输入信号 R、S 如何变化，与非门 D_3、D_4 被封锁，输出始终为 1，根据基本 RS 触发器逻辑功能可知，触发器状态不变，即 $Q^{n+1} = Q^n$。

2）当 $CP = 1$ 时，与非门 D_3、D_4 被打开，电路输出状态由输入信号 R、S 和电路原有状态决定，触发器的状态随输入信号 R、S 的不同而不同。因此，同步 RS 触发器的触发有效电平为 CP 的高电平。

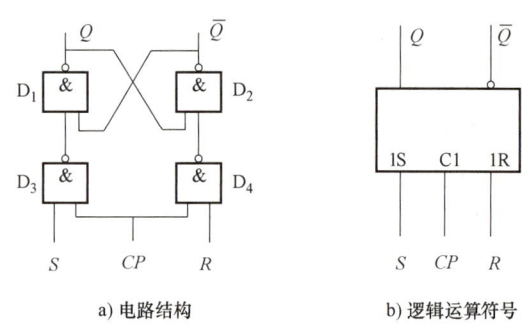

a) 电路结构　　　　b) 逻辑运算符号

图 5-5　同步 RS 触发器

根据与非门和基本 RS 触发器的逻辑功能，可列出同步 RS 触发器的功能表（或称特性表），见表 5-2。

表 5-2　同步 RS 触发器功能表

CP	R	S	Q^n	Q^{n+1}	说　明
0	×	×	0	0	输入信号被封锁
0	×	×	1	1	触发器保持原状态不变
1	0	0	0	0	触发器保持原状态不变
1	0	0	1	1	
1	0	1	0	1	触发器置 1
1	0	1	1	1	
1	1	0	0	0	触发器置 0
1	1	0	1	0	
1	1	1	0	$Q^{n+1} = \overline{Q^{n+1}} = 1$	触发器不定状态(禁用)
1	1	1	1		

从表 5-2 可以看出，当 $R = S = 1$ 时，触发器为不定状态，为避免出现这种情况，应使 $RS = 0$（约束条件）。同步 RS 触发器的特性方程为

$$\begin{cases} Q^{n+1} = S + \overline{R}Q^n \\ RS = 0 \end{cases} (CP = 1 \text{ 期间有效}) \tag{5-2}$$

从上述分析可知，在同步 RS 触发器中，R、S 端的输入信号决定了电路翻转到什么状态，而时钟脉冲 CP 则决定电路状态翻转的时刻，这样便实现了对电路状态翻转时刻的控制。

注意： 同步触发器 $CP = 1$ 的脉冲不宜太宽。否则在此期间，R、S 端信号可能发生两次及以上变化，触发器输出状态会因此发生多次翻转，这种现象称为空翻，是不允许的。同步触发器只能用于数据锁存。

5.2.3　边沿触发器

为了进一步提高触发器的抗干扰能力和可靠性，克服同步触发器的空翻现象，希望触发

器的输出状态仅仅取决于时钟控制信号 CP 的上升沿或下降沿时刻的输入信号状态,即触发器在 CP 的上升沿或下降沿触发,而在时钟控制信号 CP 的其他状态时,输入信号对触发器无任何影响。具有此特性的触发器就是边沿触发器。

边沿触发器常用于计数器、移位寄存器等电路中。

1. 集成 D 触发器

(1) 逻辑符号和引脚排列 目前国内生产的集成 D 触发器主要是维持阻塞型 D 触发器。这种 D 触发器是在时钟脉冲 CP 的上升沿触发,属于边沿触发器。常用的集成 D 触发器有 74LS74 双 D 触发器、74LS175 四 D 触发器和 74LS174 六 D 触发器等。74LS74 集成芯片包含两个具有直接置 1 端、直接置 0 端的上升沿触发 D 触发器,其逻辑运算符号和引脚排列如图 5-6 所示。图 5-6a 是所有维持阻塞型 D 触发器的逻辑符号图,图中 D 为信号输入端;$\overline{S_D}$ 为直接置 1 端,$\overline{R_D}$ 为直接置 0 端,$\overline{R_D}$ 与 $\overline{S_D}$ 引线端处的小圆圈表示低电平有效;Q 和 $\overline{Q}$ 是输出端;CP 为触发输入端,引线上端只有"∧",没有小圆圈,表示该 D 触发器在 CP 上升沿时刻接收 D 信号输入,触发器实现相应功能。

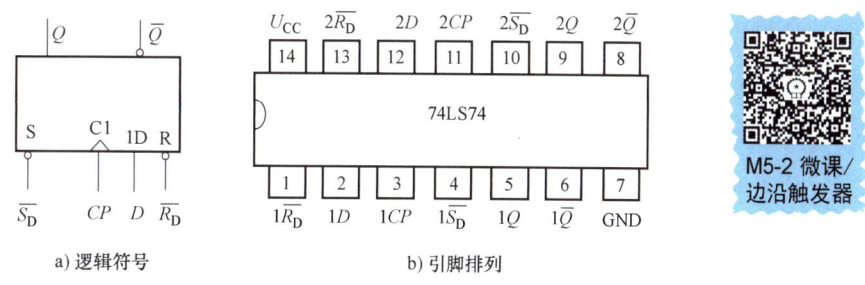

a) 逻辑符号 b) 引脚排列

图 5-6 74LS74 双 D 触发器的逻辑符号和引脚排列

(2) 逻辑功能 集成 D 触发器具有保持、置 1、置 0 功能。表 5-3 为 74LS74 双 D 触发器(即维持阻塞型 D 触发器)的功能表。从功能表可知,$\overline{R_D}$ 与 $\overline{S_D}$ 端的信号对触发器的控制作用优先于 CP 信号。

表 5-3 74LS74 双 D 触发器功能表

输入				输出	说明
$\overline{R_D}$	$\overline{S_D}$	CP	D	Q^{n+1}	
0	1	×	×	0	直接置 0
1	0	×	×	1	直接置 1
0	0	×	×	不定	触发器状态不定(禁用)
1	1	↑	0	0	置 0
1	1	↑	1	1	置 1
1	1	↓	×	Q^n	输入信号被封锁 触发器保持原状态不变
1	1	0	×	Q^n	
1	1	1	×	Q^n	

(3) 特性方程 维持阻塞型 D 触发器的特性方程为

$$Q^{n+1} = D \quad (CP\uparrow 时有效, \overline{R_D} + \overline{S_D} = 1) \tag{5-3}$$

例 5-2 已知维持阻塞型 D 触发器输入 CP、D 的波形如图 5-7a 所示,试画出 Q 端的波形。设触发器初态为 0 态。

解：根据维持阻塞型 D 触发器的逻辑功能,可得出 Q 端波形如图 5-7b 所示。

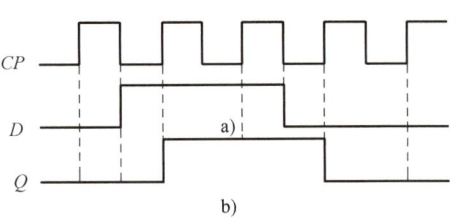

图 5-7 维持阻塞型 D 触发器波形

2. 集成 JK 触发器

（1）逻辑符号和引脚排列　常用的集成芯片有 74LS112 双 JK 触发器（下降沿触发）、CC4027 双 JK 触发器（上升沿触发）和 74LS276 四 JK 触发器（共用置 1、置 0 端）等。74LS112 集成芯片包含两个具有直接置 1 端、直接置 0 端的下降沿触发的 JK 触发器,其逻辑运算符号和引脚排列如图 5-8 所示,图中 J、K 为信号输入端;$\overline{S_D}$ 为直接置 1 端,$\overline{R_D}$ 为直接置 0 端,低电平有效;Q 和 $\overline{Q}$ 是输出端;CP 为触发输入端,引线端有"∧"符号且有小圆圈,表示该 JK 触发器在 CP 下降沿时刻接收 J、K 信号输入,触发器实现相应功能。

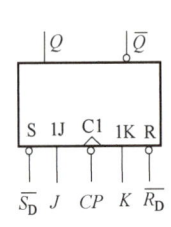
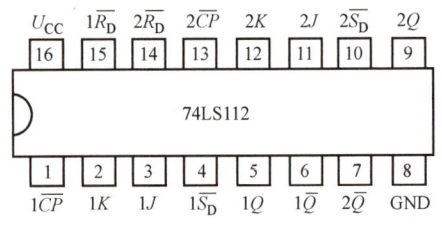

a) 逻辑运算符号图　　　　　　b) 引脚排列

图 5-8　74LS112 双 JK 触发器的逻辑符号和引脚排列

（2）逻辑功能　集成 JK 触发器具有保持、置 1、置 0、翻转功能。表 5-4 为 74LS112 双 JK 触发器（即下降沿触发型 JK 触发器）的功能表。

表 5-4　74LS112 双 JK 触发器功能表

输入端					输出	说明
$\overline{R_D}$	$\overline{S_D}$	CP	J	K	Q^{n+1}	
0	1	×	×	×	0	直接置 0
1	0	×	×	×	1	直接置 1
0	0	×	×	×	不定	触发器不定状态（禁用）
1	1	↓	0	0	Q^n	触发器保持原状态不变
1	1	↓	0	1	0	置 0
1	1	↓	1	0	1	置 1
1	1	↓	1	1	$\overline{Q^n}$	触发器状态翻转
1	1	↑	×	×	Q^n	输入信号被封锁 触发器保持原状态不变
1	1	0	×	×	Q^n	
1	1	1	×	×	Q^n	

（3）特性方程　下降沿触发型 JK 触发器的特性方程为

$$Q^{n+1} = J\overline{Q^n} + \overline{K}Q^n \quad (CP\downarrow 时有效, \overline{S_D} + \overline{R_D} = 1) \tag{5-4}$$

例 5-3　已知图 5-8a 所示 JK 触发器的直接置 1 端、直接置 0 端为高电平，输入 CP、J、K 的电压波形如图 5-9a 所示，试画出 Q 端的波形。设触发器初态为 0 态。

解：根据下降沿触发 JK 触发器的逻辑功能，可得出 Q 端波形如图 5-9b 所示。

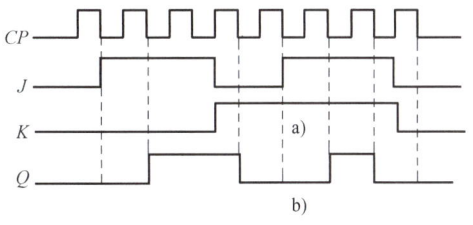

图 5-9　下降沿触发 JK 触发器波形

5.3　时序逻辑电路的分析与设计

5.3.1　时序逻辑电路的分析

时序逻辑电路的分析就是对给定的电路进行分析，求出电路输出端的变化规律及电路状态（即电路中各个触发器的状态）的转换规律，从而确定电路的逻辑功能和工作特点。

1. 时序逻辑电路的分析步骤

时序逻辑电路的分析过程一般可按以下步骤进行。

1）根据给定电路分别写出各触发器的时钟方程、输出方程和驱动方程。

2）将驱动方程代入各触发器的特性方程，得到每个触发器的次态与输入、现态之间的方程，即电路的状态方程。

3）假定初态，分别代入状态方程、输出方程进行计算，依次求出在某一输入组合状态下的次态和输出，根据计算结果列出相应的状态表。

4）根据状态表画状态图或时序图。

5）用文字描述给定时序电路的逻辑功能。

2. 时序逻辑电路分析举例

例 5-4　试分析图 5-10 所示时序逻辑电路的逻辑功能。

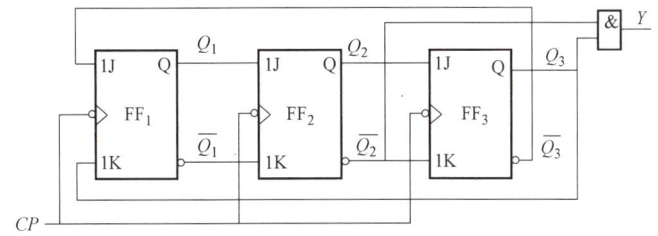

图 5-10　例 5-4 电路图

解：（1）写方程式　由图 5-10 可知，该电路是同步时序逻辑电路。

时钟方程：

$$CP_3 = CP_2 = CP_1 = CP$$

输出方程：
$$Y = Q_3 \overline{Q_2}$$

驱动方程：
$$J_1 = \overline{Q_3^n}, K_1 = Q_3^n$$
$$J_2 = Q_1^n, K_2 = \overline{Q_1^n}$$
$$J_3 = Q_2^n, K_3 = \overline{Q_2^n}$$

（2）求状态方程 JK 触发器的特性方程为
$$Q^{n+1} = J\overline{Q^n} + \overline{K}Q^n$$

将各触发器的驱动方程分别代入 JK 触发器的特性方程，即得电路的状态方程：
$$Q_1^{n+1} = J_1\overline{Q_1^n} + \overline{K_1}Q_1^n = \overline{Q_3^n} \cdot \overline{Q_1^n} + \overline{Q_3^n} \cdot Q_1^n = \overline{Q_3^n}$$
$$Q_2^{n+1} = J_2\overline{Q_2^n} + \overline{K_2}Q_2^n = Q_1^n \cdot \overline{Q_2^n} + Q_1^n \cdot Q_2^n = Q_1^n$$
$$Q_3^{n+1} = J_3\overline{Q_3^n} + \overline{K_3}Q_3^n = Q_2^n \cdot \overline{Q_3^n} + Q_2^n \cdot Q_3^n = Q_2^n$$

（3）计算并列出状态表 依次假设电路的现态 $Q_3^n Q_2^n Q_1^n$，代入电路的状态方程和输出方程，求出相应的次态 $Q_3^{n+1} Q_2^{n+1} Q_1^{n+1}$ 和输出 Y，则可得出电路的状态表，见表5-5。

表5-5　例5-4 电路的状态表

现态			次态			输出
Q_3^n	Q_2^n	Q_1^n	Q_3^{n+1}	Q_2^{n+1}	Q_1^{n+1}	Y
0	0	0	0	0	1	0
0	0	1	0	1	1	0
0	1	1	1	1	1	0
1	1	1	1	1	0	0
1	1	0	1	0	0	1
1	0	0	0	0	0	0

（4）画状态图与时序图 由状态表可画出电路图 5-10 所示的状态图。由图 5-11a，可画出电路时序图如图 5-12 所示。

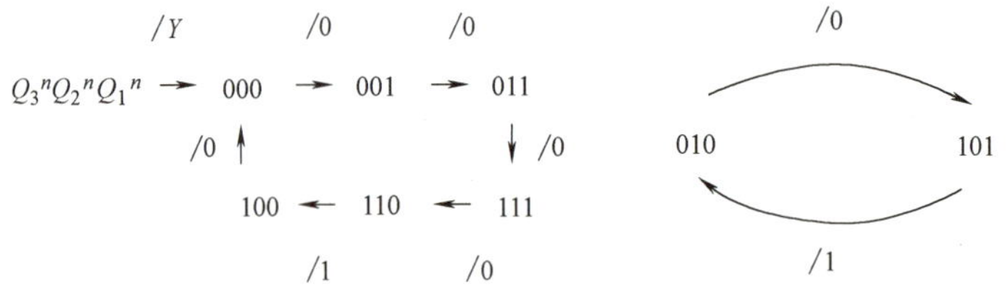

```
                /Y         /0        /0                    /0
Q3^n Q2^n Q1^n → 000  →   001   →   011               ┌─────────┐
                /0 ↑                  ↓ /0           010           101
                 100  ←   110   ←    111              └─────────┘
                /1         /0                                 /1

                    a) 有效循环                        b) 无效循环
```

图5-11　状态图

(5) 判断电路的逻辑功能 由以上分析可见，该电路在时钟脉冲 CP 的作用下，是按 000→001→011→111→110→100→000 这 6 个有效状态进行循环的，当输入第 6 个脉冲时，电路返回到初始状态 000，同时输出端 Y 输出一个负跃变的进位信号。所以这是一个六进制同步计数器。但此电路不能自启动。

在分析同步时序逻辑电路时，时钟方程可省略；而对于异步时序逻辑电路，必须写出各个触发器的时钟方程。

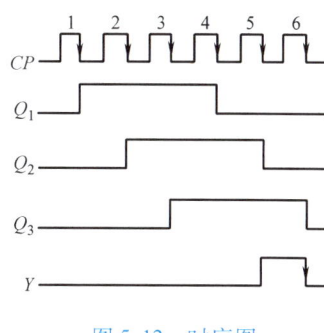

图 5-12 时序图

5.3.2 时序逻辑电路的设计

时序逻辑电路的设计是根据给定的逻辑功能要求选择适当的逻辑器件，设计出符合要求的时序逻辑电路。本节仅介绍用触发器及门电路设计同步时序逻辑电路的方法。

1. 时序逻辑电路的设计步骤

1) 由给定的逻辑功能求出原始状态图。具体做法：首先，分析给定的逻辑功能，确定输入变量、输出变量及该电路应包含的状态。然后分别以上述状态为现态，考虑在每个可能的输入组合作用下应转入哪个电路状态及相应的输出，便可得到符合题意的原始状态图。

2) 状态化简，画出最简状态图及状态表。在原始状态图中，凡是在输入组合相同时，次态和输出均相同的状态是等价的。状态图化简就是将多个等价状态合并成一个状态，把多余的状态都去掉，从而得到最简状态图。

有时，在画出状态表前还需要为最简状态图中的每个状态指定一个二进制代码，先将最简状态图转换为二进制状态图。

3) 选择触发器的类型及个数，求电路的输出方程及各触发器的驱动方程。

4) 画逻辑电路图并检查电路能否自启动。如果电路存在无效状态，应将无效状态依次代入状态方程进行计算，观察在时钟信号作用下，能否回到有效状态。如果无效状态形成了自循环（如例 5-4 电路），则所设计的电路不能自启动，应采取措施进行解决。

2. 同步时序逻辑电路设计举例

例 5-5 设计一个七进制同步加法计数器，计数规则为逢 7 进 1，并产生一个进位输出。

解：(1) 建立原始状态图 状态图如图 5-13 所示。

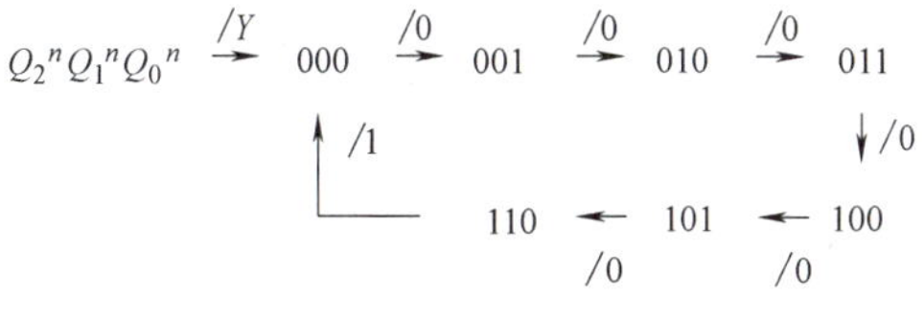

$$Q_2^n Q_1^n Q_0^n \xrightarrow{/Y} 000 \xrightarrow{/0} 001 \xrightarrow{/0} 010 \xrightarrow{/0} 011$$
$$\uparrow /1 \qquad\qquad \downarrow /0$$
$$110 \xleftarrow{/0} 101 \xleftarrow{/0} 100$$

图 5-13 例 5-5 的原始状态图

图 5-13 中没有等价状态，可见该图已经是最简状态图，同时也已经是二进制状态图。根据图 5-13，可以得到满足题目要求的状态转换表，见表 5-6。

表 5-6　例 5-5 的状态转换表

现态			次态			输出
Q_2^n	Q_1^n	Q_0^n	Q_2^{n+1}	Q_1^{n+1}	Q_0^{n+1}	Y
0	0	0	0	0	1	0
0	0	1	0	1	0	0
0	1	0	0	1	1	0
0	1	1	1	0	0	0
1	0	0	1	0	1	0
1	0	1	1	1	0	0
1	1	0	0	0	0	1

（2）选择触发器，求时钟方程、输出方程、状态方程、驱动方程　因需用三位二进制代码，故选用三个 CP 下降沿触发的 JK 触发器，分别用 FF_0、FF_1、FF_2 表示。

因题目要求采用同步方案，故时钟方程为 $CP_0 = CP_1 = CP_2 = CP$

输出方程为 $Y = Q_2 Q_1$

根据状态转换表，分别选出次态 Q_0^{n+1} 为 1 时对应的初态组合，求出 Q_0^{n+1} 状态方程：

$$Q_0^{n+1} = \overline{Q_2^n} \cdot \overline{Q_1^n} \cdot \overline{Q_0^n} + \overline{Q_2^n} \cdot Q_1^n \cdot \overline{Q_0^n} + Q_2^n \cdot \overline{Q_1^n} \cdot \overline{Q_0^n} = \overline{Q_2^n} \cdot \overline{Q_0^n} + \overline{Q_0^n} \cdot \overline{Q_1^n} = \overline{Q_0^n} \cdot \overline{Q_1^n Q_2^n}$$

用同样方法，依次求出 Q_1^{n+1}、Q_2^{n+1} 的状态方程：

$$Q_1^{n+1} = \overline{Q_2^n} \cdot \overline{Q_1^n} \cdot Q_0^n + \overline{Q_2^n} \cdot Q_1^n \cdot \overline{Q_0^n} + Q_2^n \cdot \overline{Q_1^n} \cdot Q_0^n = Q_0^n \cdot \overline{Q_1^n} + \overline{Q_2^n} \cdot Q_1^n \cdot \overline{Q_0^n}$$

$$Q_2^{n+1} = \overline{Q_2^n} \cdot Q_1^n \cdot Q_0^n + Q_2^n \cdot \overline{Q_1^n} \cdot \overline{Q_0^n} + Q_2^n \cdot \overline{Q_1^n} \cdot Q_0^n = Q_1^n \cdot Q_0^n + Q_2^n \cdot \overline{Q_1^n} \cdot Q_2^n$$

JK 触发器的特性方程为 $Q^{n+1} = J\overline{Q^n} + \overline{K}Q^n$

将状态方程和 JK 触发器的特性方程比较可得出如下驱动方程：

$$J_0 = \overline{Q_2^n Q_1^n} \qquad K_0 = 1$$

$$J_1 = Q_0^n \qquad K_1 = \overline{\overline{Q_2^n} \cdot \overline{Q_0^n}}$$

$$J_2 = Q_1^n Q_0^n \qquad K_2 = Q_1^n$$

（3）画逻辑电路图并检查电路能否自启动　逻辑电路如图 5-14 所示。

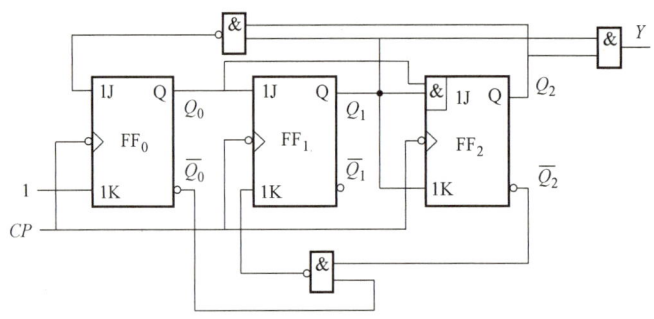

图 5-14　例 5-5 的逻辑电路图

将无效状态 111 代入状态方程计算得

$$Q_0^{n+1} = \overline{Q_2^n \cdot Q_1^n \cdot \overline{Q_0^n} + \overline{1} \cdot Q_0^n} = \overline{1 \cdot 1 \cdot \overline{1} + \overline{1} \cdot 1} = 0$$

$$Q_1^{n+1} = \overline{Q_0^n \cdot \overline{Q_1^n} + \overline{Q_2^n} \cdot Q_1^n \cdot \overline{Q_0^n}} = \overline{1 \cdot \overline{1} + \overline{1} \cdot 1 \cdot \overline{1}} = 0$$

$$Q_2^{n+1} = \overline{Q_1^n \cdot Q_0^n \cdot \overline{Q_2^n} + \overline{Q_1^n} \cdot Q_2^n} = \overline{1 \cdot 1 \cdot \overline{1} + \overline{1} \cdot 1} = 0$$

可见，111 的次态为有效状态 000，电路能够自启动。

5.4 常用时序逻辑功能器件

触发器具有记忆功能，是构成各种时序逻辑电路必不可少的基本单元，如计数器、寄存器等。

5.4.1 计数器及应用

在数字系统中，常需要对脉冲的个数进行计数，能实现计数功能的电路称为计数器。计数器主要由触发器组成，因此计数器的状态就是其电路内部各触发器的状态。计数器能反映的累计输入脉冲最大数目称为计数器的模，也称为步长、计数容量，用 M 表示。

计数器的类型较多，按步长分，有二进制计数器、十进制计数器和 N 进制计数器；按计数增减分，有加计数器、减计数器和加/减计数器；按计数器内部各触发器翻转是否同步分，有同步计数器和异步计数器。

1. 二进制计数器

二进制计数器就是按二进制规律进行计数的计数器。图 5-15 所示为由 JK 触发器构成的 4 位异步二进制加法计数器，由 4 个下降沿触发的 JK 触发器构成，可以累计 $2^4 = 16$ 个有效状态，即模 $M = 16$，也称为十六进制计数器。

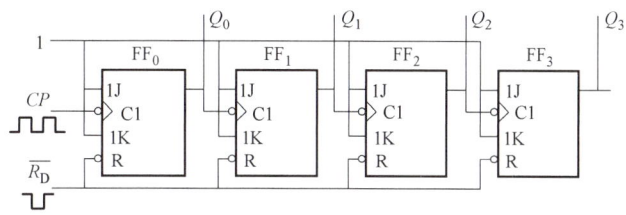

图 5-15 由 JK 触发器构成的 4 位异步二进制加法计数器

（1）工作原理

1）开始计数前，给 JK 触发器的直接置 0 端输入一个负脉冲 $\overline{R_D}$，对计数器的输出状态进行清零，即 $Q_3Q_2Q_1Q_0$ 从 0000 状态开始。Q_0 反映的是 4 位二进制数的最低位，Q_3 反映的是 4 位二进制数的最高位。

2）图中每个 JK 触发器的 $J = K = 1$，根据 JK 触发器逻辑功能可知，在时钟输入端接收到下降沿触发信号时，触发器皆实现翻转功能。

3）第 1 个 CP 脉冲（在此称为计数脉冲）出现时，$Q_3Q_2Q_1Q_0 = 0001$；第 2 个 CP 脉冲出现时，$Q_3Q_2Q_1Q_0 = 0010$；第 3 个 CP 脉冲出现时，$Q_3Q_2Q_1Q_0 = 0011$……第 9 个 CP 脉冲出现时，$Q_3Q_2Q_1Q_0 = 1001$……第 15 个 CP 脉冲出现时，$Q_3Q_2Q_1Q_0 = 1111$；第 16 个 CP 脉冲出

现时，$Q_3Q_2Q_1Q_0=0000$，同时 Q_3 输出一个下降沿的进位脉冲信号，完成一个计数周期的过程。此后，计数器又开始新一轮计数。

（2）集成二进制计数器芯片介绍　集成二进制计数器芯片有许多。典型问题中提到的集成计数器芯片 74LS161 是 4 位同步二进制加法计数器，芯片外形如图 5-16a 所示，图 5-16b 是其逻辑符号示意图。$\overline{CR}$ 是异步清零端，低电平有效；$\overline{LD}$ 是同步置数端，低电平有效；D_3、D_2、D_1、D_0 是并行数据输入端；CT_P、CT_T 是工作状态控制端（即使能端），

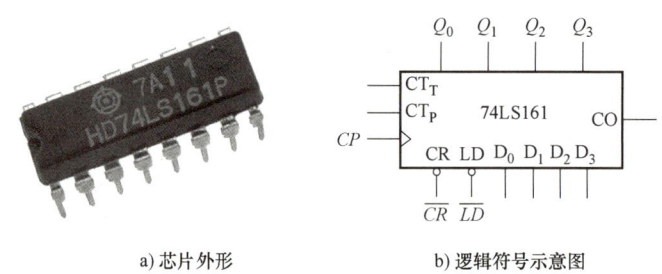

a) 芯片外形　　　　　b) 逻辑符号示意图

图 5-16　74LS161 的芯片外形及逻辑符号示意图

高电平有效；CP 是计数脉冲输入端，上升沿触发；Q_3、Q_2、Q_1、Q_0 是计数状态输出端，Q_3 为最高位，Q_0 为最低位；CO 是进位输出端。74LS161 功能表见表 5-7。由表可知，其具有上升沿触发、异步置 0、同步置数、十六进制加法计数、保持功能。

表 5-7　集成计数器 74LS161 功能表

输入									输出					说明
$\overline{CR}$	$\overline{LD}$	CT_P	CT_T	CP	D_3	D_2	D_1	D_0	Q_3	Q_2	Q_1	Q_0	CO	
0	×	×	×	×	×	×	×	×	0	0	0	0	0	异步置 0
1	0	×	×	↑	d_3	d_2	d_1	d_0	d_3	d_2	d_1	d_0	0	同步置数，进位输出端 CO 不起作用
1	1	1	1	↑	×	×	×	×	计数					加法计数，$CO = Q_3Q_2Q_1Q_0$
1	1	0	×	×	×	×	×	×	保持				0	保持，进位输出端 CO 不起作用
1	1	×	0	×	×	×	×	×	保持				0	

2. 十进制计数器

按十进制运算规律进行计数的电路称为十进制计数器，有十进制加法计数器、十进制减法计数器及十进制加/减计数器。这里主要介绍十进制加法计数器。

集成十进制计数器芯片较多，74LS160 芯片就是一种集成十进制同步加法计数器，其引脚功能和排列规律、逻辑运算符号示意图都和 74LS161 一致，其逻辑运算符号示意图如图 5-17 所示。$\overline{CR}$ 是异步清零端，低电平有效；$\overline{LD}$ 是同步置数端，低电平有效；D_3、D_2、D_1、D_0 是并行数据输入端；CT_P 和 CT_T 是工作状态控制端，高电平有效；CP 是计数脉冲输入端，上升沿触发；Q_3、Q_2、Q_1、Q_0 是计数状态输出端，Q_3 为最高位，Q_0 为最低位；CO 是进位输出端。

74LS160 具有上升沿触发、异步置 0、同步置数、十进制加法计数、保持功能，功能表见表 5-8。由表可知，74LS160 在实现计数功能的过程中，若保持 $CT_P = CT_T = \overline{LD} = \overline{CR} = 1$，则 CP 在接收第 10 个计数脉冲时，计数器返回状态 0000，CO 输出一个下降沿进位信号。其计数状态转换如图 5-18 所示。要注意的是，计数开始前，都要先进行清零，使输出状态 $Q_3Q_2Q_1Q_0 = 0000$。

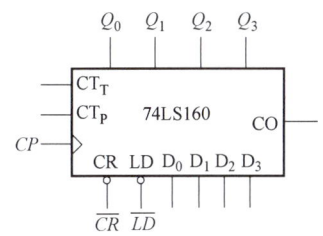

图 5-17　74LS160 逻辑运算符号示意图

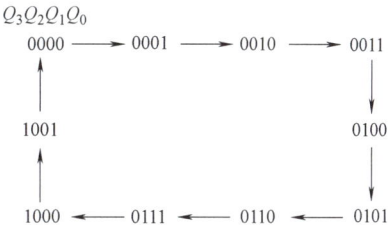

图 5-18　十进制加法计数器状态转换图

表 5-8　集成计数器 74LS160 功能表

输入									输出				说明
$\overline{CR}$	$\overline{LD}$	CT_P	CT_T	CP	D_3	D_2	D_1	D_0	Q_3	Q_2	Q_1	Q_0	CO	
0	×	×	×	×	×	×	×	×	0	0	0	0	0	异步置 0
1	0	×	×	↑	d_3	d_2	d_1	d_0	d_3	d_2	d_1	d_0	0	同步置数，进位输出端 CO 不起作用
1	1	1	1	↑	×	×	×	×	计数					加法计数，$CO = Q_3Q_0$
1	1	0	×	×	×	×	×	×	保持				0	保持，进位输出端 CO 不起作用
1	1	×	0	×	×	×	×	×	保持				0	

3. 实现 N 进制计数器的方法

在集成计数器产品中，只有二进制计数器和十进制计数器两大系列，但实际使用中，常要用到其他进制计数，如十二进制计数、二十四进制计数、六十进制计数等。一般将实现二进制、十进制以外的计数电路称为任意进制计数器，也称为 N 进制计数器。利用集成计数器芯片外部不同方式的连接或片间级联，可以很方便地构成 N 进制计数器。本项目典型问题中的计步器所包含的计数电路就属于 N 进制计数器类型。

实现 N 进制计数器的方法有反馈归零法及反馈置数法两类。反馈归零法就是利用芯片的清零端或置 0 端在计数周期内强行中止计数；反馈置数法是先选定芯片计数周期内的某个输出状态为初始计数状态，同时利用芯片的置数端、数据输入端使电路按所需的进制计数。这里结合例题介绍反馈归零法。

例 5-6　试用集成芯片 74LS161 构成十二进制计数器。

解：设初态为 0000，要用集成芯片 74LS161 实现十二进制计数器，在前 11 个计数脉冲作用下，计数器应按二进制规律正常计数，而当第 12 个计数脉冲到来后，低电平有效的异步清零端 $\overline{CR}$ 要获得一个低电平，使计数器输出强行回到 0000 状态。具体步骤如下：

1）写出十进制数 12 的二进制代码：$S_{12} = 1100$。

2) 写出反馈归零函数：$\overline{CR} = \overline{Q_3 Q_2}$。

3) 画连接电路图。电路连接方式如图 5-19 所示。

根据这种方法，一片 74LS161 可以方便地构成小于十六进制的计数器。模分别为 M_1、M_2、M_3…的若干个集成计数器芯片级联后可以构成模 $\leq M_1 M_2 M_3$…的计数电路。

注意： 如集成芯片是同步清零功能，则在写二进制代码时要减 1。如 74LS163 是具有同步清零功能的二进制加法计数器集成芯片，在设计十二进制计数电路时，要写 11 的二进制代码 $S_{11} = 1011$。

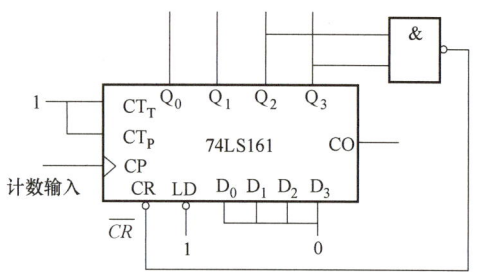

图 5-19　74LS161 构成十二进制计数器

例 5-7　试用集成芯片 74LS160 构成二十四进制计数器。

解： 74LS160 是十进制计数器芯片，具有异步清零功能，按十进制递增规律计数，要构成大于十进制的计数，必须用多片组合起来。实现二十四进制计数器，要两个 74LS160 十进制计数器芯片才行，使电路在计数脉冲触发下，输出状态实现从 0000 0000→0000 0001→0000 0010→……0000 1001→0001 0000→……→0010 0010→0010 0011→0000 0000，如此循环往返地计数。具体步骤如下。

1) 写出十进制数 24 的 8421BCD 码：$S_{24} = 0010\ 0100$。

2) 写出反馈归零函数：$\overline{CR} = \overline{Q_{1(十位)} \cdot Q_{2(个位)}}$。

3) 画连接电路图。电路连接方式如图 5-20 所示。

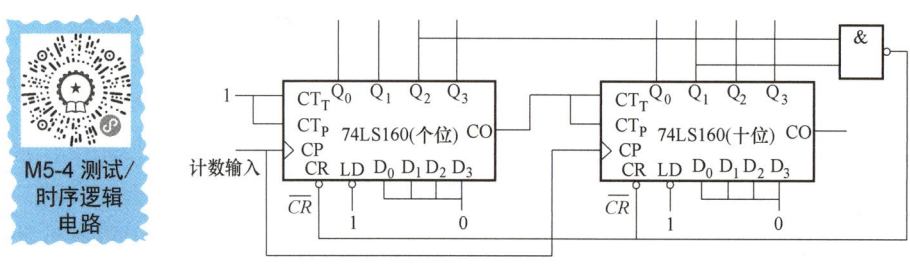

图 5-20　74LS160 构成二十四进制计数器

用反馈归零法实现 N 进制计数器，74LS160 及 74LS161 的并行数据输入端 $D_3 \sim D_0$ 可以不接而悬空。

5.4.2　寄存器及移位寄存器

寄存器是数字系统中一个重要数字器件，具有接收、存放及传送数码的功能。寄存器属于计算机技术中的存储器范畴，但存储器一般用于存储运算结果，存储时间长、容量大，而寄存器一般只用来暂存中间运算结果，存储时间短、存储容量小。

移位寄存器除了具有存储代码的功能外，还具有移位功能，寄存器存储的代码在移位脉冲作用下能依次左移或右移。所以，移位寄存器不但可以用来寄存代码，还可以用来实现数据的串/并行转换、数值运算及数据处理等。

图 5-21 所示为 4 位双向移位寄存器 74LS194 的逻辑符号。$\overline{CR}$ 是异步清零端,低电平有效;D_3、D_2、D_1、D_0 是并行数据输入端;D_{SR} 是右移串行数据输入端;D_{SL} 是左移串行数据输入端;M_0 和 M_1 是工作方式控制端;CP 是移位脉冲输入端,上升沿触发;Q_3、Q_2、Q_1、Q_0 是数据输出端,Q_3 为最高位,Q_0 为最低位。74LS194 的功能表见表 5-9,由表可知,其具有异步置 0、并行置数、右移串行送数、左移串行送数、保持功能。

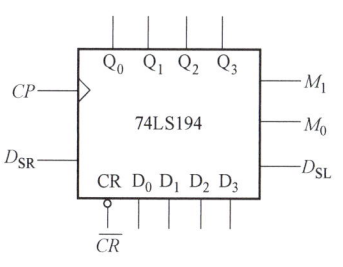

图 5-21　74LS194 的逻辑符号

表 5-9　74LS194 的功能表

输入										输出				说明
$\overline{CR}$	M_1	M_0	CP	D_{SL}	D_{SR}	D_0	D_1	D_2	D_3	Q_0	Q_1	Q_2	Q_3	
0	×	×	×	×	×	×	×	×	×	0	0	0	0	异步置 0
1	×	×	0	×	×	×	×	×	×	保持				不接收数据
1	1	1	↑	×	×	d_0	d_1	d_2	d_3	d_0	d_1	d_2	d_3	并行置数
1	0	1	↑	×	1	×	×	×	×	1	Q_0	Q_1	Q_2	右移输入 1,并依次向相邻高位移位
1	0	1	↑	×	0	×	×	×	×	0	Q_0	Q_1	Q_2	右移输入 0,并依次向相邻高位移位
1	1	0	↑	1	×	×	×	×	×	Q_1	Q_2	Q_3	1	左移输入 1,并依次向相邻低位移位
1	1	0	↑	0	×	×	×	×	×	Q_1	Q_2	Q_3	0	左移输入 0,并依次向相邻低位移位
1	0	0	×	×	×	×	×	×	×	保持				

5.5　数字系统一般故障的检测和排除

检查数字系统的故障是很复杂的,不但要求技术人员有较好的电子电路理论基础,对故障有较强的分析能力,而且还要求采用正确的检测方法,迅速找出故障。

5.5.1　故障检测的方法

1. 数字系统故障

数字系统故障是指由于一个或多个电子元器件损坏、接触不良、导线断裂与短路、虚焊等原因造成功能错误的现象。对于组合逻辑电路,如不能按真值表的要求工作,就可认为电路有故障;对于时序逻辑电路,如不能按状态转换图(或功能表)工作,就认为存在故障。

2. 查找故障的常用方法

(1) 直观检查法

1) 例行检查。首先,应仔细观察导线有无断线或短路、电子元器件有无变色或脱落、型号与参数是否正确,然后检查接插件有无松动、电解电容有无漏液或鼓包、焊点有无脱落、集成芯片有无插反、引脚有无断裂或变形等。这些是故障查找的重点，也是一种常规检查。实验或实训时，很多故障都是布线、集成芯片接插错误等造成的，因此，大多数情况下通过此方法就可以发现并消除故障。

2）静态检查。为电路接通电源，仔细观察有无异常现象，如有无因电流过大烧毁电子元器件产生的异味或冒烟等、集成芯片及晶体管等外壳有无过热情况等。发现不正常现象时，应立即切断电源进行分析检查，直到找出故障为止。

用仪表检查各集成芯片是否均已加上电源。可靠的方法是用万用表直接测量集成芯片电源引脚和接地引脚之间的电压。

(2) 顺序检查法——缩小故障的怀疑区　一个数字系统通常由多个子系统或模块组成，所以首先应根据故障现象和检测结果进行分析、判断，将可能出现故障的子系统或模块单独进行检查。如其输入信号和控制信号都正常，而输出信号不正常，则故障可能出在该子系统或模块内。

1）由输入级向输出级逐级检查。在输入端加入信号，用仪器（组合逻辑电路中一般用万用表或逻辑状态测试笔，时序逻辑电路中一般用示波器）沿信号流向逐级检测各器件输入/输出引脚的电压或波形。如发现某一级电路输出电压波形不正常或没有输出，则故障就出在该级或上级电路，可将级间连线断开，再进行单独测试，找出故障点为止。

2）由输出级向输入级逐级检查。从故障级开始逐级向输入级进行检测，直到检测出有正常信号的一级为止，则故障就出在信号由正常变为不正常的一级。

(3) 比较法　为了尽快找出故障，常将故障电路主要测试点的电压、电流等参数与一个工作正常的相同电路对应测试点的参数进行对比，从而查出故障。

(4) 替换法　当怀疑数字系统某一电路插接板或元器件有故障时，可在切断电源后，用完全相同的、正常的电路插接板或元器件进行替换，之后再通电以判断被替换的电路插接板或元器件是否有故障。

5.5.2 实例分析

1. 1位数值比较器电路

(1) 电路组成及工作原理　图 5-22 所示为由门电路组成的一位数值比较器电路。它主要由两个反相器 D_1、D_2，两个二输入与门电路 D_3、D_4，一个二输入或非门电路 D_5 及指示电路等组成。其功能为：比较两个一位二进制数 A 和 B 的大小（逻辑：高电平为 1，低电平

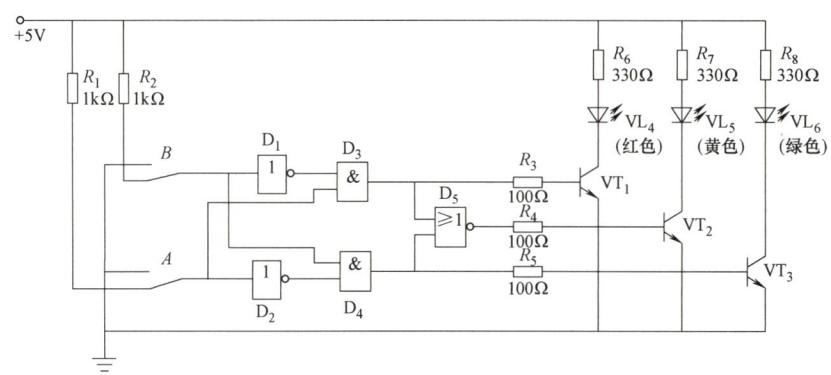

图 5-22　一位数值比较器电路原理图

为0)。比较结果有三种情况,若 $A>B$,则 VT_1 导通,VL_4 红色发光二极管亮;若 $A=B$,则 VT_2 导通,VL_5 黄色发光二极管亮;若 $A<B$,则 VT_3 导通,VL_6 绿色发光二极管亮。

(2) 常见故障现象

1) 三只发光二极管都不亮。

2) 当 $A>B$ 时,红色发光二极管不亮。

3) 红色发光二极管常亮,另两只发光二极管正常。

(3) 常见故障的查找方法与技巧

1) 三只发光二极管都不亮的故障查找方法与技巧。

① 检查供电电路。检查 5V 电压是否正常,若不正常则进行修复。

② 检查指示电路。先用镊子短路晶体管 VT_1、VT_2、VT_3 的 e、c 极,如发光二极管能发光,则说明发光二极管 VL_4、VL_5、VL_6 和限流电阻 R_6、R_7、R_8 正常,否则应更换损坏元器件。

③ 用逻辑状态测试笔测试各门电路的输入/输出逻辑关系,如发现出错,先测量连接线、焊接点等,如正常,则更换该门电路。

2) 当 $A>B$ 时,红色发光二极管不亮的故障查找方法与技巧。

① 用镊子短路 VT_1 的 e、c 极,判断红色发光二极管的好坏,如损坏,应进行更换。

② 用逻辑状态测试笔测试是否 $A>B$。如正确,测量晶体管 VT_1 的 b、e 极间电压和 c、e 极间电压是否正常,如不正常,则晶体管 VT_1 损坏,应立即更换;如不是,则分别测试 D_1、D_3 门电路的输入/输出逻辑关系,发现故障,排除并修复。

3) 红色发光二极管常亮,另两只发光二极管正常的故障查找方法与技巧。拨动开关 A、B,判断开关是否正常,如正常,则可确定是晶体管 VT_1 损坏,进行更换即可;如不是,则分别测试因果关系,发现故障,排除并修复。一般这种情况下门电路不会有故障,否则红色发光二极管不会常亮。

2. 二十五进制计数电路

计数电路常见故障主要有不计数或计数未达到预期要求,未按规定向高位送出进位信号。下面根据具体电路简要说明计数电路可能出现的故障现象及分析查找的方法。

(1) 电路组成 图 5-23 所示电路为利用反馈置数法由两片集成芯片 74LS160 构成的二十五进制计数电路。

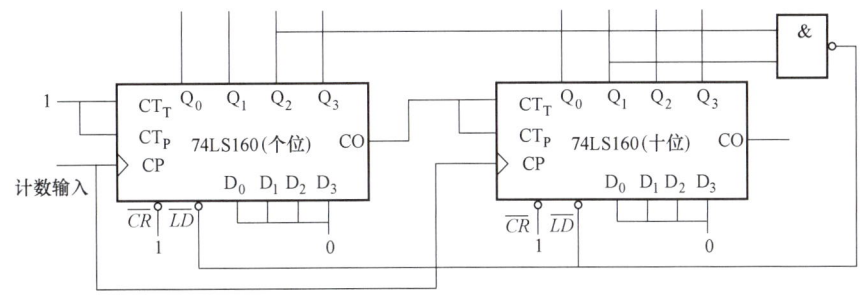

图 5-23 74LS160 构成的二十五进制计数电路

(2) 常见故障现象

1) 电路不工作。

2) 一个计数周期中有几个数不会出现,即计数不全。

3）十位片不能正常计数，个位片正常。

4）计数周期大于 25 或小于 25。

(3) 常见故障的查找方法与技巧

1）故障的原因分析：如整个计数电路不工作，则可能电源供电有问题，也可能接线不好；计数芯片、门电路芯片功能故障，可能出现计数不全、十位片不能正常计数的故障现象；接线不好，也可能造成 $\overline{LD}$ 端悬空、电路出现 100 进制计数，十位片不能正常计数；与非门输入端与计数器芯片输出端的连接错误，可能造成计数不正确。另外，应考虑计数信号有没有顺利送至集成计数器的 CP 端。

2）查找方法与技巧：先直接检测器件的电源，再检查计数信号有没有顺利送至两个集成计数器的 CP 端，检查 CT_P、CT_T、$\overline{LD}$、$\overline{CR}$ 端电平状态是否正确（如果不是，可能连线错误或门电路器件有问题），检查数据输入端 $D_0 \sim D_3$ 接地是否良好。如上述检查仍不能解决，应考虑芯片之间的连接是否正确、计数器器件的问题或外接电路的故障所带来的牵制，更正错误或更换器件，检查外电路。

科学家与科学故事：量子通信技术

量子通信是指利用量子纠缠效应进行信息传递的一种新型的通信方式，如图 5-24 所示。量子通信的发现者为法国物理学家艾伦·爱斯派克特。量子通信是近 20 年发展起来的新型交叉学科，是量子论和信息论相结合的新研究领域。量子通信主要涉及量子密码通信、量子远程传态和量子密集编码等，近来，这门学科已逐步从理论走向实验，并向实用化发展。

图 5-24　量子通信

经过多年的努力，中国在量子技术领域取得了"从 0 到 1"的重大突破，实现了从跟跑到并跑、领跑的历史性跨越。中国科学院院士潘建伟表示，量子技术正在形成新的科学前沿，激发革命性的科技创新，并孕育对人类社会产生巨大影响的颠覆性技术。目前，中国在量子通信的研究和应用方面国际领先，在量子计算和量子精密测量的某些方向上也处于国际先进水平。

5.6　任务实施

5.6.1　探索基本 RS 触发器的真值表

场地：机房或多媒体教室。

器材：计算机、Multisim 仿真软件。

知识点复习：Multisim 电路仿真软件知识与基本 RS 触发器。

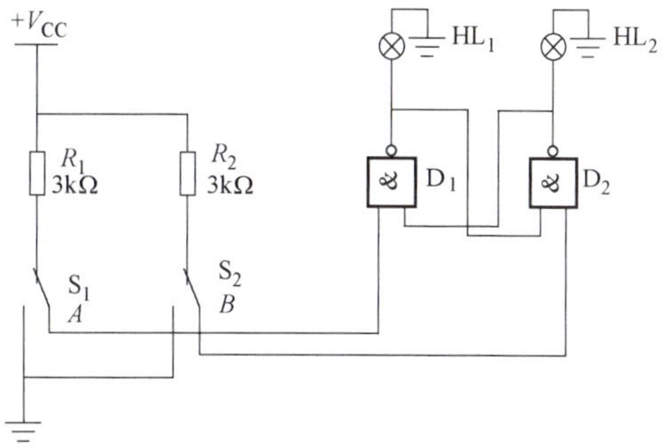

实施过程：

1）在 Multisim 工作区中搭建图 5-25 所示电路，设置好元器件参数、开关状态控制键。

2）改变开关状态，分别选择两输入端接收的是 1 或 0 信号，测试输出端与输入信号的对应关系。

3）自拟表格记录实验数据，总结说明实验电路的逻辑功能。

注意：

1）开关 S_1、S_2 往上闭合时，输入端接收到高电平（即逻辑 1）；往下闭合时，输入端接收到低电平（即逻辑 0）。

2）灯 HL_1 反映的是触发器 Q 输出端的状态，开关 S_1 控制的是 $\overline{S_D}$ 输入端的状态。

3）灯亮表示逻辑 1，灯不亮表示逻辑 0。

图 5-25　基本 RS 触发器仿真电路

5.6.2　探索边沿 JK 触发器的逻辑功能

场地：机房或多媒体教室。

器材：计算机、Multisim 仿真软件。

知识点复习：Multisim 电路仿真软件知识与边沿触发器。

实施过程：

1）双击 Multisim 启动图标，运行 Multisim，分别调用元器件库、仪器库，选择好图 5-26 所示电路中的相关元器件、信号源、芯片、示波器，设置好元器件参数（时钟输入信号参数：方波、1Hz、振幅 3V），在 Multisim 工作区中搭建好图 5-26 所示电路。

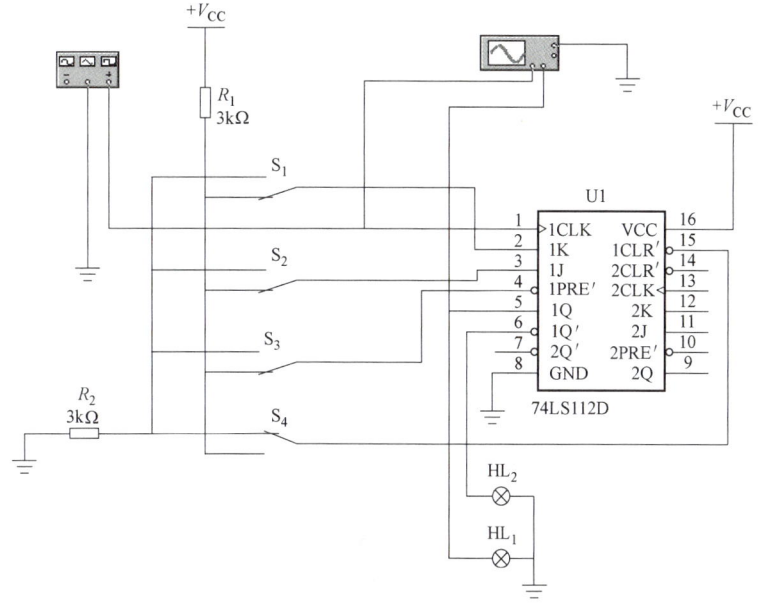

图 5-26　边沿 JK 触发器仿真电路

图中，PRE′为触发器直接置1端，CLR′为直接置0端，CLK为时钟输入端。

2）探索直接置0端 CLR′、直接置1端 PRE′ 的逻辑功能。

① 通过开关S_3、S_4使直接置1端 PRE′ 为高电平状态（即逻辑1）、直接置0端 CLR′ 为低电平状态（即逻辑0），观测输出端 Q、灯 HL_1 及输出端 Q′、灯 HL_2 的状态，并记录。

② 通过开关S_3、S_4使直接置0端 CLR′ 为高电平状态（即逻辑1）、直接置1端 PRE′ 为低电平状态（即逻辑0），观测输出端 Q、灯 HL_1 及输出端 Q′、灯 HL_2 的状态，并记录。

3）设置触发器的初始状态为0，保持直接置1端 PRE′ 与直接置0端 CLR′ 都为高电平（即逻辑1）状态，改变开关S_1、S_2状态，分别选择两输入端 J、K 接收逻辑1、逻辑0的不同状态组合，测试输出端 Q 与输入信号 J、K 及时钟输入端 CLK 波形之间的对应关系。

4）自拟表格记录实验数据，总结说明实验芯片74LS112D的逻辑功能。

注意：

1）开关$S_1 \sim S_4$往下拨时，输入端接收到高电平（即逻辑1）；往上拨时，输入端接收到低电平（即逻辑0）。

2）直接置1端 PRE′ 与直接置0端 CLR′ 不能同时为低电平。

3）灯亮表示为逻辑1，灯不亮表示逻辑0。

5.6.3　探索 N 进制（任意进制）计数器的设计

场地：机房或多媒体教室。

器材：计算机、Multisim仿真软件。

知识点复习：Multisim电路仿真软件知识与计数器及应用。

有同学用集成计数器芯片74163设计出十二进制计数电路，如图5-27所示，但不知是否正确，请同学们利用Multisim仿真软件验证，如有错误则进行改正。

实施过程：

1）试在Multisim中搭建图5-27所示电路，设置输入时钟参数：方波、1Hz、振幅3V。其他默认。

2）闭合电源，观测测试灯的状态，判别电路是否能实现十二进制计数。如不能，请查找故障点并排除。

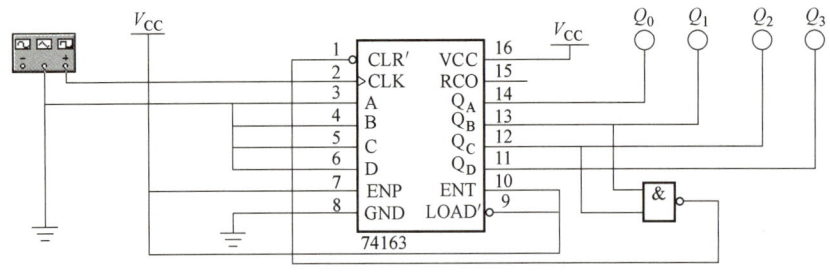

图5-27　十二进制计数仿真电路

提示： 74163与74161同为4位二进制计数器，74161为异步置0，而74163为同步置0。Q_A输出为二进制数的最低位。

本章小结

1. 时序逻辑电路概念

时序逻辑电路又称为时序电路，主要由触发器和组合逻辑电路两部分组成，在任何时刻的输出状态不仅取决于当时的输入信号，还取决于电路原来的状态。

2. 触发器

具有记忆、翻转功能的电路称为触发器，一个触发器能存储一位二进制信息。根据电路结构的不同，主要分为基本 RS 触发器、同步触发器和边沿触发器等。

3. 常用集成触发器

基本 RS 触发器的输出状态直接受输入信号的影响；同步触发器只是在需要的时间段接收数据，但有空翻现象；边沿触发器只在时钟信号 CP 的上升沿或下降沿时刻接收输入数据，可靠性及抗干扰能力更强。

4. 计数器

计数器是快速记录输入脉冲个数的时序逻辑器件，应用十分广泛。用集成计数器芯片可方便地构成 N 进制（任意进制）计数器，主要是利用芯片的清零控制端或置数控制端，使电路跳过某些输出状态而获得。

5. 寄存器

寄存器主要用以存放数码；移位寄存器不但可存放数码，还能对数据进行移位操作。

思考与习题

5-1 由与非门组成的基本 RS 触发器及其输入信号波形如图 5-28 所示。试画出 Q 端的波形。

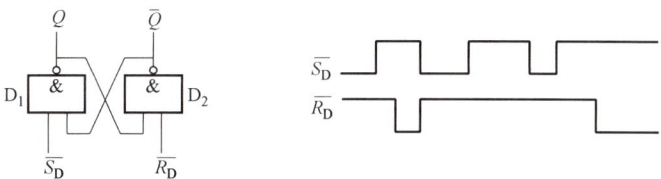

图 5-28 题 5-1 图

5-2 试对应输入信号波形画出图 5-29 所示触发器的 Q 端波形。设同步 RS 触发器的初态为 0。

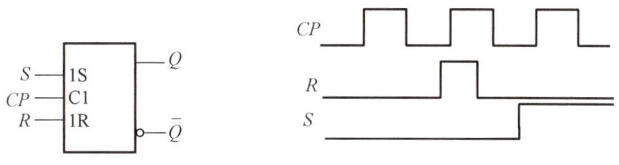

图 5-29 题 5-2 图

5-3 边沿 JK 触发器及输入信号波形如图 5-30 所示，试画出 Q 端的波形。设触发器的初态为 0。

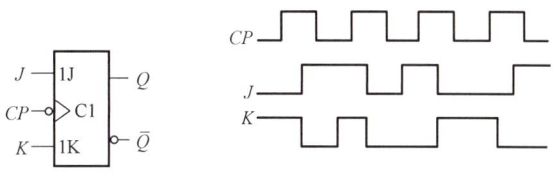

图 5-30 题 5-3 图

5-4 电路及输入信号波形如图 5-31 所示，试画出触发器 Q 端的输出波形。设触发器的初态为 0。

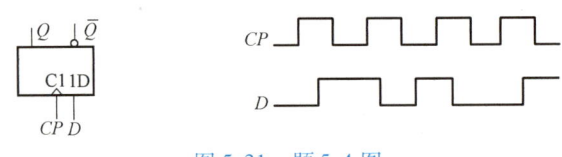

图 5-31 题 5-4 图

5-5 图 5-32 所示为由维持阻塞型 D 触发器组成的分频器电路，设触发器初态为 0，试画出 Q_1、Q_2 的波形并求其频率。

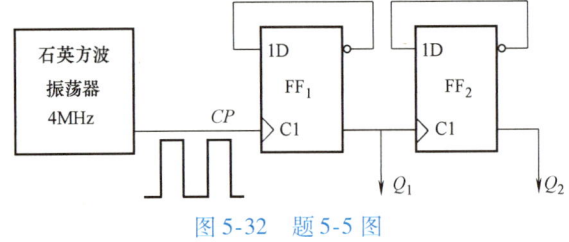

图 5-32 题 5-5 图

5-6 已知一同步时序逻辑电路如图 5-33 所示，试分析其逻辑功能。

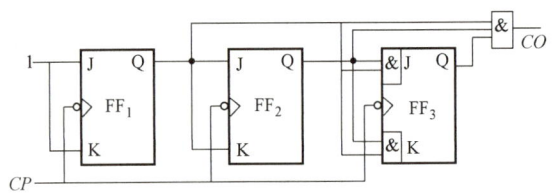

图 5-33 题 5-6 图

5-7 试利用 CT74LS161 的异步清零功能构成下列计数器。
　　(1) 六进制　　(2) 十进制　　(3) 二十四进制

5-8 试利用 CT74LS160 的异步清零功能构成下列计数器。
　　(1) 七进制　　(2) 十二进制　　(3) 六十进制

5-9 试利用 CT74LS163 的同步清零功能构成下列计数器。
　　(1) 六进制　　(2) 十进制　　(3) 二十四进制

5-10 分析图 5-34 所示电路，说明其功能。

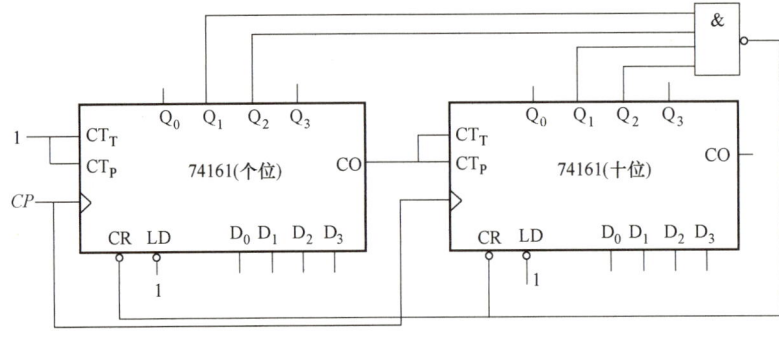

图 5-34 题 5-10 图

第6章

555定时器电路及其应用

▲ **典型问题**

你知道如何低成本且方便地产生一个矩形脉冲波吗？如何设计一个100ms的定时器？如何把一个模拟信号波形整形为数字电路能够处理的方波？

在日常生活和工业生产中，经常需要产生一个已知频率和占空比的矩形波，这时，可以选用由555定时器组成的多谐振荡器电路。用555定时器应用电路产生矩形波时，有时需要外加触发信号，有时又不需要，这是根据什么决定的呢？这些电路的结构是怎样的？工作原理又是怎样的呢？

▲ **学习目标**

1) 了解555定时器的电路组成、分类、工作原理及其应用场合。
2) 能分析由555定时器组成的单稳态触发器、多谐振荡器和施密特触发器电路，并能利用仿真软件进行仿真测试。
3) 能利用555定时器实现实际所需要时长的定时功能。
4) 能利用555定时器自激产生一定频率和占空比的矩形脉冲波。
5) 能利用555定时器将正弦波、三角波、锯齿波变为矩形波。
6) 能利用555定时器设计并制作简单的电子电路，灵活应用所学知识解决实际问题。

▲ **任务实施**

1) 555定时器电路的搭建与仿真。
2) 报警器电路的搭建与仿真。

6.1 555定时器电路的结构与工作原理

555定时器是一种多用途的数字-模拟混合中规模集成电路，该电路功能灵活、适用范围广，只需外围配接少量阻容元件就可以组成单稳态触发器、多谐振荡器和施密特触发器等电路，因而555定时器在工业控制、定时、检测、报警等方面都有着广泛的应用。

555定时器有双极型和CMOS型两类，二者的逻辑功能和引脚排列完全相同，易于互换。双极型产品型号后三位数码是555或556，电源电压范围为4.5~16V，最大负载电流可达 200mA；CMOS 型产品型号后四位数码是 7555 或 7556，电源电压范围为 3~18V，最大负载电流为 4mA。两类定时器都有单定时器、双定时器和四定时器，单定时器产品型号后三位数码是 555，双定时器产品型号后三位数码是 556，四定时器产品型号后三位数码是 558。

6.1.1 555 定时器电路结构

555 定时器的电路结构、引脚排列及实物如图 6-1 所示。

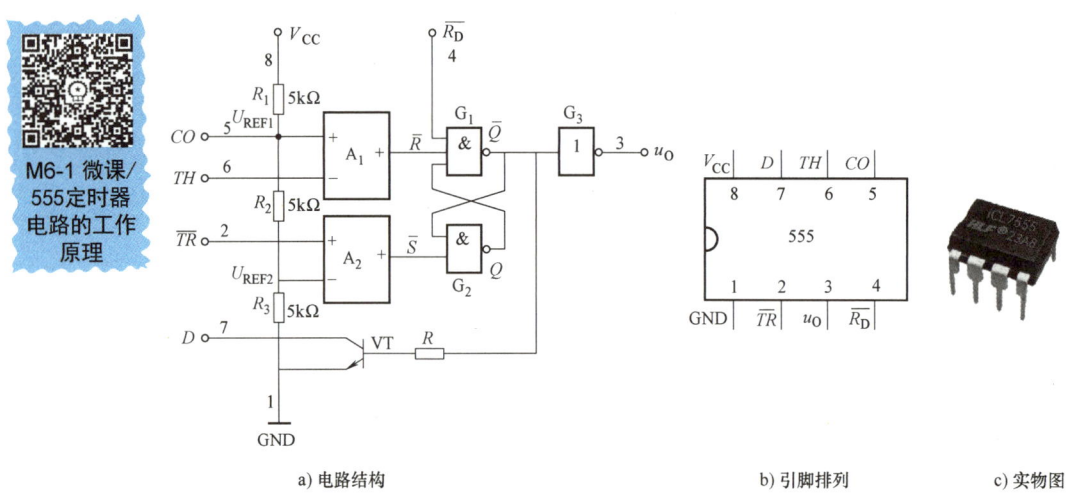

a) 电路结构　　　　　　　　　　　b) 引脚排列　　　c) 实物图

图 6-1　555 定时器的电路结构、引脚排列及实物图

由图 6-1a 可见，它的内部电路可分为 5 部分：由 3 个阻值都为 5kΩ 电阻串联组成的分压器；由结构相同的集成运放 A_1 和 A_2 构成的电压比较器；由与非门 G_1 和 G_2 组成的基本 RS 触发器；放电管 VT；输出缓冲器 G_3。由于电路中有 3 个阻值都为 5kΩ 的电阻，最早是被用作定时功能，故称为 555 定时器。整个组件共有 8 个引脚，引脚说明如下。

1) 8 脚 V_{CC} 和 1 脚 GND 分别为电源和地。

2) 5 脚 CO 为控制电压输入端，可以外接控制电压，也可以开路。外接的控制电压 U_{CO} 可以改变两个电压比较器的参考电压；开路时，通常接一个 $0.01\mu F$ 的电容到地，起滤波作用，消除干扰，使参考电平稳定。

3) 4 脚 $\overline{R_D}$ 为复位端，当 $\overline{R_D}=0$ 时，输出端就被置 0，u_O 为低电平，即 $\overline{R_D}$ 的控制级别最高。正常工作时，$\overline{R_D}$ 端必须为高电平。

4) 6 脚 TH 为阈值输入端，当 $U_{TH}>U_{REF1}$ 时触发。

5) 2 脚 $\overline{TR}$ 为触发输入端，当 $U_{\overline{TR}}>U_{REF2}$ 时触发。

6) 7 脚 D 为放电端，为外接电容 C 提供放电通路。

7) 3 脚 u_O 为输出端。

6.1.2 555 定时器的工作原理

555 定时器的功能主要取决于两个电压比较器的输出正、负，以及基本 RS 触发器的工作情况，下面具体讨论。

1. 当 CO 端开路，不外接控制电压时

电压比较器 A_1 和 A_2 的基准电压由 V_{CC} 经过三个 5kΩ 电阻串联分压得到，U_{REF1} 为电压比较器 A_1 的基准电压，其值为 $\frac{2}{3}V_{CC}$，TH 为其输入端。U_{REF2} 为电压比较器 A_2 的基准电压，其值为 $\frac{1}{3}V_{CC}$，$\overline{TR}$ 为 A_2 输入端。在 TH 和 $\overline{TR}$ 端外加输入信号与两个基准电压进行比较，以决定 555 定时器的输出状态。下面分析 555 定时器的逻辑功能。

1）当 $U_{TH} < \frac{2}{3}V_{CC}$、$U_{\overline{TR}} < \frac{1}{3}V_{CC}$ 时，电压比较器 A_1 输出高电平，A_2 输出低电平，基本 RS 触发器 Q 端被置 1，$\overline{Q}$ 端为 0，电路输出端 u_O 为高电平，同时放电管 VT 截止。

2）当 $U_{TH} < \frac{2}{3}V_{CC}$、$U_{\overline{TR}} > \frac{1}{3}V_{CC}$ 时，电压比较器 A_1 输出高电平，A_2 输出高电平，基本 RS 触发器处于保持状态，其输出不变，即电路保持原输出状态不变。

3）当 $U_{TH} > \frac{2}{3}V_{CC}$、$U_{\overline{TR}} > \frac{1}{3}V_{CC}$ 时，电压比较器 A_1 输出低电平，A_2 输出高电平，基本 RS 触发器 Q 端被置 0，$\overline{Q}$ 端为 1，电路输出端 u_O 为低电平，同时放电管 VT 导通。

2. 当 CO 端外接一个控制电压 U_{CO}（其值在 $0 \sim V_{CC}$ 之间）时

电压比较器 A_1 和 A_2 的基准电压将发生变化，比较器 A_1 的基准电压 U_{REF1} 变为 U_{CO}，比较器 A_2 的基准电压 U_{REF2} 变为 $\frac{1}{2}U_{CO}$。只是电路相应的阈值电平和触发电平发生了变化，但电路的工作原理还是一样的。

6.1.3 555 定时器的功能表

综上所述，555 定时器的功能见表 6-1。

表 6-1 555 定时器功能表

$\overline{R_D}$	U_{TH}	$U_{\overline{TR}}$	A_1	A_2	$\overline{Q}$	u_O	VT
0	×	×			1	0	导通
1	$U_{TH} > \frac{2}{3}V_{CC}$	$U_{\overline{TR}} > \frac{1}{3}V_{CC}$	0	1	1	0	导通
1	$U_{TH} < \frac{2}{3}V_{CC}$	$U_{\overline{TR}} < \frac{1}{3}V_{CC}$	1	0	0	1	截止
1	$U_{TH} < \frac{2}{3}V_{CC}$	$U_{\overline{TR}} > \frac{1}{3}V_{CC}$	1	1	保持	保持	保持

555 定时器的两个输入端电压分别与其对应的基准电压进行比较，可以得出 555 定时器的功能 12 字口诀是"同高出低，同低出高，不同保持"。

6.2 555 定时器电路应用实例

555 定时器可工作在三种工作模式下：单稳态模式、双稳态模式和无稳态模式。

（1）单稳态模式（Monostable Mode） 在这种模式下，555 定时器被配置为一个单次触

发的定时器。当外部输入一个触发脉冲时,输出端会产生一个固定宽度的脉冲。这个宽度可以通过改变外部的 R、C 时间常数来调整。

(2) 双稳态模式(Bistable Mode) 在双稳态模式下,555 定时器类似于一个基本的 RS 触发器。它有两个稳定状态,可以通过外部触发来切换这两个状态。

(3) 无稳态模式(Astable Mode) 无稳态模式下的 555 定时器被用作一个自由运行的多谐振荡器,不需要外部触发就能产生连续的方波输出。输出的频率和占空比可以通过改变外部的 R、C 时间常数来调整。

6.2.1 由 555 定时器组成的单稳态触发器

单稳态触发器有一个稳定状态和一个暂稳状态,在无外来脉冲触发时,电路处于稳定状态,在有外来脉冲触发时,电路就由稳定状态翻转为暂稳状态,暂稳状态维持一定时间后便会自动返回稳定状态。暂稳状态持续时间的长短与触发脉冲宽度无关,仅取决于单稳态触发器电路 R、C 的时间常数,所以 R、C 被称为定时元件。

1. 电路结构

单稳态触发器电路的组成形式很多,由 555 定时器组成的单稳态触发器电路及波形如图 6-2 所示。R、C 为外接元件,在 2 脚 $\overline{TR}$ 触发输入端外加一个负脉冲触发信号 u_I。

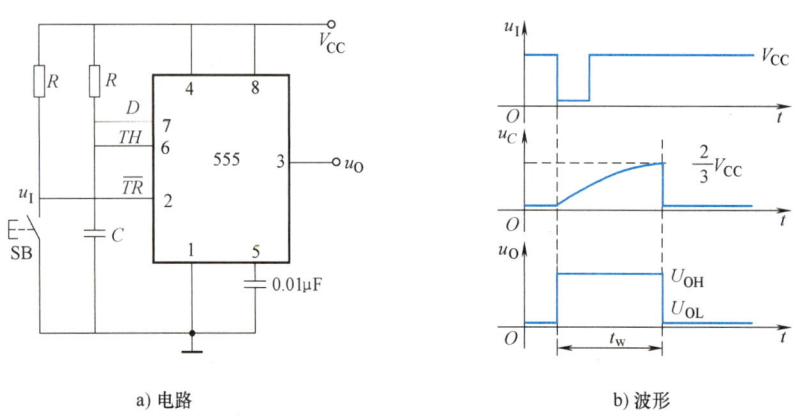

a) 电路   b) 波形

图 6-2 由 555 定时器组成的单稳态触发器电路及波形

2. 电路工作原理

(1) 稳定状态 接通电源 V_{CC} 后,当没有外加脉冲触发信号(SB 没有被按下)时,触发输入端 $\overline{TR}$ 通过上拉电阻被拉高,所以 $U_{\overline{TR}} = V_{CC} > \frac{1}{3}V_{CC}$。电源 V_{CC} 通过电阻 R 对电容 C 充电,其 u_C 由 0 按指数规律上升;当 u_C 达到 $\frac{2}{3}V_{CC}$ 后,$U_{TH} > \frac{2}{3}V_{CC}$,$U_{\overline{TR}} = u_I = V_{CC} > \frac{1}{3}V_{CC}$,由表 6-1 可知,此时基本 RS 触发器 Q 端被置 0,$\overline{Q}$ 端为 1,输出 $u_O = 0$;同时,放电管 VT 导通,电容 C 经放电管 VT 迅速放电。此后,u_C 开始迅速下降,当 $U_{TH} = u_C < \frac{2}{3}V_{CC}$,$U_{\overline{TR}} = u_I = V_{CC} > \frac{1}{3}V_{CC}$ 时,u_O 保持低电平状态不变,电路进入稳定状态。若不再外加触发信号,电路

将一直处于稳定状态。

(2) **触发进入暂稳状态**　在触发输入端$\overline{TR}$加一负脉冲（将按钮SB按下一次），则$U_{\overline{TR}} = u_I < \frac{1}{3}V_{CC}$，$U_{TH} = u_C \approx 0V < \frac{2}{3}V_{CC}$，由表6-1可知，此时，输出$u_O$跃变为高电平，同时放电管VT截止，电路进入暂稳状态。电源V_{CC}又通过电阻R对电容C充电，只要$U_{TH} = u_C < \frac{2}{3}V_{CC}$，$u_O$便保持高电平状态不变，即电路处于暂稳状态。

(3) **自动返回稳定状态**　随着电容C的继续充电，u_C继续升高，当u_C达到$\frac{2}{3}V_{CC}$以后（此时，触发脉冲u_I已撤销，即按钮已松开），则$U_{TH} = u_C > \frac{2}{3}V_{CC}$，$U_{\overline{TR}} = u_I = V_{CC} > \frac{1}{3}V_{CC}$，由表6-1可知，此时，输出$u_O$重新跃变为低电平。同时，放电管VT导通，电容$C$经放电管VT迅速放电，放电完毕后，电路又自动返回稳定状态。如果再次输入触发脉冲，电路将重复上述过程。

3. 参数估算

电路输出波形如图6-2b所示。输出脉冲宽度，即暂稳态的持续时间t_w为

$$t_w = RC\ln 3 \approx 1.1RC \tag{6-1}$$

4. 结论

1) 改变R、C的值，输出脉冲宽度可在数微秒到数十秒范围内变化。利用这一特点可以定时。

2) 在R、C值一定时，输出脉冲的幅值和宽度是一定的，利用这一特性可对脉冲整形。

单稳态触发器在数字系统中一般用于定时、整形及延时。应注意的是，为了保证每个触发脉冲都能触发，触发脉冲的重复周期必须大于t_w。否则，触发作用始终存在，输出将不会在u_C达到$\frac{2}{3}V_{CC}$返回低电平。R的取值不能太小，若R太小，当放电管VT导通时，流入放电管VT的电流太大，会损毁放电管。

例6-1　图6-3是测量信号频率的示意图，试说明如何测量信号的频率？

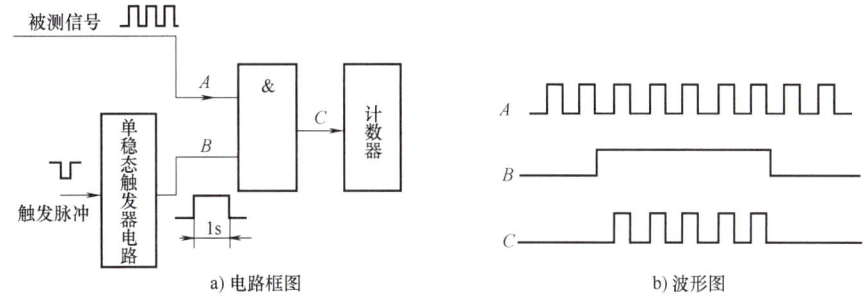

图6-3　频率测量示意图

解：调节单稳态触发器电路R、C的值，使$t_w = 1s$，在触发脉冲的作用下，单稳态触发器输出一正脉冲，将与门打开1s，经过整形的被测信号通过与门使计数器计数，1s内所计得的输入脉冲数就是被测信号的频率。

6.2.2 由555定时器组成的多谐振荡器

多谐振荡器也称为无稳态触发器，是通过自激振荡输出一定频率矩形波的电子器件，没有稳态，只有两个暂稳态。由于矩形波中含有丰富的高次谐波分量，所以习惯上将矩形波振荡器称为多谐振荡器。在数字系统、微型计算机中，各种元器件都是用统一的时钟脉冲来定时操作的，时钟脉冲一般可由多谐振荡器产生。

1. 电路结构

图6-4a所示为由555定时器组成的多谐振荡器电路。R_1、R_2和C为外接元件，2脚和6脚直接相连，不需要外加触发信号。利用电源V_{CC}通过电阻R_1和R_2对电容C充电，以及电容C通过R_2向7脚放电端D放电，使电路产生振荡。电容C在$\frac{1}{3}V_{CC} \sim \frac{2}{3}V_{CC}$之间充电和放电，其输出波形如图6-4b所示。

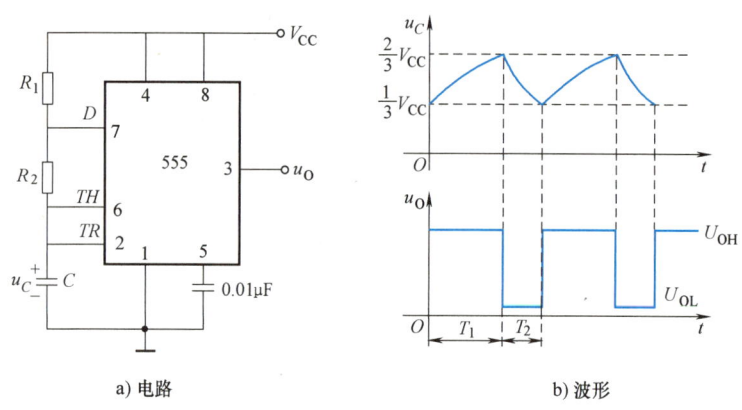

a) 电路   b) 波形

图6-4 由555定时器组成的多谐振荡器电路及波形

2. 电路工作原理

（1）暂稳态 I   接通电源V_{CC}后，电容C上的电压$u_C = 0V$（设电容C上没有电），所以$U_{TH} = U_{\overline{TR}} = u_C = 0V < \frac{1}{3}V_{CC}$，由表6-1可知，$u_O = 1$，放电管VT截止。电源$V_{CC}$通过电阻$R_1$、$R_2$对电容$C$充电，$u_C$由0按指数规律上升。在$u_C$达到$\frac{2}{3}V_{CC}$前，$u_O = 1$和放电管VT保持截止状态，此时，电路处于暂稳态 I。

（2）暂稳态 II   当u_C上升到$\frac{2}{3}V_{CC}$后，$U_{TH} = U_{\overline{TR}} = u_C > \frac{2}{3}V_{CC}$，由表6-1可知，555定时器输出状态翻转，$u_O = 0$，放电管VT开始导通，电容$C$通过$R_2$和放电管VT放电，$u_C$开始下降。在$u_C$下降到$\frac{1}{3}V_{CC}$之前，$U_{TH} = U_{\overline{TR}} = u_C > \frac{1}{3}V_{CC}$，$U_{TH} = U_{\overline{TR}} = u_C < \frac{2}{3}V_{CC}$，由表6-1可知，$u_O = 0$和放电管VT导通的状态保持不变，此时，电路处于暂稳态 II。

（3）返回暂稳态 I   当u_C继续下降到$\frac{1}{3}V_{CC}$之后，又有$U_{TH} = U_{\overline{TR}} = u_C < \frac{1}{3}V_{CC}$，由表6-1可知，电路输出状态再次翻转，$u_O = 1$，放电管VT截止，电路从暂稳态 II 自动返回暂

稳态 I。于是电容 C 再次充电，如此不断重复上述过程，在多谐振荡器的输出端就可以得到一串矩形波，其工作波形如图 6-4b 所示。

3. 参数估算

矩形波的周期取决于电容充、放电的时间常数。充电时间常数为 $(R_1+R_2)C$，放电时间常数为 R_2C。

u_C 由 $\frac{1}{3}V_{CC}$ 充电上升到 $\frac{2}{3}V_{CC}$ 所需的时间为暂稳态 I 的宽度 T_1，即

$$T_1=(R_1+R_2)C\ln2\approx0.7(R_1+R_2)C \tag{6-2}$$

u_C 由 $\frac{2}{3}V_{CC}$ 放电下降到 $\frac{1}{3}V_{CC}$ 所需的时间为暂稳态 II 的宽度 T_2，即

$$T_2=R_2C\ln2\approx0.7R_2C \tag{6-3}$$

所以，多谐振荡器输出矩形波的周期为

$$T=T_1+T_2\approx0.7(R_1+2R_2)C \tag{6-4}$$

振荡频率为

$$f=\frac{1}{T}\approx\frac{1.43}{(R_1+2R_2)C} \tag{6-5}$$

占空比为

$$q=\frac{T_1}{T}=\frac{R_1+R_2}{R_1+2R_2} \tag{6-6}$$

改变充、放电时间常数，便可改变矩形波的频率。

如果将扬声器接到多谐振荡器的输出端，当振荡器开始振荡时，扬声器即可发声。

由 555 定时器组成的多谐振荡器要求 $R_1(R_2)\geq1\text{k}\Omega$，但 $R_1+R_2\leq3.3\text{M}\Omega$。

例 6-2 图 6-5 为由 555 定时器组成的液位监控电路，当液面低于正常值时，电路发声报警。

（1）说明监控报警的原理。

（2）计算扬声器发声的频率。

解：（1）在图 6-5 中，由 555 定时器组成的多谐振荡器的振荡频率由外接元件 R_1、R_2 和 C 决定。电容 C 两端引出两个探测电极插入液体内。液位正常时，两探测电极被液体所短路，振荡器不振荡，扬声器不发声。一旦液面下降到探测电极以下时，两探测电极开路，电源通过 R_1、R_2 对 C 充电，当 u_C 上升到 $\frac{2}{3}V_{CC}$ 时，振荡器开始振荡，扬声器发声报警。

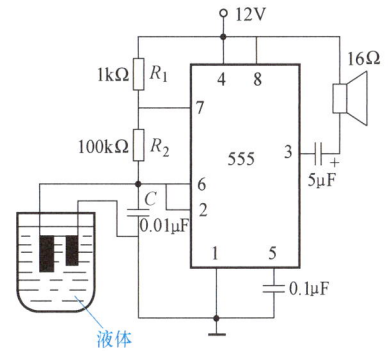

图 6-5　液位监控电路

（2）扬声器的发声频率即为多谐振荡器的振荡频率，其值为

$$f=\frac{1.43}{(R_1+2R_2)C}=\frac{1.43}{(1+2\times100)\times10^3\times0.01\times10^{-6}}\text{Hz}\approx711\text{Hz}$$

6.2.3　由 555 定时器组成的施密特触发器

施密特触发器有两个稳定状态，是一种双稳态触发器。施密特触发器可用于波形变换电

路，可以将正弦波、三角波、锯齿波变为矩形波。

1. 电路结构

由 555 定时器组成的施密特触发器电路如图 6-6a 所示，将触发器的阈值输入端 TH 和触发输入端 $\overline{TR}$ 连在一起，作为触发信号 u_I 的输入端。7 脚可开路，也可以通过电阻 R 接到单独的电压 V_{CC1} 上，其高电平可以通过改变 V_{CC1} 进行调节。

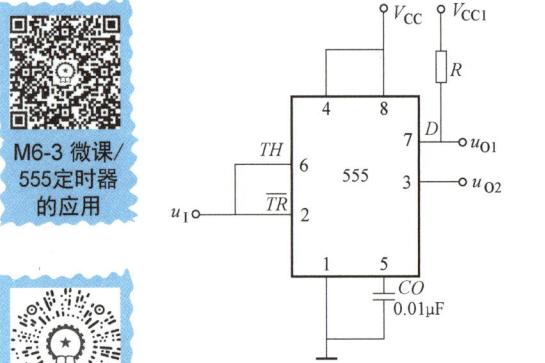 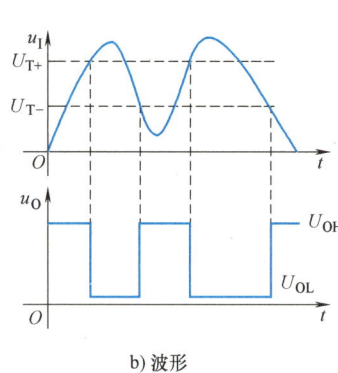

a) 电路　　　　　　　　　　b) 波形

图 6-6　由 555 定时器组成的施密特触发器电路及波形

2. 电路工作原理

当 CO 端开路，不外接控制电压时，对于负向递减和正向递增两种不同变化方向的输入信号 u_I，施密特触发器有不同的阈值（门限）电压。

（1）u_I 正向递增时　当 $u_I < \frac{1}{3}V_{CC}$ 时，由表 6-1 可知，$u_O = 1$，电路处于稳态 Ⅰ。

当 $\frac{1}{3}V_{CC} < u_I < \frac{2}{3}V_{CC}$ 时，由表 6-1 可知，$u_O = 1$ 的状态保持不变，电路还处于稳态 Ⅰ。

当 $u_I > \frac{2}{3}V_{CC}$ 时，由表 6-1 可知，u_O 跃变为低电平，电路从稳态 Ⅰ 进入稳态 Ⅱ。

（2）u_I 负向递减时　当 $u_I > \frac{2}{3}V_{CC}$ 时，由表 6-1 可知，$u_O = 0$，电路处于稳态 Ⅱ。

当 $\frac{1}{3}V_{CC} < u_I < \frac{2}{3}V_{CC}$ 时，由表 6-1 可知，$u_O = 0$ 的状态保持不变，电路还处于稳态 Ⅱ。

当 $u_I < \frac{1}{3}V_{CC}$ 时，由表 6-1 可知，u_O 跃变为高电平，电路从稳态 Ⅱ 进入稳态 Ⅰ。

3. 参数估算

施密特触发器的工作波形如图 6-6b 所示。由以上分析可以得出，当输入 u_I 上升到 $\frac{2}{3}V_{CC}$ 时，电路的输出状态发生跃变。因此，施密特触发器的正向阈值电压 $U_{T+} = \frac{2}{3}V_{CC}$。此后，$u_I$ 再增大时，对输出电压的状态没有影响。

当输入 u_I 下降到 $\frac{1}{3}V_{CC}$ 时，电路输出状态又发生另一次跃变。因此，施密特触发器的负

向阈值电压 $U_{T-} = \frac{1}{3}V_{CC}$。

由以上分析可得，由 555 定时器组成的施密特触发器输出具有滞回特性，其回差电压 ΔU_T 为

$$\Delta U_T = U_{T+} - U_{T-} = \frac{2}{3}V_{CC} - \frac{1}{3}V_{CC} = \frac{1}{3}V_{CC} \tag{6-7}$$

施密特触发器的工作原理和多谐振荡器基本一致，无原则不同。只不过多谐振荡器靠电容的充、放电控制电路输出状态的翻转，而施密特触发器靠外加电压信号控制电路输出状态的翻转。所以，在施密特触发器中，外加信号的高电平必须大于 $\frac{2}{3}V_{CC}$，低电平必须小于 $\frac{1}{3}V_{CC}$，否则电路不能翻转。

由于施密特触发器无须放电端，所以利用放电端与输出端状态相一致的特点，从放电端加一上拉电阻后，可以获得与输出端相同的输出波形。但上拉电阻可以单独接另一电源，以获得与输出端不同的逻辑电平，即实现逻辑电平的转换。

科学家与科学故事：中国的特高压输电技术

输电电压一般分为高压、超高压和特高压。国际上，高压通常指 35～220kV，超高压则指 330～1000kV，而特高压则指 1000kV 及以上的电压。

在利用特高压输电技术输送电力时，发电厂发出的电能先要通过升压变压器将电压升高到 1000（或 ±800）kV 以上，然后进行输送，到用电地区，再通过降压变压器将电压降到 220/380V 供用户使用。

如今，中国不仅是全球唯一掌握特高压核心技术和全套装备制造能力，并将其投入商业化运营的国家，也是特高压输电领域国际标准的制定者之一。以特高压技术为代表的中国电网技术，已成为世界能源领域的一张亮丽名片，带动中国电力装备制造产业走向世界。

6.3 任务实施

6.3.1 555 定时器电路的搭建与仿真

场地：机房或多媒体教室

器材：计算机、Multisim 仿真软件。

知识点复习：由 555 定时器组成的单稳态触发器。

实施过程：555 定时器通过外接少量的阻容元件可以组成单稳态触发电路，当外部输入一负触发脉冲 u_I 时，电路由稳态翻转为暂稳态，同时，从输出端产生一个固定宽度的脉冲，这个脉冲的宽度可以通过改变外部的 R、C 定时元件参数来调整。通过下面的实验观察、测量，研究用 555 定时器电路的定时脉冲宽度 t_w 和电路特性。

1）在 Multisim 仿真平台上搭建图 6-7 所示电路。

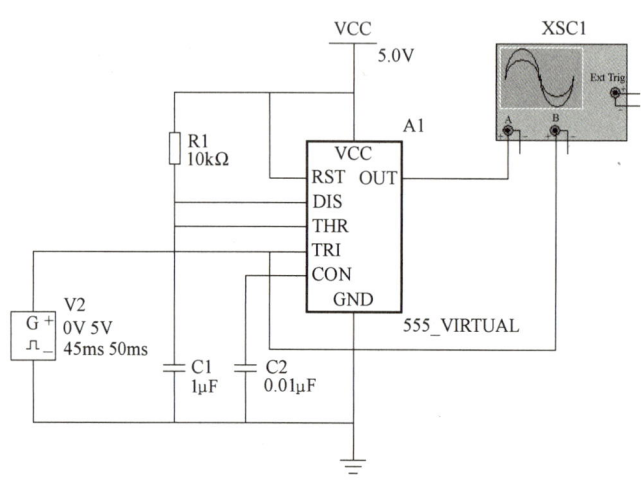

图 6-7　555 定时器电路的搭建与仿真

2）设定外部触发负脉冲 u_I 的宽度 5ms，周期为 50ms。根据表 6-2 的测量项目，用示波器同时监测 555 定时器输出端和外部触发负脉冲 u_I，测量两个波形如图 6-8 所示，用鼠标分别拖动两个时间光标，测量定时时间 t_w，并记录在表 6-2 中。

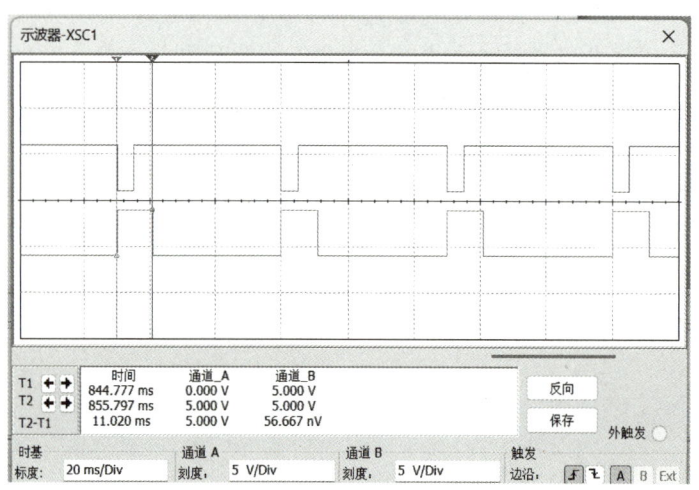

图 6-8　555 定时器电路的搭建与仿真示波器测量结果

表 6-2　定时脉冲宽度 t_w 和电路特性测量

$R/\mathrm{k}\Omega$	3	10	20	33	51	100
定时时间 t_w/ms						
u_I 负脉冲的宽度（5ms < t_w）						
是否可以正常定时						

3）根据表 6-2 的数据研究如何通过改变 555 定时器外部的 R、C 定时元件参数来调整定时时间，并总结其规律。

6.3.2 报警器电路的搭建与仿真

场地：机房或多媒体教室。

器材：计算机、Multisim 仿真软件

知识点复习：由 555 定时器组成的多谐振荡器。

实施过程：多谐振荡器是通过自激振荡输出一定频率的矩形波，如果将扬声器接到多谐振荡器的输出端，当振荡器开始振荡时，扬声器即可发声。输出矩形波的频率和占空比可以通过改变充、放电时间常数来调节。通过下面的实验观察、测量，研究多谐振荡器的 R、C 时间常数和输出矩形波的频率和占空比关系。

1）在 Multisim 仿真平台上搭建图 6-9 所示电路。

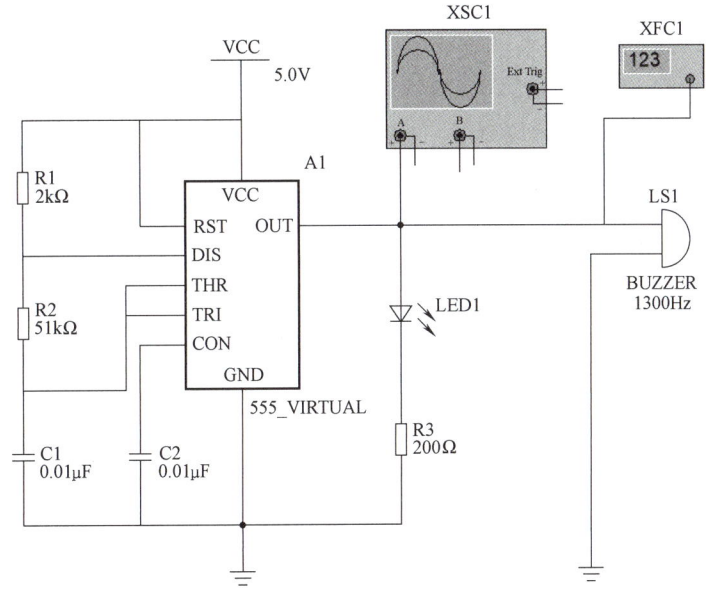

图 6-9 报警器电路的搭建与仿真

2）根据表 6-3 的测量项目，用示波器监测多谐振荡器的输出端，分别测量输出矩形波的高电平宽度 t_1、低电平宽度 t_2 和周期 T，并用频率计数器监测矩形波的频率 f。

表 6-3 555 定时器输出矩形波波形测量

R_1/kΩ	2	2	2	2	2	2
R_2/kΩ	10	20	51	100	20	51
C/μF	0.01	0.01	0.01	0.01	0.1	0.22
高电平宽度 t_1/ms						
低电平宽度 t_2/ms						
周期 T/ms						
计算频率 f_1/Hz						
频率计数器 f_2/Hz						

本章小结

本模块主要介绍 555 定时器的工作原理、应用电路及其具体分析方法，主要包含以下几方面内容。

1. 555 定时器基本知识

555 定时器的分类、型号；555 定时器的电路结构有分压器、电压比较器、基本 RS 触发器、放电管和输出缓冲器 5 部分；555 定时器的引脚排列及作用。

2. 555 定时器的工作原理和功能表

1）阈值输入端 TH 的电压 U_{TH} 及触发输入端 $\overline{TR}$ 的电压 $U_{\overline{TR}}$ 和对应的基准电压 U_{REF1} 及 U_{REF2} 进行比较，决定电压比较器的输出状态，进而控制基本 RS 触发器的 $\overline{Q}$ 端状态，由 $\overline{Q}$ 端控制放电管的导通、截止和输出缓冲器的状态。

2）555 定时器的功能 12 字口诀是 "同高出低，同低出高，不同保持"。

3. 由 555 定时器组成的单稳态触发器

单稳态触发器有一个稳态和一个暂稳状态，暂稳态持续时间的长短与触发脉冲宽度无关，仅取决于单稳态触发器电路 R、C 时间常数，R、C 被称为定时元件。

4. 由 555 定时器组成的多谐振荡器

多谐振荡器通过自激振荡输出矩形波，没有稳态，只有两个暂稳态。

5. 由 555 定时器组成的施密特触发器

1）施密特触发器有两个稳态。

2）施密特触发器可用于波形变换电路，可以将正弦波、三角波、锯齿波变为矩形波。

思考与习题

6-1 请描述 555 定时器的主要组成部分，定时器中 3 个串联的 $5k\Omega$ 电阻有什么作用？

6-2 单稳态触发器的特点有哪些？

6-3 施密特触发器的特点有哪些？

6-4 说明 555 定时器在单稳态、双稳态和无稳态模式下的工作原理有何不同。

6-5 由 555 定时器组成的施密特触发器输出具有滞回特性，其回差电压 ΔU_T 的大小对电路有何影响？

6-6 由 555 定时器组成的单稳态触发器电路如图 6-10 所示，试分析其工作原理。

6-7 试分析图 6-11 为 555 定时器组成的何种电路？并根据输入波形画出输出 u_O 波形。

6-8 由 555 定时器组成的多谐振荡器电路如图 6-12 所示。已知 $R_1 = 1k\Omega$，$R_2 = 8.2k\Omega$，$C = 0.4\mu F$。试求振荡周期 T、频率 f 和占空比 q。

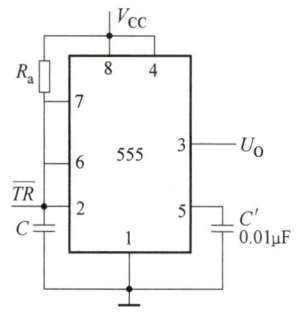

图 6-10 题 6-6 图

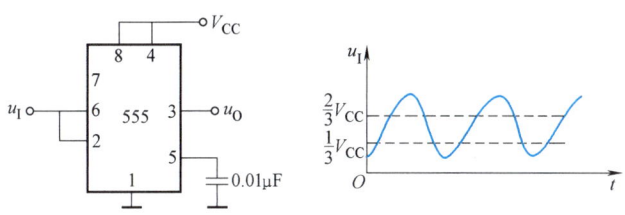

图 6-11　题 6-7 图

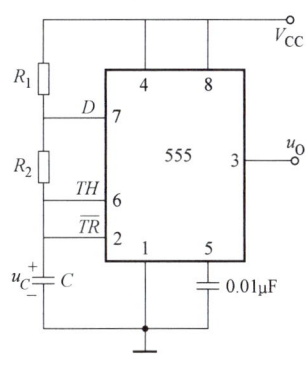

图 6-12　题 6-8 图

6-9　试用 555 定时器设计一个振荡频率为 3kHz，占空比为 70% 的多谐振荡器，并画出电路图。

附录

附录 A　半导体器件型号命名方法

		2 ①PN 结数目	S ②S	C ③材料、极性、类型	5344 ④注册登记号	Y ⑤改进序列
日本 (如 2SC5344Y)		0：光电器件 1：二极管 2：三极管 3：四电极器件	S：日本电子工业协会（JEIA）注册标志	A：PNP 高频 B：PNP 低频 C：NPN 高频 D：NPN 低频 F：P 极控晶闸管 G：N 极控晶闸管 H：N 基极单结晶体管 J：P 沟道场效应晶体管 K：N 沟道场效应晶体管 M：双向晶闸管	日本电子工业协会（JEIA）注册登记号	A B C D 原型号的改进产品
美国 (如 1N148C)		① 前面加 JAN 或 J 表示军用品，什么都不加表示民用	1 ②电极数目 1：一个 PN 结 2：两个 PN 结 N：N 个 PN 结	N ③注册标志 N：美国电子工业协会注册标志	4148 ④登记号码 美国电子工业协会注册号	C ⑤分档 A B C D 同一型号划分的不同档次
欧洲 (如 BTA26-600B)		B ①材料 A：锗（0.6~1.0eV 材料） B：硅（1.0~1.3eV 材料） D：<0.6eV 材料 R：复合材料	T ②类型/特性 A：检波开关混频二极管 B：变容二极管 C：低频小功率晶体管 D：低频大功率晶体管 G：复合器件，其他	H：磁敏二极管 K：开放磁路霍尔元件 L：高频大功率晶体管 M：开放磁路霍尔元件 R：小功率晶闸管	S：小功率开关管 T：大功率晶闸管 U：大功率开关管 X：倍增二极管	A26 ③登记号 三位数字：通用半导体器件	600B ④分档标记 A B C D 按某一参数进行分档
			备注：小功率：RTJ>15℃/W；大功率：RTJ<15℃/W				
中国（如 3DD15A）	3 ①电极数目		D ②材料、极性	D ③类型		15 ④序列号	A ⑤规格
	2（二极管）		A：N 型锗管 B：P 型锗管 C：N 型硅管 D：P 型硅管 E：化合物或合金材料	P：小信号管 H：混频管 V：检波管 W：电压调整管 或电压基准管 C：变容管 Z：整流管	L：整流堆 S：隧道管 K：开关管 N：噪声管 F：限幅管 B：雪崩管 J：阶跃恢复管	用阿拉伯数字表示登记序列号	用汉语拼音字母表示规格号
	3（三极管）		A：PNP 锗管 B：NPN 锗管 C：PNP 硅管 D：NPN 硅管 E：化合物材料	A：高频大功率($f \geq 3$MHz, $P_c \geq 1$W) D：低频大功率($f < 3$MHz, $P_c \geq 1$W) G：高频小功率($f \geq 3$MHz, $P_c < 1$W) X：低频小功率($f < 3$MHz, $P_c < 1$W) T：晶闸管　Y：体效应管			
	备注：大功率 $P_c \geq 1$W，中功率 0.5W $\leq P_c < 1$W，小功率 $P_c < 0.5$W						

附录 B 常用半导体器件的参数及部分型号介绍

1. 部分常用半导体器件的参数

表 B-1 部分 1N 系列整流二极管的主要参数

型 号	最高反向电压 U_{DRM}/V	最大整流电流 I_F/A	正向不重复浪涌峰值电流 I_{FSM}/A	正向压降 U_F/V	最大反向电流 $I_R/\mu A$	工作频率 f/kHz	外形封装
1N4000	25	1	30	≤1	<5	3	DO-41
1N4001	50						
1N4002	100						
1N4003	200						
1N4004	400						
1N4005	600						
1N4006	800						
1N4007	1000						
1N5100	50	1.5	75	≤1	<5	3	DO-15
1N5101	100						
1N5102	200						
1N5103	300						
1N5104	400						
1N5105	500						
1N5106	600						
1N5107	800						
1N5108	1000						
1N5200	50	2	100	≤1	<10	3	
1N5201	100						
1N5202	200						
1N5203	300						
1N5204	400						
1N5205	500						
1N5206	600						
1N5207	800						
1N5208	1000						
1N5400	50	3	150	≤0.8	<10	3	DO-27
1N5401	100						
1N5402	200						
1N5403	300						
1N5404	400						
1N5405	500						
1N5406	600						
1N5407	800						
1N5408	1000						

表 B-2　部分 1N 系列稳压二极管的主要参数

型号	稳定电压（中间值）U_Z/V	稳定电流 I_Z/mA	动态电阻 $R_Z @ I_Z$ /Ω	反向漏电流 $I_R @ U_R$		最大稳定电流 I_{ZM}/mA
				I_R/μA	U_R/V	
1N746A	3.3	20	28	10	1.0	110
1N747A	3.6	20	24	30	1.0	110
1N748A	3.9	20	23	30	1.0	95
1N749A	4.3	20	22	30	1.0	85
1N750A	4.7	20	19	30	1.0	75
1N751A	5.1	20	17	30	1.0	70
1N752A	5.6	20	11	20	1.0	65
1N753A	6.2	20	7.0	20	1.0	60
1N754A	6.8	20	5.0	20	1.0	55
1N755A	7.5	20	6.0	20	1.0	50
1N756A	8.2	20	8.0	20	1.0	45
1N757A	9.1	20	10	20	1.0	40
1N758A	10	20	17	20	1.0	35
1N759A	12	20	30	20	1.0	38
1N4460	6.2	40	4.0	20	3.72	230
1N4461	6.8	37	2.5	5.0	4.08	210
1N4462	7.5	34	2.5	1.0	4.50	191
1N4463	8.2	31	3.0	0.5	4.92	174
1N4464	9.1	28	4.0	0.3	5.46	157
1N4465	10	25	5.0	0.5	8.00	143
1N4466	11	23	6.0	0.3	8.80	130
1N4467	12	21	7.0	0.2	9.60	119
1N4468	13	19	8.0	0.1	10.40	110
1N4469	15	17	9.0	0.05	12.00	95
1N4470	16	15.5	10	0.05	12.80	90
1N4471	18	14	11	0.05	14.40	79
1N4472	20	12.5	12	0.05	16.00	71
1N4473	22	11.5	14	0.05	17.60	65
1N4474	24	10.5	16	0.05	19.20	60
1N4475	27	9.5	18	0.05	21.60	53
1N4476	30	8.5	20	0.05	24.00	48
1N4477	33	7.5	25	0.05	26.40	43
1N4478	36	7.0	27	0.05	28.80	40
1N4479	39	6.5	30	0.05	31.20	37
1N4480	43	6.0	40	0.05	34.40	33

注：@表示在什么条件下测得，下同。

表 B-3　部分 2N 系列小信号低噪声放大晶体管的主要参数

型号	U_{CBO}/V	U_{CEO}/V	U_{EBO}/V	I_{CBO}@U_{CB}		β (1kHz)		@U_{CE}/V	@I_C/mA	$U_{CE(SAT)}$@I_C		C_{ob}/pF *C_{rb}	f_T/MHz *TYP	NF/dB	
				I_{CBO}/nA	U_{CB}/V	β				$U_{CE(SAT)}$/V	I_C/mA				
	MIN	MIN	MAX	MAX		MIN	MAX					MAX	MIN	MAX	
2N2923	25	25	5.0	100	25	90	180*	—	—	—	—	10	160*	—	
2N2924	25	25	5.0	100	25	150	300	—	—	—	—	10	160*	—	
2N2925	25	25	5.0	100	25	235	470*	—	—	—	—	10	160*	2.8	
2N2926	25	25	5.0	500	18	35	470*	—	—	—	—	10	120*	2.8	
2N3391A	25	25	5.0	100	25	250	500	4.50	2.0	—	—	10	120*	5.0	
2N3392	25	25	5.0	100	25	150	300	4.50	2.0	—	—	10	120*	—	
2N3393	25	25	5.0	100	25	90	180	4.50	2.0	—	—	10	120*	—	
2N3395	25	25	5.0	100	25	150	500	4.50	2.0	—	—	10	—	—	
2N3396	25	25	5.0	100	25	90	500	4.50	2.0	—	—	10	—	—	
2N3397	25	25	5.0	100	25	55	500	4.50	2.0	—	—	10	—	—	
2N3398	25	25	5.0	100	25	55	800	4.50	2.0	—	—	10	—	—	
2N3415	25	25	5.0	100	25	180	540	4.50	2.0	0.30	50	—	—	—	
2N3416	50	50	5.0	100	25	75	225	4.50	2.0	0.30	50	—	—	—	
2N3417	50	50	5.0	100	50	180	540	4.50	2.0	0.30	50	—	—	—	
2N3707	30	30	6.0	100	20	100	400	5.0	1.0	1.0	10	—	—	5.0	
2N3708	30	30	6.0	100	20	45	660	5.0	1.0	1.0	10	—	—	5.0	
2N3709	30	30	6.0	100	20	45	165	5.0	1.0	1.0	10	—	—	5.0	
2N3710	30	30	6.0	100	20	90	330	5.0	1.0	1.0	10	—	—	5.0	
2N3711	30	30	6.0	100	20	180	660	5.0	1.0	1.0	10	—	—	5.0	
2N3859A	60	60	6.0	50	60	100	200	4.50	2.0	0.125	10	4.0	—	5.0	
2N3860	30	30	4.0	50	30	150	300	4.50	2.0	0.125	10	4.0	90	—	
2N4058	30	30	6.0	100	20	100	400	5.0	0.10	0.70	10	—	—	5.0	
2N4287	45	45	7.0	10	30	150	600	5.0	1.0	0.35	1.0	6.0	40	5.0	
2N4289	60	45	7.0	10	45	150	600	0.35	1.0	0.80	1.0	8.0	40	4.0	
2N4410	120	80	5.0	10	100	60	400	1.0	10	0.20	1.0	12	60	—	
2N4424	60	40	5.0	30	40	180	540	0.45	0.30	50	—	—	4.0	—	
2N5086	50	50	3.0	10	10	150	500	5.0	0.10	0.30	10	4.0	40	3.0	
2N5087	50	50	3.0	10	10	250	800	5.0	0.10	0.30	10	4.0	40	2.0	
2N5088	35	30	4.5	50	20	300	900	5.0	0.10	0.50	10	4.0	50	3.0	
2N5089	30	25	4.5	50	15	400	1,200	5.0	0.10	0.50	10	4.0	50	2.0	
2N5172	25	25	5.0	100	25	100	500	10	10	0.25	10	13	200*	—	
2N5209	50	50	4.5	50	35	100	300	5.0	0.10	0.70	10	4.0	30	3.0	
2N5210	50	50	4.5	50	35	200	600	5.0	0.10	0.70	10	4.0	30	2.0	
2N5227	30	30	3.0	100	10	50	700	10	2.0	0.40	10	10	100	—	
2N5232A	70	50	5.0	30	50	250	500	10	2.0	0.125	10	4.0	—	5.0	

注：MIN 表示最小值；MAX 表示最大值；β 表示直流电流放大倍数；β 列标 "*" 值是信号频率为 1kHz 下测得，另两处同理。

表 B-4　部分 2N 系列功率放大晶体管的主要参数

型号		I_C/A	P_D/W	BU_{CBO}/V	BU_{CEO}/V	β@I_C		$U_{CE(SAT)}$@I_C		f_T/MHz
NPN	PNP						@I_C/A	$U_{CE(SAT)}$/V	I_C/A	
		MAX		MIN	MIN	MIN	MAX	MAX		MIN
2N5294		4.0	36	80	70	30	120	0.5	1.0	0.5	0.8
2N5296		4.0	36	60	40	30	120	1.0	1.0	1.0	0.8
2N5298		4.0	36	80	60	20	80	1.5	1.0	1.5	0.8

（续）

型号		I_C/A	P_D/W	BU_{CBO}/V	BU_{CEO}/V	β@ I_C		$U_{CE(SAT)}$@ I_C			f_T/MHz
							@I_C/A	$U_{CE(SAT)}$/V		I_C/A	
NPN	PNP	MAX		MIN	MIN	MIN	MAX	MAX			MIN
2N5490		7.0	50	60	40	20	100	2.0	1.0	2.0	0.8
2N5492		7.0	50	75	55	20	100	2.5	1.0	2.5	0.8
2N5494		7.0	50	60	40	20	100	3.0	1.0	3.0	0.8
2N5496		7.0	50	90	70	20	100	3.5	1.0	35	0.8
2N6043	2N6040	10	75	60	60	1,000	20,000	4.0	2.0	4.0	4.0
2N6044	2N6041	10	75	80	80	1,000	20,000	4.0	2.0	4.0	4.0
2N6045	2N6042	10	75	100	100	1,000	20,000	3.0	2.0	3.0	4.0
2N6099		10	75	70	60	20	80	4.0	2.5	10	5.0
2N6101		10	75	80	70	20	80	5.0	2.5	10	5.0
2N6103		16	75	45	40	15	80	8.0	2.5	16	5.0
2N6121	2N6124	4.0	40	45	45	25	100	1.5	0.6	1.5	2.5
2N6122	2N6125	4.0	40	60	60	25	100	1.5	0.6	1.5	2.5
2N6123	2N6126	4.0	40	80	80	20	80	1.5	0.6	1.5	2.5
2N6129	2N6132	7.0	50	40	40	20	100	2.5	1.4	7.0	2.5
2N6130	2N6133	7.0	50	60	60	20	100	2.5	1.4	7.0	2.5
2N6131	2N6134	7.0	50	80	80	20	100	2.5	1.8	7.0	2.5
2N6288	2N6111	7.0	40	40	30	30	150	2.0	3.5	7.0	4.0
2N6290	2N6109	7.0	40	60	50	30	150	2.5	3.5	7.0	4.0
2N6292	2N6107	7.0	40	80	70	30	150	3.0	3.5	7.0	4.0
2N6386	2N6666	8.0	65	40	40	1,000	20,000	3.0	2.0	3.0	20
2N6387	2N6667	10	65	60	60	1,000	20,000	5.0	2.0	5.0	20
2N6388	2N6668	10	65	80	80	1,000	20,000	5.0	2.0	5.0	20
2N6473	2N6475	4.0	40	110	100	15	150	1.5	1.2	1.5	4.0
2N6474	2N6476	4.0	40	130	120	15	150	1.5	1.2	1.5	4.0
2N6486	2N6489	15	75	50	40	20	150	5.0	1.3	5.0	5.0
2N6487	2N6490	15	75	70	60	20	150	5.0	1.3	5.0	5.0
2N6488	2N6491	15	75	90	80	20	150	5.0	1.3	5.0	5.0

表 B-5 KP 晶闸管的主要参数选录

系列	正向平均电流	断态重复峰值电压 反向重复峰值电压	门极触发电流	门极触发电压
	I_Y/A	U_{FRM} U_{RRM}/V	I_{GT}/mA	U_{CT}/V
KP1	1	100~3000	3~30	≤2.5
KP5	5	100~3000	5~70	≤3.5
KP10	10	100~3000	5~100	≤3.5
KP20	20	100~3000	5~100	≤3.5
KP30	30	100~3000	8~150	≤3.5
KP50	50	100~3000	8~150	≤3.5
KP100	100	100~3000	10~250	≤4
KP200	200	100~3000	10~250	≤4
KP300	300	100~3000	20~300	≤5
KP400	400	100~3000	20~300	≤5
KP500	500	100~3000	20~300	≤5
KP600	600	100~3000	30~350	≤5
KP800	800	100~3000	30~350	≤5
KP1000	1000	100~3000	40~400	≤5

2. 部分晶体管型号介绍

(1) 高频晶体管　高频晶体管（指特征频率大于 30MHz 的晶体管）可分为高频小功率晶体管和高频中、大功率晶体管。

1）常用的国产高频小功率晶体管有 3AG1～3AG4、3AG11～3AG14、3CG3、3CG14、3CG21、3CG9012、3CG9015、3DG6、3DG8、3DG12、3DG130、3DG9011、3DG9013、3DG9014、3DG9043 等型号。

常用的进口高频小功率晶体管有 2N5551、2N5401、BC148、BC158、BC328、BC548、BC558、9011～9015、S9011～S9015、TEC9011～TEC9015、2SA1015、2SC1815、2SA562、2SC1959、2SA673、2SC1213 等型号。

2）高频中、大功率晶体管一般用于视频放大电路、前置放大电路、互补驱动电路、高压开关电路。

常用的国产高频中、大功率晶体管有 3DG41A～3DG41G、3DG83A～3DG83E、3DA87A～3DA87E、3DA88A～3DA88E、3DA93A～3DA93D、3DA151A～3DG151D、3DA1～3DA5、3DA100～3DA108、3DA14A～3DA14D、3DA30A～3DA30D、3DG152A～3DG152J、3CA1～3CA9 等型号。

常用的进口高频中、大功率晶体管有 2SA634、2SA636、2SA648A、2SA670、2SB940、2SB734、2SC2068、2SC2258、2SC2371、2SD1266A、2SD966、2SD8829、S8050、S8550、BD135、BD136 等型号。

(2) 超高频晶体管　超高频晶体管也称为微波晶体管，其特征频率一般高于 500MHz，主要用于电视、雷达、导航、通信等领域中处理微波波段（300MHz 以上的频率）的信号。

1）常用的国产超高频晶体管有 3AG95、3CG15A～3CG15D、3DG56（2G210）、3DG80（2G211、2G910）、3DG18A～3DG18C、2G711A～2G711E、3DG103、3DG112、3DG145～3DG156、3DG122、3DG123、3DG130～3DG132、3DG140～3DG148、3CG102、3CG113、3CG114、3CG122、3CG132、3CG140、3DA89、3DA819～3DA823 等型号。

2）常用的进口超高频晶体管有 2SA130、2SA1855、2SA1886、2SC286～2SC288、2SC464～2SC466、2SD1266、BF769、BF959 等型号。

(3) 中、低频晶体管　低频晶体管的特征频率一般低于或等于 3MHz，中频晶体管的特征频率一般低于 30MHz。

1）中、低频小功率晶体管主要用于工作频率较低、功率在 1W 以下的低频放大和功率放大等电路中。

常用的国产中、低频小功率晶体管有 3AX1～3AX15、3AX21～3AX25、3AX31、3BX31、3AX81、3AX83、3AX51～3AX55、3DX200～3DX204、3CX200～3CX204 等型号。

常用的进口中、低频小功率晶体管有 2SA940、2SC2073、2SC1815、2SB134、2SB135、2N2944～2N2946 等型号。

2）中、低频大功率晶体管一般用在电视机、音响等家电中作为电源调整管、开关管、场输出管、行输出管、功率输出管或用在汽车电子点火电路、逆变器、不间断电源设备（UPS）等系统中。

常用的国产中、低频大功率晶体管有 3DD102、3DD14、3DD15、3DD52、DD01、DD03、D74、3AD6、3AD30、3DA58、DF104 等型号。

常用的进口中、低频大功率晶体管有 2SA670、2SB337、2SB556K、2SD553Y、2SD1585、2SC1827、2SC2168、BD201～BD204 等型号。

(4) 互补对管 为了提高功率放大器的输出功率和效率，减小失真，功率放大器通常采用推挽式功率放大电路，即由两只互补晶体管（互补对管）分别放大一个完整正弦波的正、负半周信号。这要求两只互补对管的材料性能参数（如耗散功率 P_{CM}、最大集电极电流 I_{CM}、最高反向电压 U_{CBO}、电流放大倍数 h_{FE}、特征频率 f_T 等）尽可能一致。使用前应进行挑选"配对"。互补对管一般采用异极性对管，即两只晶体管一只为 NPN 型管，另一只为 PNP 型管。

(5) 开关晶体管 开关晶体管是一种饱和与截止状态变换速度较快的晶体管，广泛应用于各种脉冲电路、开关电路及功率输出电路中。

开关晶体管分为小功率开关晶体管和高反压大功率开关晶体管等。

1) 小功率开关晶体管一般用于高频放大电路、脉冲电路、开关电路及同步分离电路等。

常用的国产小功率开关晶体管有 3AK 系列、3CK 系列和 3DK 系列。

2) 高反压大功率开关晶体管通常均为硅 NPN 型，其最高反向电压 U_{CBO} 高于 800V，主要用于彩色电视机、计算机显示器中的开关电源管、行输出管或用于汽车电子点火器、电子镇流器、逆变器、不间断电源设备（UPS）等产品中。

常用的高反压大功率开关晶体管有 2SD820、2SD850、2SD1401、2SD1403、2SD1432、2SD1433、2SC1942 等型号。

(6) 带阻尼行输出管 带阻尼行输出管是将高反压大功率开关晶体管与阻尼二极管、保护电阻封装为一体构成的特殊电子器件，主要用于彩色电视机或计算机显示器中。

带阻尼行输出管有金属封装（TO-3）和塑封（TO-3P）两种封装形式。

(7) 差分对管 差分对管也称为孪生对管或一体化差分对管，它是将两只性能参数相同的晶体管封装在一起构成的电子器件，一般用在音频放大器或仪器、仪表中做差分输入放大管。差分对管有 NPN 型和 PNP 型两种结构。常用的国产 NPN 型差分对管有 3DG06A～3DG06D 等型号，PNP 型差分对管有 3CSG3、ECM1A 等型号。

常用的进口 NPN 型差分对管有 2SC1583 等型号，PNP 型差分对管有 2SA798 等型号。

(8) 达林顿管 达林顿管也称为复合晶体管，具有较大的电流放大倍数及较高的输入阻抗。它又分为普通达林顿管和大功率达林顿管。

1) 普通达林顿管通常由两只晶体管或多只晶体管复合连接而成，内部不带保护电路，耗散功率在 2W 以下。

普通达林顿管一般采用 TO-92 塑料封装，主要用于高增益放大电路或继电器驱动电路等。常用的普通达林顿管有 PN020、MP-SA6266 等型号。

2）大功率达林顿管在普通达林顿管的基础上增加了由泄放电阻和续流二极管组成的保护电路，稳定性较高，驱动电流更大。

大功率达林顿管一般采用 TO-3 金属封装或采用 TO-126、TO-220、TO-3P 等外形塑料封装，主要用于音频功率放大、电源稳压、大电流驱动、开关控制等电路。

(9) **带阻晶体管**　带阻晶体管是将一只或两只电阻器与晶体管连接后封装在一起构成的，用作反相器或倒相器，广泛应用于电视机、影碟机、录像机等家电产品中。其封装外形有 EM3、UMT、SST（美国或欧洲 SOT-23）、SMT（SC-59/日本 SOT-23）、MPT（SOT-89）、FTR 和 TO-92 等，耗散功率为 150~400mW。

1）带阻晶体管的电气图形符号及文字符号。带阻晶体管目前尚无统一标准符号，不同厂家电子产品的电气图形符号及文字符号标注方法也不一样。例如，日立、松下等公司的产品中常用字母"QR"来表示，东芝公司用字母"RN"来表示，飞利浦及 NEC（日电）等公司用字母"Q"表示，还有的厂家用"IC"表示，国内电子产品中可以使用晶体管的文字符号，即用字母"V"或"VT"来表示。

2）常用的带阻晶体管。常用的进口带阻晶体管有 DTA 系列、DTB 系列、DTC 系列、DTD 系列、MRN 系列、RN 系列、UN 系列、KSR 系列、FA 系列、FN 系列、GN 系列、GA 系列、HC 系列、HD 系列、HQ 系列、HR 系列等。常用的国产带阻晶体管有 GR 系列等。

(10) **光电晶体管**　光电晶体管是具有放大能力的光-电转换晶体管，广泛应用于各种光控电路中。在无光照射时，光电晶体管处于截止状态，无电信号输出。当光信号照射其基极（受光窗口）时，光电晶体管导通，从发射极或集电极输出放大后的电信号。

1）光电晶体管的外形及符号。光电晶体管在电路中的文字符号与普通晶体管相同，用字母"V"或"VT"表示。

光电晶体管有塑封、金属封装（顶部为玻璃镜窗口）环氧树脂、陶瓷等多种封装结构，引脚也分为两脚和三脚型。

2）常用的光电晶体管。常用的国产光电晶体管以硅 NPN 型为主，有 3DU11~3DU13、3DU21~3DU23、3DU31~3DU33、3DU51A~3DU51C、3DU51~3DU54、3DU111~3DU113、3DU121~3DU123、3DU131~3DU133、3DU311~3DU333、3DU411~3DU433、3DU80 等型号。

(11) **磁敏晶体管**　磁敏晶体管是一种对磁场敏感的磁-电转换器件，它可以将磁信号转换成电信号。常用的磁敏晶体管有 3CCM 和 4CCM 等型号。3CCM 采用双极型结构，具有正、反向磁灵敏度极性，有确定的磁敏感面（通常用色点标注）。

磁敏晶体管一般用于电动机转速控制、防盗等各种磁控电路中。

(12) **恒流晶体管**　恒流晶体管是一种可以调节和稳定电流的特殊器件。它的三个电极分别是阳极（正极）A、阴极（负极）C 和门极 G。通过改变恒流晶体管门极的电压即可调节恒流值的大小。

恒流晶体管一般用于限流保护和恒流标准电源，也可在直流电源等电路中做恒流器件。常用的恒流晶体管有 3DH010~3DH050 等型号，其恒流范围为 5~500mA，工作电压为 5~80V。

附录 C 常用电阻阻值系列

E24 系列电阻阻值速查表（常用于精度 5%）

E-24 标准值	1～10Ω 阻值	10～100Ω 阻值	100Ω～1kΩ 阻值	1～10kΩ 阻值	10～100kΩ 阻值	100kΩ～1MΩ 阻值	1～10MΩ 阻值
1	1.0Ω	10Ω	100Ω	1kΩ	10kΩ	100kΩ	1.0MΩ
1.1	1.1Ω	11Ω	110Ω	1.1kΩ	11kΩ	110kΩ	1.1MΩ
1.2	1.2Ω	12Ω	120Ω	1.2kΩ	12kΩ	120kΩ	1.2MΩ
1.3	1.3Ω	13Ω	130Ω	1.3kΩ	13kΩ	130kΩ	1.3MΩ
1.5	1.5Ω	15Ω	150Ω	1.5kΩ	15kΩ	150kΩ	1.5MΩ
1.6	1.6Ω	16Ω	160Ω	1.6kΩ	16kΩ	160kΩ	1.6MΩ
1.8	1.8Ω	18Ω	180Ω	1.8kΩ	18kΩ	180kΩ	1.8MΩ
2	2.0Ω	20Ω	200Ω	2.0kΩ	20kΩ	200kΩ	2.0MΩ
2.2	2.2Ω	22Ω	220Ω	2.2kΩ	22kΩ	220kΩ	2.2MΩ
2.4	2.4Ω	24Ω	240Ω	2.4kΩ	24kΩ	240kΩ	2.4MΩ
2.7	2.7Ω	27Ω	270Ω	2.7kΩ	27kΩ	270kΩ	2.7MΩ
3	3.0Ω	30Ω	300Ω	3.0kΩ	30kΩ	300kΩ	3.0MΩ
3.3	3.3Ω	33Ω	330Ω	3.3kΩ	33kΩ	330kΩ	3.3MΩ
3.6	3.6Ω	36Ω	360Ω	3.6kΩ	36kΩ	360kΩ	3.6MΩ
3.9	3.9Ω	39Ω	390Ω	3.9kΩ	39kΩ	390kΩ	3.9MΩ
4.3	4.3Ω	43Ω	430Ω	4.3kΩ	43kΩ	430kΩ	4.3MΩ
4.7	4.7Ω	47Ω	470Ω	4.7kΩ	47kΩ	470kΩ	4.7MΩ
5.1	5.1Ω	51Ω	510Ω	5.1kΩ	51kΩ	510kΩ	5.1MΩ
5.6	5.6Ω	56Ω	560Ω	5.6kΩ	56kΩ	560kΩ	5.6MΩ
6.2	6.2Ω	62Ω	620Ω	6.2kΩ	62kΩ	620kΩ	6.2MΩ
6.8	6.8Ω	68Ω	680Ω	6.8kΩ	68kΩ	68kΩ	6.8MΩ
7.5	7.5Ω	75Ω	750Ω	7.5kΩ	75kΩ	750kΩ	7.5MΩ
8.2	8.2Ω	82Ω	820Ω	8.2kΩ	82kΩ	820kΩ	8.2MΩ
9.1	9.1Ω	91Ω	910Ω	9.1kΩ	91kΩ	910kΩ	9.1MΩ

附录 D 模拟式万用表的使用方法

1. 测量电阻

先将两表笔搭在一起短路，指针将向右偏转，随即调整欧姆调零旋钮，使指针恰好指到 0。然后将两表笔分别接触被测电阻（或电路）（见图 D-1）两端，读出指针在欧姆刻度线（第一条线）上的读数，再乘以当前倍率，就是所测电阻的阻值。例如，用 $R \times 100$ 档测量电阻，指针指在 80，则所测得的电阻值为 $80 \times 100\Omega = 8k\Omega$。由于欧姆刻度线左部读数较密，难以看准，所以测量时应选择适当的档位，使指针指在刻度线的中部或右部，以便于准确读数。每次换档都应重新将两表笔短接，重新调整指针到零位。

2. 测量直流电压

首先估计一下被测电压的大小，然后将转换开关拨至适当的直流电压量程，将红表笔接被测电压"＋"端，黑表笔接被测量电压"－"端（见图 D-2）。然后根据当前量程与标直流符号"DC"刻度线（第二条线）上的指针所指数字，读出被测电压的大小。如用直流 300V 档测量，可以直接读 0～300 的指示数值；如用直流 30V 档测量，只需将刻度线上 300 这个数字去掉一个"0"，看成是 30，再依次把 200、100 等数字看成是 20、10 即可直接读出指针指示数值。例如，用直流 6V 档测量直流电压，指针指在 75，则所测得电压为 1.5V。

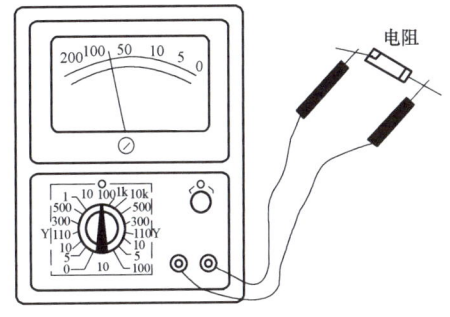

图 D-1　万用表测电阻

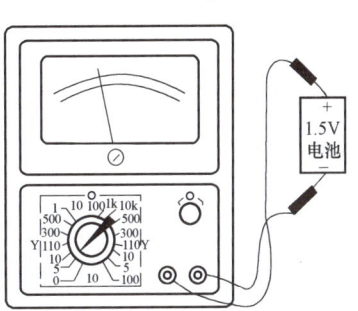

图 D-2　万用表测直流电压

3. 测量直流电流

先估计一下被测电流的大小，然后将转换开关拨至适当的直流电流量程，再把万用表串接在电路中（见图 D-3）。同时，观察标有直流符号"DC"的刻度线，如电流量程选在 3mA 档，这时，应把表面刻度线上 300 的数字去掉两个"0"，看成 3，再依次把 200、100 看成是 2、1，这样就可以读出被测电流数值。例如，用直流 3mA 档测量直流电流，指针在 100，则所测电流为 1mA。

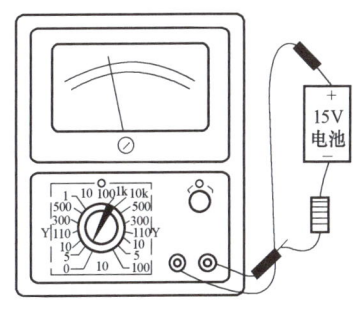

图 D-3　万用表测直流电流

4. 测量交流电压

测交流电压的方法与测量直流电压相似，所不同的是因交流电压没有正、负极之分，所以测量交流电压时，表笔也就不须分正、负。读数方法与上述的测量直流电压一样，只是须读取标有交流符号"AC"刻度线上的指针位置。

附录 E　Multisim 用户界面及基本操作

1. Multisim 用户界面

在众多的 EDA 仿真软件中，Multisim 软件界面友好、功能强大、易学易用，受到电类设计开发人员的青睐。Multisim 用软件方法虚拟电子元器件及仪

ME-1 微课/Multisim用户界面及基本操作

器仪表，将元器件和仪器集合为一体，是原理图设计、电路测试的虚拟仿真软件。

Multisim 是由加拿大图像交互技术公司（Interactive Image Technologies，IIT 公司）推出的以 Windows 为基础的仿真工具，原名 EWB。

IIT 公司于 1988 年推出一个用于电子电路仿真和设计的 EDA 工具软件电子工作台（Electronics Work Bench，EWB），因界面形象直观、操作方便、分析功能强大、易学易用而得到迅速推广。

1996 年，IIT 推出了 EWB5.0 版本，从 EWB6.0 版本开始，IIT 对 EWB 进行了较大改动，名称改为 Multisim（多功能仿真软件）。

IIT 后被美国国家仪器（National Instruments，NI）公司收购，软件更名为 NI Multisim。Multisim 经历了多个版本的升级，已经有 Multisim9、Multisim12、Multisim14 等版本，Multisim9 版本之后增加了单片机和 LabVIEW 虚拟仪器的仿真和应用。

下面以 Multisim14 为例介绍其基本操作。图 E-1 所示为 Multisim14 的用户界面，包括菜单栏、标准工具栏、主工具栏、虚拟仪器工具栏、元器件工具栏、仿真按钮、状态栏及编辑区等组成部分。

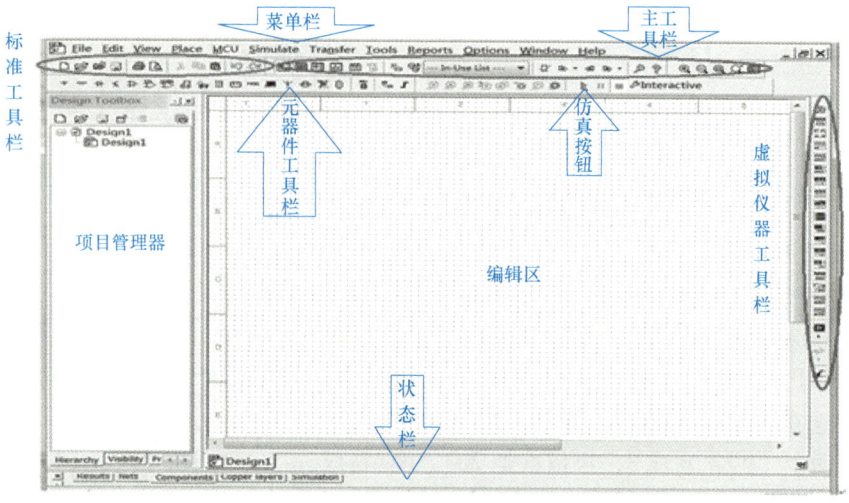

图 E-1　Multisim14 用户界面

（1）菜单栏　菜单栏与 Windows 应用程序相似，如图 E-2 所示。

图 E-2　Multisim 菜单栏

其中,"Options"菜单下的"Global Preferences"和"Sheet Properties"可进行个性化界面设置。Multisim14 提供以下两套电气符号标准。

1) ANSI:美国国家标准学会,美国标准,默认为该标准,本附录采用默认设置。

2) DIN:德国国家标准学会,欧洲标准,与我国符号标准一致。

(2) 工具栏　工具栏是标准的 Windows 应用程序风格。

标准工具栏:

视图工具栏:

图 E-3 是主工具栏,图 E-4 是元器件工具栏,图 E-5 是虚拟仪器工具栏。

图 E-3　Multisim 主工具栏

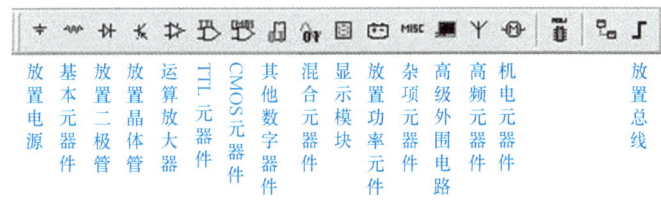

图 E-4　Multisim 元器件工具栏

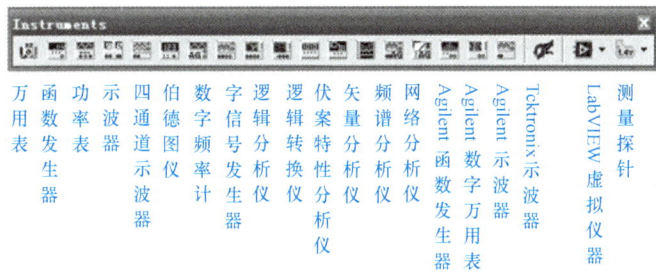

图 E-5　Multisim 虚拟仪器工具栏

(3) 项目管理器　项目管理器位于 Multisim14 工作界面的左半部分,电路以分层的形式展示,主要用于层次电路的显示,有以下三个标签。

1) Hierarchy。对不同电路的分层显示,选择菜单命令"文件"→"新建"→"设计",将生成 Circuit2 电路。

2) Visibility。设置是否显示电路的各种参数标识,如集成电路的引脚名。

3) Project View。显示同一电路的不同页。

2. Multisim 仿真基本操作

Multisim14 仿真的基本步骤：建立电路文件→放置元器件和仪表→元器件编辑→连线和进一步调整→电路仿真→输出分析结果。

（1）建立电路文件　具体建立电路文件的方法有以下几种。

1）打开 Multisim14 时自动打开空白电路文件 Circuit1，保存时可以重新命名。

2）选择菜单命令"File"→"New"。

3）单击工具栏【New】按钮。

4）按快捷键〈Ctrl + N〉。

（2）放置元器件和仪表　Multisim14 的元器件数据库有主元器件库（Master Database）、用户元器件库（User Database）和合作元器件库（Corporate Database），后两个库由用户或合作人创建，新安装的 Multisim14 中这两个库是空的。

放置元器件的方法有以下几种。

1）选择菜单命令"Place"→"Component"。

2）元器件工具栏：单击某元器件库，在弹出的元器件库中选择需要的元器件。

3）在编辑区右击，利用弹出的快捷菜单命令放置元器件。

4）按快捷键〈Ctrl〉+〈W〉。

放置仪表可以通过单击虚拟仪器工具栏的相应按钮，或使用菜单命令。

以晶体管单管共射放大电路放置 12V 电源为例，单击元器件工具栏放置电源按钮，弹出图 E-6 所示对话框。

单击"OK"按钮，在绘图区空白位置单击，将一个直流电源放置在绘图区。双击元器件，弹出图 E-7 所示对话框，修改电压值为 12V。

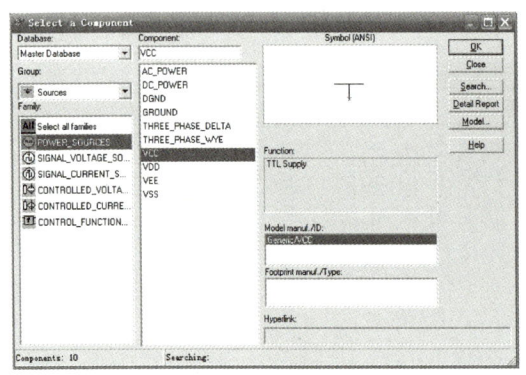

图 E-6　放置电源

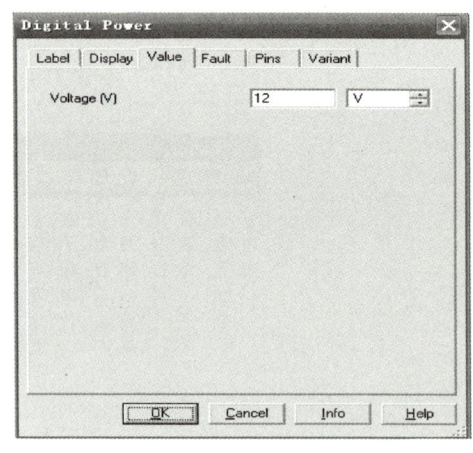

图 E-7　修改电压源的电压值

同理，放置接地端和电阻，如图 E-8 所示。

图 E-9 为放置了元器件和仪器仪表的效果图，其中，左下角是函数信号发生器，右上角是双通道示波器。

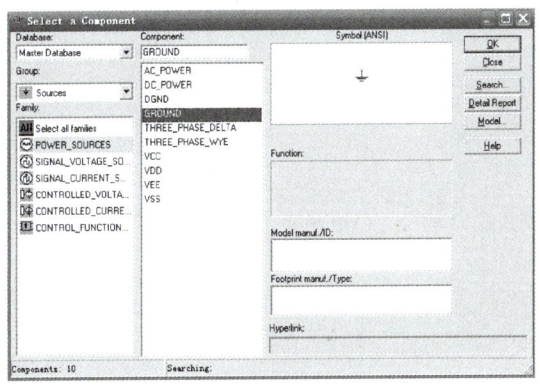
a) 放置接地端

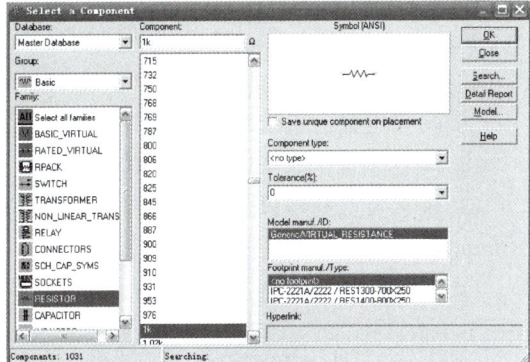
b) 放置电阻

图 E-8　放置接地端和电阻

(3) 元器件编辑

1) 元器件参数设置。双击元器件，弹出相关对话框，选项卡主要包括以下几个。

① Label：标签选项卡，设置 Refdes（即编号），由系统自动分配，可以修改，但须保证编号的唯一性。

② Display：显示选项卡。

③ Value：数值选项卡。

④ Fault：故障设置选项卡，有 4 个选项：Leakage 漏电；Short 短路；Open 开路；None 无故障（默认）。

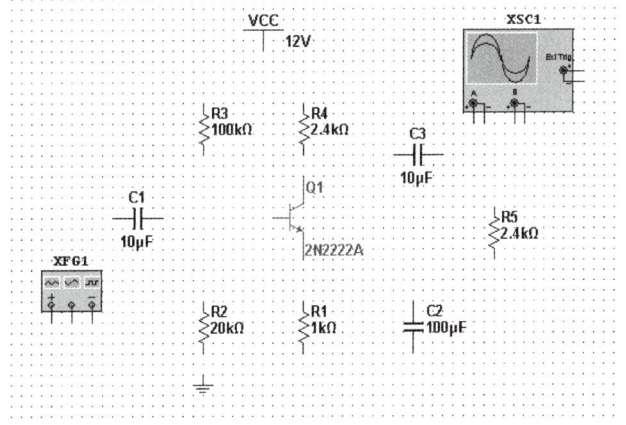

图 E-9　放置元器件和仪器仪表

⑤ Pins：引脚选项卡，用于设置各引脚编号、类型、电气状态。

2) 元器件向导（Component Wizard）。对特殊要求，可以用元器件向导编辑元器件，一般是在已有元器件的基础上进行编辑和修改。其方法是：选择菜单命令 "Tools"→"Component Wizard"，按照规定步骤编辑，用元器件向导编辑生成的元器件放置在 "User Database"（用户元器件库）中。

(4) 连线和进一步调整

1) 连线。

① 自动连线：单击起始引脚，鼠标指针变为十字形，移动鼠标至目标引脚或导线，单击，则连线完成，当导线连接后呈现丁字交叉时，系统自动在交叉点放节点（Junction）。

② 手动连线：单击起始引脚，鼠标指针变为十字形后，在需要拐弯处单击，可以固定连线的拐弯点，从而设定连线路径。

③ 关于交叉点：Multisim14 默认丁字交叉为导通，十字交叉为不导通，对于十字交叉而

希望导通的情况，可以分段连线，即先连接起点到交叉点，然后连接交叉点到终点；也可以在已有连线上增加一个节点（Junction），从该节点引出新的连线，添加节点可以使用菜单命令"Place"→"Junction"，或使用快捷键〈Ctrl + J〉。

2）进一步调整。

① 调整位置：单击选定元器件，移动至合适位置。

② 改变标号：双击进入属性对话框更改。

③ 显示节点编号以方便仿真结果输出：选择菜单命令"Options"→"Sheet Properties"→"Circuit"→"Net Names"，选择"Show All"。

④ 导线和节点删除：右击，选择菜单命令"Delete"，或单击选中要删除的导线、节点，按〈Delete〉键。

图 E-10 是连线和调整后的电路图，图 E-11 是显示节点编号后的电路图。

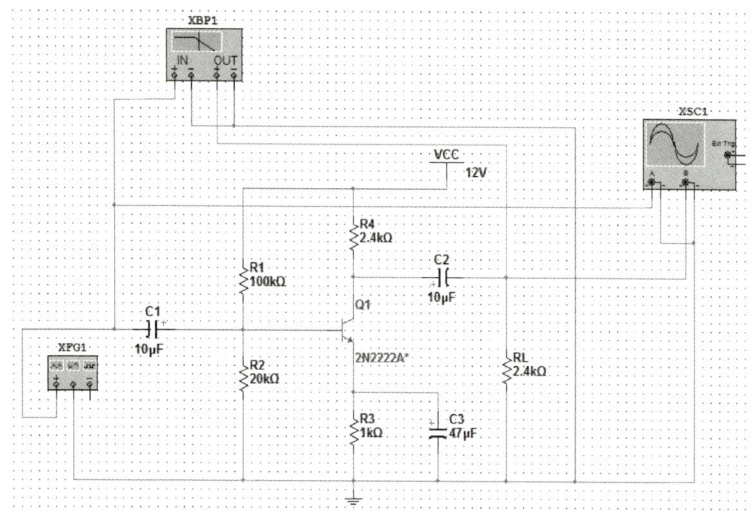

图 E-10　连线和调整后的电路图

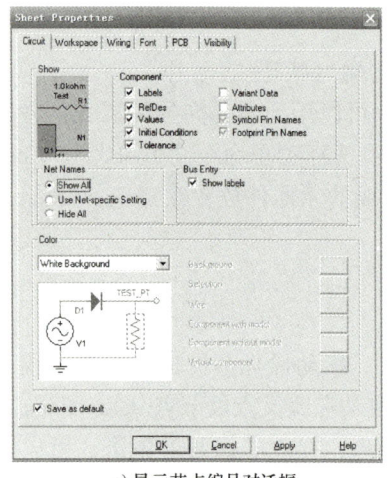

a）显示节点编号对话框

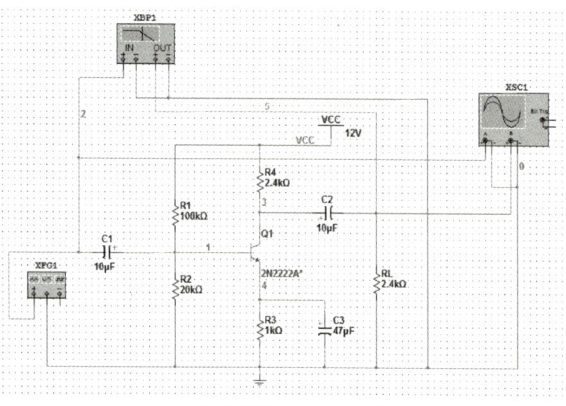

b）电路图的节点编号显示

图 E-11　显示节点编号后的电路图

（5）电路仿真

1）按下"仿真"按钮，电路开始工作，Multisim 界面的状态栏右端出现仿真状态指示。

2）双击虚拟仪器，进行仪器设置，获得仿真结果。

图 E-12 是示波器界面，双击示波器，进行仪器设置，可以单击"Reverse"按钮将其背景反色，使用两个测量标尺，显示区给出对应时间及该时间的电压波形幅值，也可以用测量标尺测量信号周期。

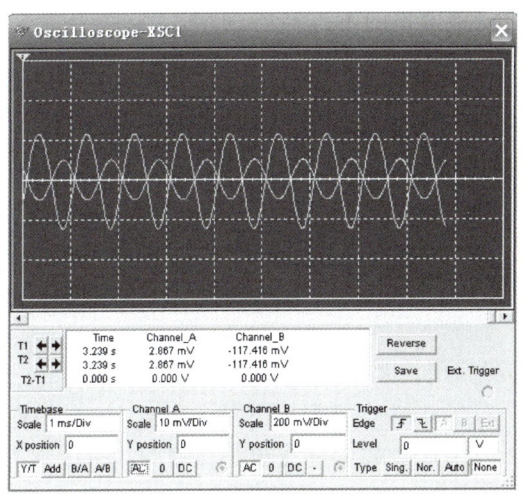 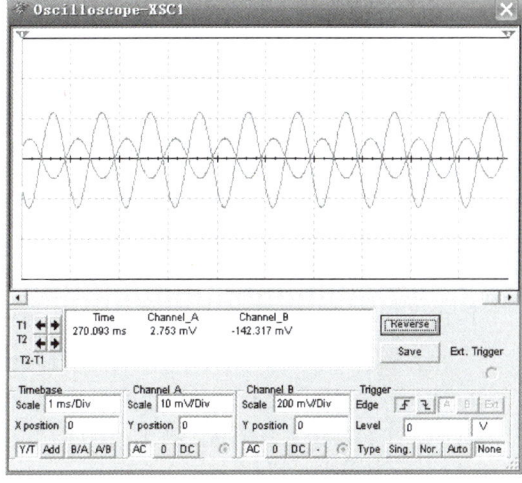

a）界面　　　　　　　　　　　　　　　b）单击"Reverse"按钮将背景反色

图 E-12　示波器界面

（6）输出分析结果　使用菜单命令"Simulate"→"Analysis"，以上述单管共射放大电路的静态工作点分析为例，步骤如下。

1）选择命令菜单"Simulate"→"Analysis"→"DC Operating Point"，弹出图 E-13a 所示对话框。

2）选择输出节点 1、4、5，单击"Add""Simulate"按钮，结果如图 E-13b 所示。

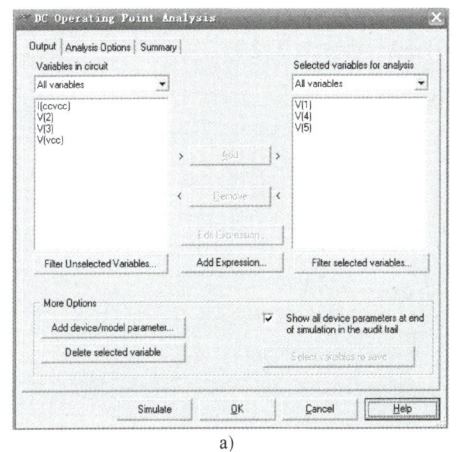 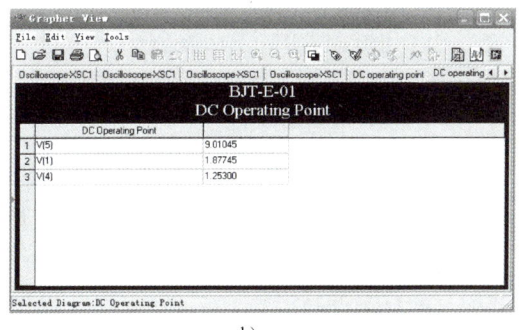

a）　　　　　　　　　　　　　　　　　b）

图 E-13　静态工作点分析

部分习题参考答案

第1章

1-11

a) VD 导通，$U_{AO} = -6V$；b) VD 截止，$U_{AO} = -12V$。

c) VD_1 导通，VD_2 截止，$U_{AO} = 0V$；d) VD_1、VD_2 截止，$U_{AO} = -12V$。

1-16

（1）半波整流　$U_2 = 244.4V$，选用 1N5406（3A，600V）。

（2）桥式整流　$U_2 = 134V$，选用 1N5204（2A，400V）或性能更好的管子。

（3）全波整流（变压器中心抽头）　$U_2 = 244.4V$，选用 1N5406（3A，600V）。

1-17　$R_L = 200\Omega$，选择 VD：1N4002（1A，100V），C："50V，100μF"。

1-18　选择 VS：1N4462，R：150Ω，3W。

1-19　选择 VS 1N4465，R：300Ω，2.5W。

1-20　（1）$U_o = 3.3V$，$U_o = 5V$，$U_o = 6V$。

（2）流过稳压管的电流超过最大值，时间稍长即烧坏。

1-21　（1）$U_o = 15V$，上正下负　（2）C_1、C_2 的极性均是上正下负，耐压 $U_{C1} > 55V$，$U_{C2} > 15V$　（3）负载电阻 R_L 最小值约为 $1.5k\Omega$。（4）负载上电压很小，约等于稳压管的正向导通压降。

第2章

2-9　（1）$I_B = 28\mu A$，$I_C = 2.8mA$，$U_{CE} = 6.6V$；（2）$\dot{A}_u = -122.1$，$U_o = 610.7mV$（3）略。

2-10　$I_C = 2mA$，$I_B \approx 20\mu A$，$U_{CE} = 6V$，$\dot{A}_u = -122$，$r_i \approx 1.37k\Omega$
　　　$r_o \approx R_C = 3k\Omega$。

2-11　$\dot{A}_u \approx -1.3$，$r_i \approx 13.7k\Omega$，$r_o = R_C = 3k\Omega$。

2-12　$I_C = 1.15mA$，$I_B = 11.5\mu A$，$U_{CE} = 5.1V$，$\dot{A}_u = -77.5$，$r_i = 2.2k\Omega$，$r_o \approx R_C = 4k\Omega$。

2-15　（1）$I_B = 32.3\mu A$　$I_C = 2.58mA$　$I_E = 2.61mA$　$U_{EC} = 7.2V$

（2）当 $R_L = \infty$ 时：$\dot{A}_u \approx 1$，$r_i = 109.9k\Omega$，$r_o = 38.5\Omega$。

$R_L = 3k\Omega$ 时：$\dot{A}_u \approx 1$，$r_i = 76k\Omega$，$r_o = 38.5\Omega$。

2-16　$\dot{A}_{u1} = -27.3$，$\dot{A}_{u2} = -100$，$\dot{A}_u = 2730$。

2-17

（1）$I_{B1} = 8.6\mu A$，$I_{C1} = 0.86mA$，$I_E = 0.86mA$，$U_{CE1} = 3.4V$

$I_{C2} \approx I_{E2} = 2.3mA$，$I_{B2} = 23\mu A$，$U_{CE2} = 5.1V$

$I_{B3} = 0.037mA$，$I_{E3} \approx I_{C3} = 3.7mA$，$U_{CE3} = 4.6V$

（2）$r_{i3} = 29.3k\Omega$

$R'_{L2} = 1.87k\Omega$，$r_{i2} = 1.21k\Omega$

$R'_{L1} = 1.1k\Omega$，$r_{i1} = 82k\Omega$

$r_{o1} = 38\Omega$，$r_{o2} = 2k\Omega$，$r_{o3} = 29\Omega$

(3) $\dot{A}_{u1} \approx 1$, $\dot{A}_{u2} = -130$, $\dot{A}_{u3} \approx 1$, $\dot{A}_u = -130.7$

(4) 略

2-22 $V_G = 1.45\text{V}$ $I_D = 0.145\text{mA}$ $U_{DS} = 13.1\text{V}$ $\dot{A}_u = -6.9$ $r_i = 10027.27\text{k}\Omega$ $r_o = 5\text{k}\Omega$

第 3 章

3-8 $u_{o1} = -1\text{V}$, $u_{o2} = 1.1\text{V}$, $R_2 = 9.1\text{k}\Omega$。

3-9 $u_{o1} = u_i = -2\text{V}$, $u_o = 8\text{V}$。

3-10

$u_o = 2\text{V}$, 两级均是电压并联负反馈。

3-12   (1) 反相比例放大器（见图 3-14），$R_1 = 16.7\text{k}\Omega$，$R_2 = 12.5\text{k}\Omega$。

(2) 反相加法器（见图 3-16），$R_1 = R_f = 100\text{k}\Omega$，$R_2 = 500\text{k}\Omega$，$R_3 = 45.45\text{k}\Omega$。

(3) 同相比例放大器（见图 3-24），$R_1 = 5\text{k}\Omega$，$R_2 = 4\text{k}\Omega$。

(4) 差分电路（见图 3-27），$R_1 = R_2 = R_f/2 = 5\text{k}\Omega$，$R_3 = R_f = 10\text{k}\Omega$

(5) 反相积分器（见图 3-17），$R_1 = R_2 = 50\text{k}\Omega$。

3-13 $u_o = -\dfrac{R_f}{R_1} U_Z$。

3-14 $i_o = \dfrac{U_S}{R}$

3-15 $R_{f1} = 1\text{k}\Omega$，$R_{f2} = 9\text{k}\Omega$，$R_{f3} = 40\text{k}\Omega$，$R_{f4} = 50\text{k}\Omega$，$R_{f5} = 400\text{k}\Omega$。

第 4 章

4-1   (1) 1100；(2) 110011；(3) 1100100；(4) 10101110。

4-2   (1) 11；(2) 74；(3) 236；(4) 22。

4-3   (1) 238；(2) 24864；(3) 7953。

4-5   a. $Y = 1$；b. $Y = \overline{AB}$；c. $Y = \overline{A} + B$；d. $Y = 0$。

4-8   (1) 1；(2) $Y = \overline{AB}$；(3) $Y = \overline{C}$；(4) $Y = 1$；(5) $Y = 1$；(6) $Y = A$。

4-9 $Y = \overline{ABC}$。

4-10   (1) $Z = \overline{W}\,\overline{Y} + WY$；(2) $D = \overline{B} + AC$；(3) $E = AB\overline{C} + BC\overline{D}$。

4-12 $R_C = 270\Omega$

4-14

a. $Y = \overline{A}\,\overline{B}C + \overline{A}B\overline{C} + A\overline{B}\,\overline{C} + ABC$ 为三位判奇电路，又称为奇校验电路。

b. $Y = \overline{A}\,\overline{B}\,\overline{C} + ABC$ 为一致判别电路。

4-16

$F_0 = AC + B\overline{C}$

$F_1 = \overline{A}C + \overline{B}\,\overline{C}$

第 5 章

5-6   同步八进制加法计数器。

5-10   102 进制计数器。

第 6 章

6-8 $T = 4.872\text{ms}$，$f \approx 205\text{Hz}$，$q \approx 0.53$。

6-9   图略，取 $R_1 = 10\text{k}\Omega$，$R_2 = 7.5\text{k}\Omega$，$C \approx 19\text{nF}$。

参 考 文 献

[1] 谢水英,韩承江. 电工与电子技术 [M]. 2版. 杭州:浙江大学出版社,2020.
[2] 林平勇,高嵩. 电工电子技术:少学时 [M]. 5版. 北京:高等教育出版社,2019.
[3] 胡宴如. 模拟电子技术 [M]. 6版. 北京:高等教育出版社,2019.
[4] 杨志忠,宋宇飞,卫桦林. 数字电子技术 [M]. 6版. 北京:高等教育出版社,2023.
[5] 吕国泰,侯聪玲. 电子技术 [M]. 6版. 北京:高等教育出版社,2025.
[6] 胡斌,胡松. 电子工程师必备:九大系统电路识图宝典 [M]. 2版. 北京:人民邮电出版社,2018.
[7] 吕黎,沈许龙. 电工基础与技能训练 [M]. 3版. 北京:电子工业出版社,2021.
[8] 王慧玲. 电路基础实验与综合训练 [M]. 2版. 北京:高等教育出版社,2008.
[9] 陈海波. 常用电工电路与故障检修实例 [M]. 北京:人民邮电出版社,2005.
[10] 沈翃. 电工与电子技术:项目化教材 [M]. 3版. 北京:化学工业出版社,2015.
[11] 曾令琴,杜诗超. 电工电子技术实验与实训教程 [M]. 北京:人民邮电出版社,2006.
[12] 李敏. 电子技术 [M]. 北京:机械工业出版社,2023.
[13] 胡峥,电子技术基础与技能 [M]. 4版. 北京:机械工业出版社,2023.
[14] 铃木雅臣. 晶体管电路设计(上)[M]. 周南生,译. 北京:科学出版社,2004.
[15] Floyd. T. 电子学:从电路分析到器件应用 [M]. 张宝玲,等译. 北京:科学出版社,2007.
[16] HAMBLEY A R. 电工学原理与应用 [M]. 7版. 北京:电子工业出版社,2019.
[17] STOREY N. 电子学:系统方法 [M]. 5版. 李文渊,梁勇,王显海,等译. 北京:机械工业出版社,2019.
[18] FOWLER R J. 实用电工学原理与故障诊断 [M]. 8版. 周玉坤,勒济方,赵成,译. 北京:电子工业出版社,2023.